모든 사회의 기초는 보수다

모든 사회의 기초는 보수다

현대의 적들과 과격한 친구들로부터 민주주의 지켜내기

다니엘 마호니

조평세
옮김

기파랑

들어가는 글

나는 우리 인간을 지탱하는 권위 있는 전통적 틀의 내재적 한계를
인정하는 것만이 새로운 자기결정self-determination의 자멸로부터 스
스로 구원할 수 있다고 믿는다. 각 세대가 자기자신의 제도를 새로
이 결정할 수 있는 권리를 토마스 페인Thomas Paine이 선언할 수 있
었던 이유는 자신이 요구했던 범위가 사실상 상당히 소박했기 때
문이다. 그는 문화의 연속성과 사유재산의 질서를 자기결정의 틀
로 여지없이 받아들였다. 페인의 자기결정 사상은 오늘날 전통적
연속성에 대한 의식적인 재확인을 통해서만이 자기파멸을 면할 수
있다. 무한한 점진적 진보라는 페인의 이상은, 결국 페인의 적수였
던 에드먼드 버크Edmund Burke의 전통주의에 의해서만이 스스로
파멸로부터 구할 수 있는 것이다.

– 마이클 폴라니, 『암묵적 영역』 (1966)

헝가리 출신 영국 과학자이자 철학자인 마이클 폴라니Michael
Polanyi는 1960년대 말부터 1970년대까지 서구 민주세계를 크게 변

혁시킨 문화혁명이 막 시작될 즈음, 마치 다가올 변화를 대비하라는 듯이 위의 글을 남겼다. 그 변혁의 전환점은 미국을 비롯한 많은 나라에 엄청난 격변을 일으킨 1968년이었다. 그 해의 사건들은 민주주의를 서구 문명의 전통적 근원으로부터 끊어버리려는 과감한 문화적·정치적 프로젝트를 개시했고 그 운동에 힘을 실어주었다. 그 결과 모든 인간의 자유와 존엄을 떠받치려는 숭고했던 근대의 열망은, 점점 그 본질적 실체와 도덕적·영적인 깊이를 제공하는 미덕들로부터 분리되기 시작했다.

1968년 이후 인간관계는 거의 오로지 계약적 관계의 차원으로만 이해됐다. 민주주의는 과거의 유산이나 우리 본성의 미덕과는 아무런 상관이 없는, 단지 '피지배자의' 동의 혹은 선택의 일차원적인 규범과 동일시됐다. 후기 현대 민주주의는 프랑스 정치철학가 베네통Philippe Bénéton이 "공통의 기억, 공유된 기준, 공통된 운명의 의식"이라고 불렀던 모든 사회적, 정치적, 그리고 '자유주의적' 질서의 생명력과 생존을 위해 필수적인 것들과 점점 더 멀어졌다. 그것은 최소한 자유의 서구적 전통을 완전히 '해체'하려고 맹세한 자들의 포부였다. 이 문화혁명은 미국보다 유럽에서 더 많이 진전됐지만, 자유와 민주적 자치에 대한 미국인들의 이해도 상당 부분 왜곡시켰다. 더 나아가 인간의 자율성을 행사하는 데 걸림돌이 되는 모든 외부의 규제와 제한을 체계적으로 탈피하고자 했던 '해방으로서의 자유liberty as liberation'라는 교리는 현대 정치철학의 다른 핵심 전제들도 강력히 지지하고 있다.

20세기 전체주의는 자유주의 및 기독교 문명을 벗어나려는 가장 치명적이고 계획적이며 살인적인 시도였다. 좌익, 또는 우익의 이데올로기적 폭정은 엄청난 물리적, 도덕적 파괴를 안겨주었다. 몽테스키외Montesquieu의 말을 빌리자면 그들은 폭력과 거짓을 스스로의 존재의 '원칙'으로 삼았다. 전체주의는 — 마르크스·레닌주의 소련의 형태로나 민족사회주의(나치)의 형태로나 — 도덕법, 즉 성경 기반의 종교biblical religions*에서 비롯된 윤리적·영적 전통과 계몽주의 및 입헌주의가 남긴 최상의 유산에 대해 체계적인 공격을 가했다. 공산 전체주의는 인간이 스스로 신격화하려는 시도가 얼마나 어리석은 것인지, 볼 눈이 있는 모든 이들에게 잘 보여주었다. 또한 영혼을 파괴하는 폭정과 체계적인 거짓으로 점철된 많은 기록들은, 자연적 한계와 도덕적 규제, 그리고 인간 의지를 넘어서는 초월적 질서로부터의 급진적 해방을 경제사회적 '진보'라고 결코 혼동해서는 안 된다는 것을 잘 보여주었다. 공산주의는 서구세계 — 결국 전통적 의미로나 현대 제도적 의미로나 — 서구세계를 보전되고 옹호되는 것이 바람직하다고 여기는 정직한 보수주의자들과 자유주의자들에 의해 마땅히 거부됐다. 하지만 안타깝게도 많은 지식인들이 그 전체주의적 유혹, 즉 공산주의가 인간의 진정한 '진보'

●   (역자 주) 유대교와 기독교를 말한다.

이며 '역사의 방향'이라는 환상에 굴복하고 있다. 혹은 일종의 연성 허무주의soft nihilism를 지지함으로써 결국 민주주의의 도덕적 기초를 침식하는 데 일조하고 있다.

문명 질서의 기초 위에 자유를 더 공고히 쌓으라는 폴라니의 경고에 귀 기울이는 대신 서구 세계, 특히 그 지식층들은 점점 '순수 민주주의'라는 개념에 집착하기 시작했다. 이들이 맹목적으로 추종하는 자유주의 질서에서 필수불가결한 역사적·정치적·영적·문화적 전제 조건들과 거의 무관한 것이었다. 필자는 이 전제 조건들을 "자유주의 질서의 보수주의적 기초"라고 부르며, "전통적 연속성의 의식적인 재천명"이 현대 사회 속에서 인간 자유와 존엄을 보전하기 위해 불가결한 전제 조건이라는 점을 재조명하고자 한다. 자유라는 개념을 '평등과 개인, 그리고 집단적 자율에 대한 모호하고 공허한 긍정' 정도로 축소한다면, 인간 존재를 진정으로 풍성하게 하고 인간 자유에 목적과 의미를 주는 '삶의 내용들contents of life' ─ 가령 종교, 애국심, 정치적 숙고, 가족관계나 유대, 신중한 정치력 등 ─ 은 필연적으로 파괴되고 마는 것이다.

동의consent는 정치에 있어서 소중한 원칙일 뿐만 아니라 전제 정치를 억제하는 유용한 보호막임에 틀림없다. 미국 독립선언서에서 선포된 "피지배자의 동의"는 민주적 자유의 기본원리다. 하지만 '제약 없는 선택' 그 자체는 결코 인간의 생각과 행동을 판단하는 유일한 기준이 될 수 없다. 보다 큰 목적과 분리된 순수 자유로 이해되는 식의 자유는 진정한 인간 존재를 정의하는 진리와 자유, 그리고 자유와 미덕의 변증법적 논리를 치명적으로 훼손한다. 권위 있는 전통과 제도 없이는 진정한 자유란 있을 수 없다. 또한 사려 깊고 도덕적으로 진지한 인간이 진리가 요구하는 바에 열려 있지 않다면 진정한 자유란 있을 수 없다. "거부의 문화culture of repudiation"* — 1960년대부터 자유를 역사적으로 지탱해온 전통과 영적 전제 조건으로부터 단절시키려는 정치·문화적 프로젝트 — 는 결국 영혼의 생명력을 빼앗아 서구 자유의 체계적인 침식으로 귀결될 수밖에 없다는 것이다.

반면 토크빌Tocqueville이 그의 저서 『앙시앵 레짐과 프랑스 혁명』에서 훌륭하게 표현해낸 "하나님과 법 아래의 자유liberty under God and the law"는 전체주의적 인간 부정否定, 그리고 자유를 순수 자유 혹은 불확정성indetermination과 동일시하는 '포스트모던'적인 해석에 정면으로 맞선다. 이것은 인간의 자주권에 잘못된 비중을 두어 인류를 부지중 자멸에 빠지도록 만드는 자들의 오만으로부터, 프랑스 혁명의 이데올로기적 추상을 질타하며 서구 문명의 연속성을 수호했던 에드먼드 버크의 유산과, 때로는 과격하게 '인권'을 수호했던 토마스 페인의 유산을 보호한다.

이 책은 정치철학과 사회문화 비평 에세이다. 이 책은 "자유주의

---

* (역자 주) 영국 보수주의 철학자 로저 스크러턴(Roger Scruton)의 표현.

의 좌측에 적이 있음을" 인지하는 보수자유주의에 대한 사려 깊은 변호이며, 주저 없이 "자유주의 질서에는 보수주의적 기초"가 있음을 인정하고자 한다. 보수주의와 고전적 자유주의의 관계를 다뤘던 2009년 12월 「내셔널 리뷰」심포지엄에서 정치학자 시저James W. Ceaser가 주장했듯, 보수자유주의conservative liberalism 혹은 자유보수주의liberal conservatism — 이 둘의 미묘한 차이는 뒤에서 좀 더 다룬다 — 는 홉스적·로크적 고전 자유주의 이론이나 현대의 평등주의적 형태보다 시야를 더 멀리 두어야 한다. 왜냐하면 이들 이론은 "스스로 보전할 방법을 전혀 개발하지 않았고 언제나 생존을 위해 그 너머의 어떤 것을 필요로 했기 때문"이다. 앞으로 이 책에서 더 명확하게 다루게 될 '그 너머의 어떤 것'이란 첫째, 자유와 인간 본성, 그리고 자연적 정의에 대한 '초월적' 주장에 열려있는 것이다. 둘째, 민주적 자치, 즉 민족국가의 정치적 틀을 존중하는 것이다. 셋째, "서구 문명의 윤리 체계, 즉 자제력과 물질 너머의 어떤 초월성에 대한 믿음의 주요 근원이 되는 성경 기반의 종교biblical religions"를 지지하는 것을 수반한다. 그렇게 누그러진chastened 보수주의적 자유주의는 또한 교조주의적 평등주의를 거부하고, 서구 및 미국 정치전통에 뿌리내린 최상의 정치력statesmanship을 장려한다. '영혼의 위대함', 그리고 자연과 신성의 '질서order of things' 앞에서의 겸손은 우리가 스스로 파멸에 빠져가면서도 무시하거나 거부하고 있는 인류 문명 질서의 양兩 기둥이다.

이 책은 자유의 이론과 실천에 대한 다양한 질문들을 다루고 있다. 그 시작과 끝은 '보수자유주의자'의 모범이라고 할 수 있는 알렉시 드 토크빌Alexis de Tocqueville, 1805~1859과 레이몽 아롱Raymond Aron, 1905~1983에 관한 이야기로 장식된다. 이 두 명의 위대한 프랑스인은 각각 무자비해 보이는 '민주혁명'의 본질과 전체주의적 유혹의 위험성에 대해 필요한 경각심을 제공한다. 토크빌은 민주적 지배의 영적 비용과 편익에 지극히 예민한 정치 사상가이자 정치가로서의 비견할 수 없는 모본模本을 제시하고 있다. 토크빌은 "민주주의가 가차 없이 민주화하는 민주적 시대"에 자유와 인간 존엄을 보전하기 위한 정치적 기술에 관해 깊이 통찰했다. 다른 한편으로 아롱은 전체주의와의 투쟁 속에서 서구 자유의 보전은 인간적인 "민주적 보수주의" 그리고 전체주의 및 연성 허무주의에 의해 부정되고 있는 미덕 — 시민적 용기, 신중한 판단력, 진실에 대한 애정 — 의 회복을 요구하는 것이라고 진단했다.

이 책은 또한 민주주의 시대의 정치력과 종교, 민주적 자유의 상호작용, 순수 민주주의의 어리석음과 거부의 문화, 그리고 영향력 있는 현대의 지식인들이 전체주의와 테러리즘의 다양한 발현에 탐닉하게 되는 이유도 살펴본다. 또한 민주주의를 해외에 전파하는 것에 대해 소극적인 입장과 교조적으로 지원을 아끼지 않는 입장의 양극을 평가해본다. 그리고 이 양 극단을 피해보고자 하는 '보수주의적' 외교정책도 다룬다.' 이 책은 현대의 자기파멸적 경향을 진보적이거나 반동적인 정신이 아닌 보수의 정신으로 마주하고자 한다. 이 책의 지배적인 어조는, 비록 사려 깊은 시민의식과 정치력에 대한 주장이 담겨있긴 하지만, 분석적이고 성찰적이다. 이를 통해 문명의 전체주의적 적들과 민주주의의 "과격한 친구들"(프랑스 정치학자 피에르 마낭의 표현)에 맞서 제대로 이해된 자치self-government의 세속적이면서도 종교적인 변호를 제공하고자 한다. 민주주의의 과격한 친구들은 민주주의의 끝없는 '자기 급진화'를 부추겨 역설적으로 민주주의를 침식시킨다. 민주주의는 인간의 '자유와 평등'이라는 원칙이 인간을 자유롭고 문명적이고 품위 있는 삶을 살게 하는 전통과 권위 있는 제도, 그리고 영적靈的 전제를 훼손하는 성

• (저자 주) 이 책은 정치경제 문제에 대해서는 가볍게만 다룬다. 이 주제에 대한 충분한 논의는 더 길고 다른 차원의 연구를 필요로 할 것이다. 하지만 일단 여기서는 시장경제가 온전히 스스로만으로 충분하지 않다는 것과, 그 성공적인 작동을 위해서는 어떤 미덕들 — 가령 독립심, 자기절제력, 준법정신, 정정당당함 등 — 에 의존한다는 것만 말해두고자 한다. 이 미덕들은 다름 아닌 서구 문명의 전근대적 "도덕 자본(moral capital)"에서 그 상당한 힘을 얻는다. 일부 자유지상주의자(libertarian) 및 고전 자유주의자들의 주장과 달리, 시장경제는 "자생적 질서"만의 산물이 아니며, 인간 미덕을 필요로 하지 않는 초超도덕적인 "과학"으로 환원할 수 있는 것도 아니다. 빌헬름 롭케(Wilhelm Röpke)와 버트란드 드 주베넬(Bertrand de Jouvenel), 그리고 어빙 크리스톨(Irving Kristol)의 글들은 자유경제의 도덕적 기초를 조명하고, 도덕영역의 개인주의와 정치경제 영역의 집단주의 간의 미묘하지만 깊고 밀접한 관련성을 드러내는 데 특별히 도움이 된다. 이에 대한 논의는 필자의 책 *Bertrand de Jouvenel: The Conservative Liberal and the Illusions of Modernity (Wilmington, DE: ISI Books, 2005)*의 제5장 "Economics and the Good Life"을 참조하라. (이하 별도의 표시 없으면 각주는 모두 저자의 것이다)

찰 없는 교리가 되어버릴 때 부패에 취약해진다.

하지만 절망할 이유는 없다. 필리페 베네통이 썼듯, "현대인은 어쩔 수 없는 마지막 인간이 아니다. 역사는 끝나지 않았다." 이 책의 목적은 민주적 인간이 포스트모던 상대주의의 험난한 바다를 항해할 수 있도록 정치적·영적 성찰의 전통을 재활성화시키는 데 기여하는 것이다. 랄프 핸콕Ralph C. Hancock이 유려하게 표현했듯, "이제는 형식적인 순수 민주주의의 공허함을 환한 대낮에 드러내는 것 외에 다른 방도가 없다. 이제는 민주주의가 인간의 존엄성이라는 본연의 원칙을 이해하는 것에 그 존폐가 달려있다고 숨김없이 진술하지 않을 수 없다."*

---

* Philippe Bénéton, *Equality by Default: An Essay on Modernity as Confinement,* Ralph C. Hancock 역 (Wilmington, DE: ISI Books, 2004). 본서는 일반 시민들의 접근성을 높이기 위해 주석사용을 최소화했다. 대신 각 장에서 참고하고 있는 주요 저자들과 저작들을 독자들이 더 깊이 연구할 수 있도록 책 말미에 "장별 추천도서" 목록을 남겼다.

한국 독자들을 위한 저자의 글

이 책 〈모든 사회의 기초는 보수다〉의 한국어판 서문을 쓸 수 있게 되어 매우 기쁘다. 이 책은 오늘날 현대를 규정하고 있는 정치적이고 지적이며 영적인 위기 상황을 염두에 두고 쓴 것이다. 이 위기는 보편적이면서 동시에 특수한 것으로, 자유와 평등 그리고 개인의 권리를 존중하는 모든 현대 사회에 공통적인 현상이다.

이 책은 한편에서 입헌민주제의 미덕을 분명하고 단호하게 변호하며 모든 면에서 전체주의를 반대한다. 하지만 또 다른 한편에서는 자유와 인간 존엄을 중시하는 '민주주의의 친구들'에게도 경고를 던진다. 바로 자유를 무모한 방종과 혼동하고, 권리를 허무주의적 자기주장으로 착각하며, 또 평등을 무분별의 열의로 탈바꿈하여 모든 고결함과 탁월성의 발현을 깎아내리려는 그 경향성에 대해 말이다.

자유의 체제가 극단화될 때, 그것은 그 뿌리에서 도덕적 양심을 제공하는 종교적 경의와 신중한 정치력, 진리와 아름다움에 대한 사려 깊은 관여, 또는 가족 간 유대관계와 같은 '보수적인' 전제조건들을 갉아먹는다. 자유란 궁극적으로 전통적 지혜와 자연적 질서에 뿌리 내린 목적과 수단에 순응해야 하는 것이다. 도덕적 허무주의는 정치적 권위주의의 다양한 형태만큼이나 민주주의의 적이다. 문명의 유산, 혹은 처칠이 말했던 '문명의 지속성'을 상대로 전쟁을 치르는 자유는 결국 여느 독재 정권과 마찬가지로 반자유적이고 포악스럽다.

오늘날 진정한 자유주의자들은 결정적인 면에서 보수주의자여야 한다. 그리고 보수주의자들은 전체주의는 물론, 베네딕토 16세가 '상대주의의 폭정'이라고 부른 것과 다를 바 없는 연성 허무주의에 맞서 자유를 수호해야 한다.

내가 12년 전 이 책을 통해 말하고자 했던 그 진단은 여전히 적절한 것 같다. 오히려 그 위협은 더욱 더 커졌다. 2010년 여름 이 책을 탈고한 이후, 도덕과 문화를 전복하려는 소위 '오크(woke)'라 불리는 세력은 끊임없이 서구 세계의 주요 제도들을 향한 파괴적인 행진을 계속해왔다. 미국의 대학들은 이제 질서 있는 자유의 원칙들에 질색하며, 미국의 역사를 억압과 착취로만 보고, 모든 선하고 위대한 것들을 이념 또는 사소한 이유로 '취소'하려는 자들로 장악되어 있다. 우리 문화의 엘리트들은 인종과 정체성 정치에 사로잡혀, 남자와 여자의 자연적이고 유익한 상호보완성은 물론이고 그 구분 자체를 부정하는 젠더 이데올로기와 같은 '형이상학적 광기'(버크의 표현)를 대변하고 있다. 그리고 광신과 경솔한 열의로 모든 오래된 진리들을 공격하는 '거부의 문화'(로저 스크러턴의 표현)에 전념하고 있다. 오크 이데올로기는 분노와 시기와 배은망덕함, 그리고 모든 고결함과 숭고함을 경멸하는 정신에서 비롯된 새로운 폭정을 촉진 시킨다. 그것은 서구를 비롯한 모든 문명적 자유인들이 마땅히 반 대해야 한다. 보수주의적인 자유주의자들과 자유를 사랑하는 보 수주의자들은, 과거 세대가 나치와 공산 전체주의를 상대로 싸웠 던 것처럼 이 새로운 허무주의를 상대로 싸워야 한다. 이것이 오늘 날 우리가 직면한 피할 수 없는 과업이자 책무이다.

한국 독자들에게 특별히 고한다. 노벨문학상을 수상한 러시아의 반(反)전체주의 거장 알렉산드르 솔제니친의 본을 따라, 이 책은 자 유의 진정한 친구들을 향해 중요한 사실을 경고하고 있다. 바로 공 산주의가 진보 및 인간 해방, 또는 민주주의보다 더 민주적인 정의 추구를 의미한다는 '위대한 거짓말'에 굴복하지 말라는 것이다. 이 보다 진리를 거스르는 거짓말은 없다. 공산주의의 이론과 실천은 영혼을 질식시키며 자유를 훼손하고, 과거와 현재에 대해 그 어떤 인류 역사의 사상보다 더 큰 거짓을 말하고 있다. 1980년대 이후 한국 민주화운동의 일부는 그 가짜 매력에 현혹되어 그 거짓말을 전파하고 있다. 이 도덕적 기권은 마땅히 폭로되고 지적되어야 한다. 또 다른 러시아 작가 보리스 파스테르나크가 말했던 이 '거짓의 비인간적 지배'는 결코 타협의 대상이 될 수 없다. 상상할 수도 없는 폭력과 거짓이 한반도의 북녘을 지배하고 있는 한, 한반도의 그 어떤 통일도 가능할 수 없는 것이다. 어느 때보다 냉철한 현실주의가 이념적 환상을 극복해야 할 순간이다.

우리들의 소위 자유로운 사회에서조차 끊임없이 이념적 세뇌에 노출되어 진실에 목말라하고 있는 젊은 세대들에게, 오랜 경험을 통해 그 진실성이 이미 검증된 지혜를 마땅히 물려주자. 우리가 발휘할 수 있는 모든 힘을 다해, 유럽과 미국과 아시아의 자유문명이 누리고 있는 '자유주의 질서의 보수주의적 기초'를 지켜내자.

마지막으로 이 책을 발견하고 한국말로 번역해준 조평세(다니엘)에게 감사의 말을 남긴다. 이 일로 그에게 큰 빚을 지게 되었다.

2022년 10월

다니엘 J. 마호니

클레어몬트 정치철학 연구소 선임연구원
매사추세츠 클린턴

옮긴이의 글

　책을 번역하는 반년여 동안 한 돌을 맞은 딸아이가 종종 아빠 책상 밑을 휘젓고 다녔다. 저자의 유난히 길고 까다로운 문체 탓에 한참을 번역에 몰두하다보면, 어느새 아이가 책장을 기어오르고 있거나 온갖 사무용품들을 찾아내 가지고 놀며 위험한 상황을 연출하곤 했다. 충분히 아동친화적인 환경을 만들어주었다고 생각했지만 아이의 기발한 창의력과 발상은 어른의 상상을 거뜬히 초월한다. 게다가 그 사이 혼자 일어서서 걷기 시작하면서 아빠가 주의를 기울여야 할 아이의 행동반경이 빠르게 확장되었다.

　운동신경이 원만히 성장할 수 있도록 충분한 자유를 주되, 끊임없이 지켜보며 위험요소를 차단해주며 스스로를 다치게 하지 않는 바른 습관을 익힐 수 있도록 지도해주어야 하는 아이를 바라보면서, 이 책에서 말하고자 하는 '민주주의를 돌봄'이 그런 것이 아닐까 생각해보았다. 아이의 안전을 위해 결박하거나 행동을 무작정 통제해 인간으로서 마땅히 누리고 익혀나가야 할 '자유'를 빼앗을 수는 없는 노릇이다. 그렇다고 쓰레기통을 뒤지거나 크레용을 먹거나 위험한 물건을 가지고 노는 것을 그대로 방치해서도 안 될 터였다. 이처럼 자녀를 위함에도 중용과 순리가 있고 아이의 자유에도 질서와 제약이 필요하듯이, 민주주의의 자유도 그 본연의 선한 뜻과 목적으로 이끌기 위해 필요한 질서가 있다. 또 때론 자기-파괴적일 수 있는 그 내재된 경향성을 차단해 줄 역사와 양심의 교훈, 즉 지혜의 미덕(virtue)도 필요하기 마련이다. 어찌 보면 지극히 당연하고 상식적인 것이다. 하지만 오늘날 민주주의의 위기는 인간이 오랜 경험의 축적된 지혜와 상식을 벗어나 오만하고 추상적인 모험을 추구했기 때문에 일어난 일이다. 조지 오웰이 말했던, 지극히 당연한 것들을 반복해 표명해주어야 하는 그런 시대에 우리는 살고 있다.

자유문명의 질서는 사회주의 광풍에 맞서기 위해 자유주의의 논리와 원칙이 필수적이다. 하지만 자유주의만으로는 분명 불충분하다. 인간은 (스스로나 집단지성으로나) 이성적이고 합리적인 판단만 내리는 존재가 아니기 때문이다. 자유주의자들이 즐겨 인용하는 '자생적 질서(spontaneous order)'는 사실 어떤 도덕적 기준을 전제했을 때 가능한 것이다. 아담 스미스도 '보이지 않는 손'의 정상적인 작동을 위해 '공정한 관찰자(impartial spectator)'를 상상할 수 있는 '도덕 감정(moral sentiments)'을 전제하고 있으며, 하이에크도 자생적 질서의 발현을 위해 특정 행위를 금하는 어떤 행동규칙(종교, 도덕, 관습, 전통 등)을 전제로 했다. 아이에게 아무리 완벽한 자유의 규율과 원칙을 나열해 알려주어도 스스로 그것들을 지키지 못하는 것과 같은 이치다. 아이는 아직 충분히 이해하지 못하더라도 따라야 할 내면의 규칙들, 즉 도덕적 관습(mores)을 먼저 몸으로 익혀야 하는 것이다. 이 '도덕관'은 다름 아닌 종교심, 정확히는 저자가 '성경 기반의 종교들(biblical religions)'이라고 표현하는 유대-기독교 신앙과 문화에서 비롯된다.

이 '자유주의 질서의 보수주의적 기초'를 상기하고 확립하는 것은, 경제적 차원의 사회주의를 넘어 이제는 문화적 차원의 사회주의(문화마르크스주의 혹은 네오마르크수주의)를 상대하는 오늘날 현대 사회에서 더욱 중요해졌다. 오늘날의 치열한 문화전쟁은 자유주의 시장경제를 비롯한 서구문명의 근원적 뿌리를 형성하는 가치관과 세계관과 전제(presupposition)의 싸움으로 그 전선이 확장된 것이기 때문이다.

한국의 자유진영도 이제 시장경제와 안보적 측면의 자유를 넘어, 대한민국이 겨워 누려온 자유 문명의 근원적 뿌리를 드러내 보전하고 수호해야하는 시대적 위치에 와 있다. 이 책의 줄거리를 형성하는 보수주의적 자유주의자들(버크, 토크빌, 처칠, 솔제니친, 아롱)에게 귀 기울여야 하는 이유다.

'보수'라는 어감 불리함 때문에 섣불리 '보수주의'의 뿌리 깊은 관점을 외면하거나, 유럽이나 심지어 공산권 및 회교권의 복고적이고 수구적인 보수주의가 떠올라 영미권에서 발전한 '대문자 C-' 보수주의(Conservatism)마저 거북해하는 한국 우파와 자유주의자들에게 특별히 이 책을 권한다. 하이에크가 『자유헌정론』(1960) 부록에 실은 "나는 왜 보수주의자가 아닌가"라는 하이에크의 에세이 때문에 오히려 미국의 보수주의자들은 즉각 그가 진정한 '보수주의자' 임을 알아차렸음을 기억할 필요가 있다. 하이에크는 유럽의 보수주의를 거부했지만 미국의 보수주의 운동에는 기꺼이 힘을 실어주었다. 미국의 정치와 사회가 보여주고 있듯이, 자유문명을 지키기 위해 자유주의자와 보수주의자가 연합전선을 구축하지 않는다면 이미 제도권에 깊숙이 침투한 급진좌파 반(反)자유 세력을 극복할 길이 묘원하다.

책의 출간을 흔쾌히 맡아주신 기파랑의 박정자 주간님과 직원들께 감사드린다. 종종 책과 스크린에 빨려 들어간 아빠의 무심에도 건강하게 자라주는 딸아이와 이제는 아빠 대신 여동생을 예뻐하고 지켜주는 아들, 그리고 연구와 살림으로 언제나 쉴 새 없이 바쁘면서도 긍정의 기운을 잃지 않는 아내에게도 참 고맙다. 마지막으로

번역 초안을 한 문장 한 문장 꼼꼼히 교정해주시고 언제나 응원해
주시는 부모님께 감사드린다.

2022년 10월

조평세

워싱턴 D.C.

I

민주주의를
온건하게
사랑하는 기술

01

토크빌과 자유주의 질서의
보수주의적 기초

이 책은 자유주의 질서의 보수주의적 기초에 대한 사려 깊고 폭넓은 공감을 불러일으키려는 목적을 갖고 있다. 그렇다면 왜 토크빌의 사상으로 시작하는 것일까? 알렉시 드 토크빌Alexis de Tocqueville은 19세기 프랑스 정치가이자 정치사상가로서 당시는 물론 현재 우리의 정치적 범주에도 잘 들어맞지 않는 인물이다. 그는 당시 프랑스와 유럽 보수주의 사상가들의 비합리적 전통주의를 받아들이지 않았고, 스스로 거리낌 없이 자유주의자라고 불렀다. 물론 서둘러 '이상한strange' 이라는 수식어를 붙였지만 말이다. 토크빌은 아마도 프랑스의 '슬픈 자유주의sad liberalism' 라는 전통을 가장 예리하게 대표하는 인물일 것이다. 슬픈 자유주의란 프랑스혁명 이후 기독교

유럽 세계를 변형시키는 새로운 질서 — 현대적이고 민주적이고 상업적인 — 에 대해 현실 가능한 대안이 없음을 마지못해 인정하는 '누그러진 자유주의자chastened liberals'들을 반영한다. 그들은 억제되지 않은 민주주의가 자유와 인간 존엄에 가져올 위협에 대해 경고하면서도 반동적 향수鄕愁에 빠지거나 혁명적 희열에 취하기를 거부한다.

이들 누그러진 자유주의자 중에서도 특히 토크빌이 두드러지는 이유는 그가 귀족주의 체제에서 민주적 체제로 전환하는 과정에서 무엇을 잃고 얻을 것인지에 대해 놀랄만한 통찰력을 가지고 있었기 때문이다(토크빌은 여기서 '체제'를 단순히 정치적 체제라는 좁은 의미가 아닌, 원대한 '인류 질서'로 이해했다). 피에르 마낭Pierre Manent이 주목했듯이 민족주의와 귀족주의라는 두 위대한 정치 체험의 '인류학적 형태'를 다루는 토크빌의 평정심은 인간의 본성과 민주주의의 번영에 대한 그의 심오한 통찰력에서 기인했다. 토크빌은 인간 평등에 대한 인식이 인간 영혼의 '위엄grandeur'과 '독립성independence', 그리고 '성질quality'의 함양을 대체할 수 없다는 사실을 놓치지 않았다. 그러면서도 동시에 민주주의의 타당성과 인간의 근본적 '유사성similarity'은 인정했다. 조셉 엡스타인Joseph Epstein은 탁월하고 간결한 그의 토크빌 전기에서 이 프랑스 귀족토크빌이 민주주의에 대해 가지고 있는 "그다지 열광적이지는 않은" 지지가 그럼에도 진지했고 지혜로웠다고 표현했다. 민주주의에 대한 침착하고 제한적인 토크빌의 감상이 그를 추천하는 중요한 이유다.

　프랑스의 전통적인 자유주의 학자들은 '보수자유주의conservative liberalism'와 '자유보수주의liberal conservatism'를 구별한다. 보수자유주의는 인권과 헌정주의적 자유주의, 인간의 도덕적·시민적 평등과 같은 질서의 '핵심 전제'에 반대하지 않는다. 하지만 자유주의 사회가 자유와 민주의 범주를 넘어서는 관습과 전통, 그리고 미덕과 유산에 중대하게 의존하고 있다는 것을 인식한다. 한편 자유보수주의자들은 모든 형태의 전제정치에 대항해 자유를 옹호하지만, 현대 자유의 양식을 정당화하기 위해 이용되는 계몽주의적 범주에는 보다 공개적으로 비판적이다. 이들은 가령 다음과 같은 현대의 환상을 정면으로 거부한다. 바로 개인과 집단의 "자율성" 및 "주권"에 대한 단호한 주장, 무분별한 상대주의 지향적 표류, 그리고 정치철학자 로버트 크레이낙Robert Kraynak의 표현을 빌려 "사회를 불안정하게 하고 미덕을 훼손하며 현대인을 (전체주의 정부로 귀결될 수밖에 없는) 유토피아 이념으로 유혹하는 진보에 대한 맹목적 숭배"다. 물론 자유보수주의와 보수자유주의를 구분하는 절대적인 기준은 없다. 보수주의적 정신을 가진 대부분의 자유주의자들은 자유와 도덕적 상대주의를 혼동하는 현대 사상을 비판하고 전체주의적 유혹에 경계심이 없는 진보주의자들을 지적할 것이다. 토크빌이 처한 시대적 맥락에서라면 그는 스스로 보수주의자로 부르지는 않았을 것이다. 하지만 결정적인 지점에서 그는 보수자유주의자와 자유보수주의자의 범주에 들어맞는다. 토크빌은 급진적 현대주의가 도래하기 전에 이미 선견지명을 가지고 민주주의의 도덕적 근간을 훼손하는 '민주적 도그마democratic dogma'에 대해 비판한 통찰력 있는 분석가이자 명석한 비평가였다.

토크빌은 가히 선지자적 예감으로, 자유 사회의 전통적·도덕적·문화적 토대, 즉 문명 질서의 기초(그는 『미국 민주주의』 서론에서 이를 "도덕적 유추의 법칙laws of moral analogy"이라고 불렀다)가 우리의 발밑에서 계속 침식당할 것이라고 내다봤다. 이러한 그의 통찰력은 반박하기 어려운 것이다. 월터 리프먼Walter Lippman이 1929년에 말했던 "현대성의 산acids of modernity"은 여전히 작용하고 있기 때문이다. 현대 민주주의를 포함한 현대의 자기 급진화 경향은 끝이 없어 보인다. 하비 맨스필드Harvey Mansfield가 말한 간결한 공식대로 "민주주의는 민주화한다democracy democratizes."

가차 없고 자기 급진화적인 '민주혁명'에 대한 토크빌의 이해는 우리가 직면하고 있는 정치적, 지적 문제들을 다루기 위한 보다 큰 틀을 제공한다. 또한 그가 남긴 글은 끊임없이 돌아가는 민주적 소용돌이 속에서 "삶의 도덕적 내용moral contents of life"을 보전하는 데 중요한 지침을 제공한다. 토크빌은 민주주의를 분석하면서 독자들에게 "스스로 낙담하여 기운이 빠지게 하는 나약하고 태만한 공포를 주고자" 한 것이 아니었다. 그는 독자들에게 "미래에 대한 건전한 두려움을 제시하여 더 주의 깊고 전투적이기를" 바라는 것이었다. 마낭은 그의 통찰력 있는 저서 『토크빌과 민주주의의 성격』(1982)의 결론에서 토크빌을 통해 다음과 같은 교훈을 도출한다. "민주주의를 제대로 사랑하기 위해서는 민주주의를 온건하게 moderately 사랑해야 한다." 바로 이것이 현대 민주주의가 던지는 도전에 대하여 반동적이거나 진보적인 반응이 아닌, 보수주의 특유의 진심 어린 반응이다.

미국의 이론과 실천

사실 현대 민주사회 내에서 이런 '신중의 정치politics of prudence'를 위한 좋은 자료가 토크빌만 있는 것은 아니다. 사실 전혀 그렇지 않다. 정치와 정치사상에 있어서 특히 미국의 전통은 자치의 기술과 연방공화국 체제에서의 정당한 정부 권한의 성격에 관한 그 이론적, 실천적 지혜가 매우 풍부하다. 공화주의적 자치와 자유주의적 헌정주의를 천재적으로 융합한 미국의 헌정질서는 근대 세계의 가장 인상 깊은 정치적 성취다. 미국의 건국의 아버지들國父은 모든 인간의 근본적 평등을 탁월하게 확언했다. 이는 비록 미국의 명예에 큰 오점이었던 노예제로 인해 그 시작에서부터 어기게 된 원칙이었지만, 결국은 그 원칙이 노예제에 대한 저항을 강력히 지원하여 노예해방으로 열매를 맺었다. 동시에 이들 건국의 아버지는 교조적인 평등주의와 모든 종류의 유토피아적 프로젝트에 대한 경계를 늦추지 않았다. 많은 미국인들은 보수주의자들과 함께 건국의 아버지들의 업적을 존중하며 그들이 고안한 헌법에 경의를 표한다. 물론 미국인들은 소위 '살아있는 헌법living constitution'이라는 모호한 개념에 대해 의심과 경계의 눈초리를 보낸다.* 하지만 건국의 아버지들이 고안한 헌법에 대한 충실성은 미국 보수주의의 빠질 수 없는 구성요소다.

하지만 미국의 건국의 아버지들의 정신으로 무조건 회귀하는 것에는 커다란 한계가 있다. 왜냐하면 미국 자치의 실험은 사실 그것을 설계한 그들이 스스로 알고 있었던 것보다 훨씬 더 우수한 결과를 낳았기 때문이다. 워커 퍼시Walker Percy의 표현을 빌리자면, 미국의 건국의 아버지들은 한편으로는 고전과 기독교의 전통에서 불규칙하게 가져온 "뒤죽박죽 인류학hodge-podge anthropology"을 전제하면서 다른 한편으로는 계몽주의의 전제들도 참고했다. 여러 면에서 이들 전제가 서로 가진 긴장은 유익한 것이기도 했지만, 동시에 시간의 경과에 따라 쇠퇴할 가능성이 높은 불안정한 조합이었다.

이 사실은 외국에서 미국을 방문한 관찰자들에게 더욱 분명히

---

* '살아있는 헌법'이란 시대적 배경에 맞게 헌법을 재해석하려는 수정주의적 관점을 말한다. 이와 반대로 헌법을 구상하고 작성한 당시 국부들의 뜻과 정신을 그대로 존중하는 보수주의적 입장은 원본주의/원문주의(originalist/textualist)라고 한다.

드러났다. 프랑스 도미니크 수도회의 레이몽-레오폴드 브룩버거 Raymond-Léopold Bruckberger 신부는 탁월한 안목과 설득력을 반영한 그의 저서 『미국의 이미지』(1959)에서 미국의 천재성은 토크빌이 말했던 "하나님과 법 아래서의" 자치와 인간이 "스스로 신격화하고 숭배하는 가공할 만한 환상" 사이의 차이를 알아차렸던 데 있다고 말했다. 브룩버거 신부는 독립선언서가 구현한 미국의 '정치 신학 political theology'의 핵심에 한쪽에는 신정주의theocracy를 위한 종교적 광신과 다른 한쪽에는 무신론적 광신이라는 양극단을 두루 피하는 지혜가 담겨있다고 진단했다. (독립선언서 자체도 토마스 제퍼슨Thomas Jefferson의 교조적 이신론과 당시 다른 대륙회의 회원들이 가지고 있었던 보다 종교적인 신념이 절묘한 타협을 이룬 작품이었다.) 미국인들에게 있어서 "사람들은 언제나 피지배자이면서 동시에 자유롭고 자주적이다. 사람들은 자신의 법과 하나님의 공의에 종속되어 있으나 또 한편으로는 자신들의 법을 지키기 때문에 자유하고 그들의 주권은 신의 주권에 속해 있기 때문에 자주적이다." 그렇기 때문에 미국인들이 — 특히 미국의 지식인들이 — 자유를 인간의 자주권self-sovereignty으로 재정의하고 또 인간 의지의 밖에 있는 어떤 목적과 의도로부터 아무런 신세도 지지 않는 순수 자유로 인식한다면, 그들은 그들 스스로 천재성을 거부하는 것이 되며 자신도 모르게 20세기 전체주의의 핵심 원칙을 지지하는 셈이 되는 것이다.

인간 자주성에 대한 완고한 주장에 맞서기 위해서는 미국 건국의 '천재성'에 충실해야 함이 마땅하다. 하지만 동시에 우리는 건국의 아버지들의 다소 제한된 이론적 시야를 넘어서야 한다. 오레스티스 브라운슨Orestes Brownson이 1865년에 그의 저서 『미국 공화국』에서 이미 말했듯이 국부들의 실제 업적은 결정적인 면에서 그들의 이론보다 훨씬 뛰어났기 때문이다. 그들은 사실 이론적으로는 사회계약이론을 받아들였다. 사회계약이론은 로크John Locke가 말했던 "자연상태의 불편"을 자발적으로 벗어버린 자유하고 평등한 개인들의 인위적 구성체를 정치공동체라고 여기는 자만이었다. 하지만 미국의 건국의 아버지들은 이 교리가 품고 있는 모든 형이상학적 함의를 알아차리지 못했다. 그것은 토크빌이 인정했듯이 인간의 삶 모든 영역과 심지어 우주의 통치에도 적용할 수 있을 법한 심히 거만한 이론이었다. 하지만 지혜롭고 신중한 정치가였던 건국의 아버지들은 미국의 불문율 혹은 '섭리적providential' 헌법을 존중했다. 그것은 『페더럴리스트』* 2번에서 존 제이John Jay가 그토록 유려한 필치로 표현했던 미국인들의 습관habits과 관습mores이었고, 또한 미국 민주주의의 '영토적territorial' 성격이었다.** 로저 스크러턴 Roger Scruton이 『서구와 그 나머지』(2002)에서 주장했듯이 건국의 아

• 더 페더럴리스트 혹은 '연방주의자 논고'란 미국 건국 당시 미국 헌법을 지지하는 85개의 논문을 말한다. 알렉산더 해밀턴(Hamilton)과 제임스 메디슨(Madison), 그리고 존 제이가 퍼블리어스(Publius)라는 필명으로 1787년 10월부터 1788년 8월까지 뉴욕시 신문에 연속 발표하였다.

버지들은 미국의 헌정 건국 당시에 "보다 완벽한 연합"을 이루는 중요한 전제 조건으로서 그 이전부터 존재하며 특정한 습관과 전통을 누리고 있던 "우리We"가 있었음을 존중했던 것이다."" 그들은 물론 서구 문명의 관습법과 더 넓은 도덕적 유산들도 참고했다. 프랑스 혁명가들과 달리 미국의 건국의 아버지들은 아무것도 없는 처음 상태에서 시작하지 않았고, 또 그렇게 백지에서 시작하기를 거부했다.

미국의 건국의 아버지들의 실천적 지혜를 이론화하여 그들의 이론적 추정과 전제가 가진 한계를 극복하는 것은 오늘날 우리들의 몫이다. 『미국 민주주의』의 영문 역자인 하비 맨스필드와 델바 윈스롭Delba Winthrop은 책의 서문에서 토크빌의 바로 이러한 통찰력을 특별히 조명했다. 이들 역자는 미국이 가진 놀라운 협동적 삶과 지역 자치의 풍부한 전통, 그리고 자유의 정신spirit of liberty과 종교의 정신spirit of religion을 결합하는 자연스러운 실천적 노력이야말로 국부들의 민주주의 이론보다 훨씬 뛰어났다고 설파한 토크빌의 예리한 통찰력을 주목했다. 이는 "한편으로는 미국의 실천적 측면이 아직 민주주의 이론에 의해 변형되지 않았기 때문이기도 하고, 또 다

●● 오레스티스 브라운슨은 앞서 언급된 그의 책에서 미국의 민주주의를, 추상에 심취하는 프랑스의 "자코뱅 민주주의(Jacobin democracy)"와 대조해 아예 "영토 민주주의(territorial democracy)"라고 규정하기도 했다.

●●● 미국 헌법 첫 문장에 나오는 표현들이다. "We the People of the United States, in Order to form a more perfect Union, …"

른 한편으로는 실천이 이론을 정정하는 경향이 있기 때문"이기도 하다. 물론 미국의 건국을 오늘날의 이론으로 축소할 수는 없을 것이다. 그러나 그렇다고 해서 현대 이론에서 여러 문제를 내포하고 있는 주장과 가설로부터 면제되는 것도 아니다.

버크와 현재 우리의 불만

앞서 말했듯 토크빌을 이해하는 것은 현대 민주주의 이론과 실천의 변증법적 재고와 자유주의 질서의 보수주의적 기초를 재인식하기 위해 필수적이다. 그렇다면 에드먼드 버크는 어떨까? 이 위대한 영국·아일랜드 정치가이자 정치철학자는 1945년 이후 현대에서 '신중의 정치'라는 보수주의 사상에 중요한 위치를 차지하고 있다. 버크는 1950년대 신보수주의 — 러셀 커크Russell Kirk, 피터 비에렉Peter Vierick, 로스 호프먼Ross J. S. Hoffman, 로버트 니스벳Robert Nisbet의 보수주의 — 에 영감을 주었을 뿐만 아니라 레오 스트라우스Leo Strauss에 의해 신중한 정치가의 전형적인 모델로 인정받았다. 나름의 버키언Burkean 보수주의자였던 윈스턴 처칠Winston Churchill은 『사색과 모험』(1932)에 수록된 "정치에서의 일관성Consistency in Politics"이라는 에세이에서 미국의 독립혁명과 자유는 지지했지만, 프랑스혁명의 광기에는 응징을 가했던 '권위의 버크'와 '자유의 버크'에게 감동적인 찬사를 보냈다. 처칠은 외견상 모순된 공적인 면모들 public faces이 '문명의 보전'과 '질서 있는 자유'라는 일관적인 목적을 위해 완벽하게 상호보완하는 것이라는 버크의 주장을 강조한다. "누구든지 '자유의 버크'와 '권위의 버크'를 제대로 읽는다면, 같은 한 가지 목적을 추구하는 같은 한 사람이 있을 뿐이며, 사회와 정부의 같은 이상을 지향하면서도 이들을 양 극단의 공격으로부터 보호하는 같은 한 사람이 있다는 일관된 느낌을 받을 것이다." 버크는 사려 깊고 일관성 있는 정치가였다. 그 어떤 보수주의도 버크의 날카로운 전통 수호와 실천 이성, 그리고 서구 문명의 유산 속에 현대 자유를 뿌리내리려는 유익한 노력을 모른 체할 수는 없다.

나아가 버크는 현대 문명이 이룬 업적을 뒤엎으려는 혁명적 혹은 이데올로기적 추상에 대해 가장 예리한 비평을 남겼다. 그가 프랑스 혁명에서 작용하고 있다고 보고 비판한 전체주의의 원형은 20세기 공산혁명으로도 대표되는 더 급진적이고 일관적인 허무주의의 전조였다. 버크는 훗날 솔제니친Alexandre Solzhenitsyn이 공산 전체주의에 대항했던 것과 같은 용기와 목적의 일심으로 자코뱅 혁명을 고발했다. 그의 고별사적인 저술『고귀한 경에게 보내는 서신』(1796)에서 버크는 프랑스 혁명을 "인간의 정신 구조에까지 미칠 완전히 새로운 종류의 혁명"이라고 탁월하게 암시했다.

이 "구 휘그"*는 비록 유럽의 구체제와 근대 민주 질서 사이의 전환기에 속해 있었지만, 버크는 우리에게 여전히 영감을 주는 선생으로 남기에 부족함이 없다. 버크에게 있어 위장된 독재가 아닌 '완벽한 민주주의'는 상상조차 할 수 없는 것이었다. 하지만 현대의 우리는 버크가 그토록 경계했던 '완벽한 민주적 시대'에 살고 있다(살고 있는지도 모른다). 작금의 민주적 시대는 오랜 관습에 따라 규정된 권위와 확립된 계층 구조가 우리의 정치적 또는 도적덕 자각에 아무런 영향을 미치지 못하는 것을 말한다. 우리는 모두에게 '자연스러운' 평등과 독립을 강요하는 민주적 교리에 지배당하는 세계에 살고 있는 것이다. 사실 토크빌의 사상은 많은 부분 버크로부터 비롯됐다. 가령 혁명적 광기와 프랑스 지식인들의 무책임한 문필정치 literary politics에 대한 토크빌의 공격적인 비판, 그리고 현대 민주주의의 건강과 안녕을 위해 중요한 가족·종교·지방 자치와 같은 '귀족적 유산'을 강조한 것 등은 모두 버크에게 빚진 것이다. 하지만 토크빌은 버크의 실천적 지혜를 찬양하면서도 버크가 그의 눈앞에서 펼쳐지는 민주혁명의 완전한 도래를 충분히 직시하지 못한 것은 비판했다. 토크빌이 『앙시앵 레짐과 프랑스 혁명』에서 엄중히 지적했듯이 버크는 프랑스 혁명가들이 살아있는 체제를 난도질한 것이라고 생각했지만, 사실 그들은 이미 죽어있는 시체를 공격한 것이었다.

- 버크는 당시 영국 휘그당에서 프랑스 혁명을 지지한 동료들과 구분하기 위해 자신을 '구 휘그(Old Whig)'라고 규정했다. 흥미롭게도 훗날 대표적인 미국 보수주의 대통령인 에이브러햄 링컨 대통령도 자신을 구 휘그라고 규정했다.

안타깝게도 버크는 보수주의자들에게서조차도 매력을 많이 상실했다. 그의 문체는 민주적 입맛에 너무 화려하고 '신사'에 대한 그의 과잉 변호는 평등주의 시대에 받아들여지기 어려웠다. 결과적으로 버크의 책들은 과거보다 판매량이 감소했고 소수의 전통적 보수주의자들을 제외하고는 사람들을 매료시키지 못했다. 일부 소위 지식인들은 오히려 버크의 권위를 왜곡해서 인용, 보수주의가 진보주의 시대를 그저 느린 동작으로 서서히 수용하는 정도의 것으로 받아들였다. 예를 들어 무분별한 낙태나 모든 합의의 관계를 포함하도록 하는 결혼의 재정의 등 다양한 수식어가 따라붙는 개인주의가 현대 사회문화에 이미 깊이 뿌리내려져 있기 때문에, 보수주의자들은 서구세계를 급진적으로 탈바꿈시키고 있는 이런 문화적 혁명에 대한 저항을 순순히 내려놓아야 한다는 것이다. 보수주의의 점진적인 투항을 주장하는 지식인들은 보수주의를 '필연적 운명에 대한 신중한 수용' 정도로 정의한다. 그리고 이들은 평등과 자주성을 보다 더 급진적으로 일괄 적용하려는 자들에 의해 '필연'이 가장 잘 정의된다고 받아들인다. 하지만 "신중함은 속세의 신"이라고 말했다고 해서 버크가 '고로 우주의 도덕적 구성은 근본적으로 수정돼야 한다'고 주장한 것은 결코 아니었다. 버크는 우리에게 여전히 유효한 가르침을 주지만, 오늘날 민주주의가 무자비하게 모든 것을 민주화하는 맥락에서는 그가 수호하고자 했던 것들을 좀 다르게 표현해야 한다는 냉철한 자각이 필요하다.

뛰어난 프랑스 정치사상가 레이몽 아롱Raymond Aron은 잘 알려지지는 않았으나 역시 자신의 명성만큼이나 뛰어난 그의 에세이 "우익에 대하여: 산업화 사회의 보수주의"(1957)에서 프랑스 혁명에 대한 버크의 논쟁이 오늘날 읽힐 수 있는 두 가지 방법을 제시했다. "버크는 정치적 합리주의에 대한 비판 또는 이데올로기적 광신에 대한 비판으로 읽힐 수 있다. 한편으로는 구체제 특유의 계급사회를 변호하는 것으로 읽을 수도 있고, 다른 한편으로는 모든 사회가 계층을 암시하고 각 계층에 대한 상호 권리와 의무에 대한 존중이 있어야만 사회가 번영한다는 의미로도 읽을 수 있다. 버크는 민주사상의 반대편에서 변론했거나 아니면 신중함의 편에 서서 변론했다." 필자의 판단으로는 버크를 읽는 아롱의 두 번째 방법이 토크빌이 말한 보수주의적 자유주의의 입장이다. 버크와 토크빌의 지혜는 결국 보다 깊은 상호보완적 관점에서 조명해야 한다.

자족하는 개인을 넘어서

토크빌의 자유주의는 토마스 홉스Thomas Hobbes나 존 로크의 자연권적 자유주의natural rights liberalism와 차이가 있다. 홉스와 로크의 자유는 본질적으로 '정치적 동물'이 아닌 개인의 생명과 소유를 보전하기 위한 도구였다. 물론 토크빌도 민주적 자유와 권리 자체의 바람직함에 대해서는 의문을 갖지 않았다. 그는 정치적 자유의 강직하고도 자랑스러운 수호자였다. 하지만 토크빌은 '자족하는 개인'이라는 도그마에 기초한 사회를 유지하려는 노력은 실패할 것이라고 확언했다. 인간의 본성이나 진정한 사회생활의 요구를 충분히 반영하지 못하기 때문이다. 헝가리 출신 도덕철학자 아우렐 콜나이Aurel Kolnai의 표현에 따르면, 토크빌은 자유민주적 질서의 보전이 '자유 이전의preliberal 전통'에 달려있음을 인정했다. 이 전통은 "인간의 무한한 자주권이라는 개념에 의해 부정되고 저주받는 것"이었다. 토크빌이 이러한 자유 이전의 전통 혹은 자유 외적인extraliberal 전통과 습관을 숙고하는 이유는 바로 국민주권과 합의라는 민주적 개념들이 정치적 영역에만 한정되지 않기 때문이었다. 토크빌은『미국 민주주의』에서 국민주권의 도그마가 "인간 행동의 보다 넓은 영역을 규제"하며, 따라서 가족생활과 종교 및 다른 제도적 유산들을 끊임없이 민주적이거나 개인주의적 방향으로 변형시킨다고 주장했다. 토크빌은 콜나이가 1949년 "특권과 자유"라는 에세이에서 명쾌한 철학적 용어로 다음과 같이 표현한 내용을 이미 내다본 것이다.

> 자유민주적 사회 질서는 그 자유민주적 틀을 초월하는 공리와 관례와 전통과 습관(실제적으로 받아들여지든 암묵적으로 존중받든) 위에 놓여있으며, 이는 개인 및 국민주권에 특정한 물질적 혹은 객관적 한

계를 제공한다. 또한 이는 한편으로는 개인의 자유로운 시민권과 다른 한편으로는 국가권력에 일원적으로 구현된 '일반의지' 사이의 조화를 유지하도록 돕는다.

토크빌은 진보주의적 환상이 전혀 없었다. 그는 눈앞에 펼쳐지는 위대한 민주혁명의 섭리적 혹은 숙명적 성격을 목도하면서도, 그 새로운 체제가 인간의 자유와 위대함을 지켜낼 것을 보장한다고 믿지 않았다. 그것은 인간의 신중함과 "자유의 기술art of liberty"에 달려 있는 것이었다. 인간은 스스로 진지한 사유와 고귀하고 관대한 행동을 가능케 하는 조건들을 지켜낼 의무가 있었다. 토크빌은 평등을 위한 무분별한 열의와 그에 연계된 민주적 교리를 비판했다. 하지만 그는 인간 영혼에 내재한 존엄성을 확언하는 기독교민주적 입장과는 친숙했다. 이러한 측면에서 토크빌과 아르튀르드 고비노Arthur de Gobineau의 대화를 참고할 필요가 있다. 고비노는 프랑스 외교관이자 과학적 인종주의 이론가였는데, 1843년부터 1859년 토크빌이 세상을 떠날 때까지 그와 흥미로운 서신 교환 기록을 남겼다.

고비노와 허무주의의 한계

『미국 민주주의』의 저자 토크빌보다 11살 어렸던 고비노는 여러 면에서 토크빌의 제자와도 같았다. 토크빌은 고비노의 지력과 박식함에 감명을 받았고, 1848년에 고비노를 '현대 도덕성의 뿌리와 현대 도덕 감성'을 연구하는 프로젝트의 비서로 임명했다. 1849년 토크빌이 프랑스의 외무장관이 됐을 때 고비노는 그의 비서로 있다가 이내 상근 외교관으로 자리를 잡았다. 토크빌은 고비노에 대한 애정이 깊었고 그의 승진을 위해 할 수 있는 것을 다했다. 하지만 토크빌은 고비노의 『인종 불평등론』에 점철된 과학만능주의와 인종차별주의를 경멸했다. 이 책이 출간되고 얼마 지나지 않아 토크빌은 고비노에게 쓴 서신(1853년 11월 17일)에서 모든 현대 인종이론의 배경에 있는 '가공할 만한 허무주의'를 맹렬히 비난했다. 고비노는 인류의 도덕적(그리고 신체적) 동등함을 부정하고, 특정 인종의 사람들을 도덕적 개화나 문명의 혜택을 누릴 가능성이 없는 '퇴화 동물'이라고 비하했다. 토크빌은 고비노의 이론들을 운명예정론의 세속 물질주의적 형태로 보았고 이것이 "인간 자유의 완전한 폐지 내지는 심각한 제약"으로 이끌 것이라고 여겼다.

토크빌은 도덕적, 정치적 교리들을 단지 이론적으로 타당한가를 판단하는 데 그치지 않았다. 그는 그 교리들이 인간의 자기이해와 영혼에 미치는 영향력을 고려해 판단했다. 같은 서신에서 토크빌은 고비노의 이론이 거의 확실히 틀렸을 뿐 아니라 매우 치명적이라고 단언했다. 토크빌에 의하면 그런 확률적 판단은 아주 드문 경우를 제외하고 정치적 생명에만 해당하는 것이었다. 토크빌은 『앙시앵 레짐과 프랑스 혁명』을 집필하기 위해 독일어를 배우고 있을 때, 자기자신을 "도덕적이고 정치적인 영향력을 배제하고 어떤 사상의 진기함이나 철학적 가치에 매료될 만큼 아직 충분히 독일인이 되지 못했다"라고 비꼬기도 했다. 그는 전 유럽인 중에 독일인들만이 고비노의 이론에 찬성하게 될 것을 미리 예견한 셈이다. 토크빌의 비극적인 예측에 대해서는 이미 몇몇 사람들이 주목한 바 있다.

토크빌은 고비노의 인종차별적 허무주의가 인간이 "스스로 나아지고 습관을 바꿔 처지를 개선할 수 있는" 자유를 부정한다고 보았기 때문에 이를 경멸했다. 그는 고비노의 인종주의적 과학만능주의가 "영구적 불평등으로 인해 발생하는 모든 악, 즉 교만과 폭력과 동료 인간에 대한 멸시, 그리고 폭정 등 인간의 모든 비참한 형태"를 공고히 하는 것이라고 믿었다. 토크빌의 이러한 표현들은 많은 것을 의미한다. 토크빌은 도덕법과 모든 인간의 존엄성을 조화롭게 인정하는 기독교적 존중이 결여된 귀족주의에는 한계가 있다는 것을 깊이 깨닫고 있었던 것이다. 토크빌과 고비노는 이후에도 다양한 주제로 수년 동안 서신을 주고받았지만, 토크빌은 고비노의 주장에서 아무런 가치나 전통적 기독교 교리와의 양립 가능성을 인정하지 않았다.

절망에 대한 거부

어느 순간에 이르러서 토크빌은 더 이상 고비노에 대한 애정을 잃었을 뿐 아니라 그를 용납하지 못했다. 토크빌은 1857년 1월 24일 고비노에게 쓴 서신에서 고비노의 견해가 기독교의 가르침과 정신은 물론 예절과 상식에도 위배되는 것이라며 배척했다. 기독교는 분명 인류의 동등함을 확언하고 있었다. 서신의 뒷부분에서 토크빌은 고비노에게 더 이상 정치이론을 논하지 말 것을 부탁하면서 고비노의 생각을 체계적으로 고발했다. 토크빌은 동료 인간에 대한 깊은 경멸감이 현대 사회에 대한 고비노의 입장에 배여 있다고 주장했다. 고비노에 의하면, 자유 의지와 도덕적 자기개선의 가능성을 상실한 인간은 그 체질상 스스로 노예 상태로 선고하는 것이었다. 이에 정면으로 반해 토크빌은 동료 인간에 대해 그렇게 절망하는 것을 거부한다고 선언한다. 고비노는 (열등한 인종과의 치명적인 교배로 인해) 유럽인들이 필연적으로 퇴화할 것이라고 단언했다. 하지만 토크빌은 "인간 사회는 개인들이 그러하듯 자유의 실천을 통해서 무엇이든 이룰 수 있다"고 주장했다. 여기서 그는 민주사회에서 자유를 확립하고 유지하기가 쉬운 일이 결코 아니라는 그의 오래된 염려를 반복해서 언급한다. 하지만 그는 이 일이 그럼에도 불가능한 것이라고 결코 주제넘게 생각하지는 않을 것이라 덧붙인다. 서신의 마지막 두 번째 단락에서 토크빌은 '우익 무신론'이라고 불릴 수 있는 개념이 옹호하거나 부추기는 잔인함에 대해 그의 기독교 자유주의 신념을 재확인한다. 인간의 자유, 하나님의 선함과 공의에 대한 이 멋진 긍정은 훗날 니체Friedrich Wilhelm Nietzsche의 입장을 미리 비평한 것이라고 볼 수 있다. 토크빌의 진심 어린 이 호소는 길게 인용할 가치가 있다.

> 아니오. 나는 보이는 창조세계의 머리에 위치한 이 인간 종이 당신이 말하는 뒤떨어진 양이나 염소 떼가 되어야 한다고, 그래서 우리보다 더 낫지 않거나 종종 더 나쁜 몇몇 양치기에게 미래도 정구권도 없이 그저 새끼를 낳는 것 이외에는 아무 목적이 없는 존재라고 믿지 않을 것이오. 내가 하나님의 자비로움과 공의보다 당신에게 더 작은 믿음을 가지고 있는 것을 양해하시오.

토크빌은 같은 서신에서 하나님과 법 아래서의 자유를 누릴 인간 역량에 대해 절망하기를 거부하는 자신의 원칙을 따름에는 "깊고 고귀한 기쁨이 있다"라고 적었다. 토크빌은 수년 전인 1850년 12월 15일, 또 다른 친구 루이 케르골래Louis Kergolay에게 보낸 중요한 서신에서 자신의 그 원칙이 무엇인지 설명한 바 있다(이 서신에서 윤곽을 잡은 위대한 문학적 프로젝트는 훗날 『앙시앵 레짐과 프랑스 혁명』이 된다. 『앙시앵 레짐과 프랑스 혁명』은 옛 프랑스 군주제와 이를 쓸어버린 혁명 간의 연속성과 단절성을 탁월하게 풀어낸 작품이다.). 그것은 귀족과 민주 체제 간의 위대한 역사적 구분을 초월하는 것이었다. 토크빌은 다음과 같이 말한다. "헌법과 법, 그리고 왕조와 계급 등의 형태는 그것이 낳는 영향력들과 독립되어 존재하지 않는다고 생각한다. 인간의 자유와 존엄이 없었다면, 나는 전통이나 정당이나 명분도 없다고 생각한다." 이렇듯 인간 자유에 대한 토크빌의 충심은 군주제나 공화정 같은 정치 형태는 물론 민주주의나 귀족주의적 사회 형태에 대한 애착보다 더 근본적인 것이었다.

자유의 고유한 유익

자유와 인간 존엄에 대한 토크빌의 고귀하면서도 불가사의한 이해에 대해서는 수준 높은 저서와 논문에 의해 수많은 설명이 쏟아졌다. 이미 살펴보았듯이 토크빌의 사상은 정치 이전의prepolitical '자연상태'의 인간에게 태초부터 주어져 있다고 추정된 자유와 평등이라는 홉스와 로크의 계약적 자유주의와는 거리가 먼 것이었다. 토크빌은 오히려 이런 시각에 대해 철저히 비판적이었다. 홉스와 로크에게 인간은 안위, 즉 스트라우스가 말했던 '편안한 자기보호'를 이유로 자연상태의 '불편'(지배적인 정치적 권위의 보호가 부재하면서 생기는 생명의 위협과 신체적 위험, 그리고 편리한 생활을 예측하는 데 대한 모든 위협)을 회피하는 존재다. 토크빌은 이와는 완전히 다른 도덕적, 정치적 우주에 속해 있었다. 토크빌은 『앙시앵 레짐과 프랑스 혁명』 제 3권의 세 번째 장 "프랑스인들은 어떻게 자유보다 개혁을 원하게 되었나"에서 "누구든 자유 그 자체가 아닌, 자유를 통해 무언가를 추구한다면 그는 노예제에 걸맞다"라고 경고한다. 다른 곳에서 토크빌은 "잘 이해된 자기이익self-interest"이라는 개념을 두고 민주적 인간을 자기 자신 밖으로 유도하는 유용한 도구(혹은 자만)라고 인식했다. 자신들도 사회에 살고 있고 타인에게 의무가 있다는 것을 상기시켜주는 도구라는 것이다. 그러나 이것은 자유를 도구에 불과한 것으로 탈바꿈하는 것이며 자유의 격을 손상시키는 셋이다. 사유가 물질적 생산력이 있다는 이유만으로 쓸 만하다는 식이기 때문이다. 토크빌은 그 유익함과는 별도로 자유 자체의 고유한 매력을 옹호했고, 그러한 인식을 개인적으로 체현했다고 할 수 있다.

토크빌은 같은 세 번째 장에서 "오로지 하나님과 법의 정부하에서 제약 없이 말하고 행동하고 숨 쉴 수 있는 즐거움"에 대해 이야기한다. 이 문장의 모든 단어들을 진지하게 받아들여야 하겠지만, 특히 "하나님과 법" 아래서의 정부를 언급하는 것에 주목해야 한다. 토크빌의 보수자유주의는 인간의 자치 역량에 대한 자부심과 모든 형태의 노예근성 및 의존성에 대한 거부를 하나로 조화롭게 통합시킨다. 이는 인간 한계와 자기절제의 필요성을 인정함으로써 가능하다. 신성한 것과 자연적 한계에 대한 부인은 인간을 깊은 나락으로 이끌 뿐이고 인간 스스로 초월하지 못하게 한다. 인간의 위대함에 대한 토크빌의 '귀족주의적' 변호는 공동 인류에 대한 그의 기독교적 인식, 그리고 자유가 언제나 "하나님 아래under God" 있다는 것에 대한 인정과 떼어낼 수 없는 것이었다. 다른 한편으로는 『앙시앵 레짐과 프랑스 혁명』에서 잘 표현해낸 "자유에 대한 순수한 사랑"은 일반화할 수 없는 것이다. 자유에 대한 순수한 사랑은 소수 영혼들의 위대한 마음에 신이 직접 심어주어 맛보게 한 것이다. 인간 영혼의 이 탁월한 속성은 어떤 귀족적 특혜나 민주적 평등으로도 환원될 수 없다. 그것은 동시에 어떤 합법적 인간 자치공동체에서도 자유 — 와 그것이 주는 인간의 모든 가능성들 — 에 대한 사랑을 유지하기 위해 필요하다.

인간 자유의 '확률론적' 변호

토크빌은 『미국 민주주의』에서 범신론자들과 민주적 역사학자들의 철학적 체계들이 역사의 과정을 만드는 인간의 선택과 행동에 아무런 의미를 부여하지 않는다고 비판했다. 그는 인간은 영혼이 있는 존재이며 움직이는 물질 정도로 환원될 수 없다고 강하게 확신했다. 토크빌은 스스로 역사의 어떤 과정이나 인종·토양·기후 같은 하위정치적subpolitical 결정요소의 노리개로 만드는 '거짓되고 비겁한' 교리들에 의해 인간의 영혼이 격하한다고 보았다. 오늘날 보수주의의 일부 흐름은 인간을 여타 영장류와 같이 진화 과정으로 결정된 자연본능을 공유한다고 축소하는 다윈주의적 사회 윤리 체계에 뿌리내리려고 시도한다. 토크빌이 이런 모습을 봤다면 그는 깊은 의구심을 가졌을 것이다. 그러한 '다윈주의적 보수주의'는 인간의 긍지를 훼손하고 독립된 도덕적 행위자로서의 인간의 역량을 축소하며 인간 영혼을 타협해 자연적 한계를 다시 부과하는 것이기 때문이다.

토크빌은 한편에는 과장된 합리주의 혹은 인간의 세상을 바꾸려는 유토피아적 자신감을, 또 다른 한편에는 비관적이고 허무주의적인 인간 자유의 부정이라는 양 극단을 피하려고 노력했다. 토크빌의 이러한 노력은 '일의 질서order of things'와 현대의 치명적 순환fatal circle 속에서 자유와 한계의 상대적 위치를 조화하려는 우리 노력에 지침을 제공한다. 우리는 토크빌의 '확률론적' 접근에서 영감을 얻을 수 있다. 이것은 모든 형태의 과학만능주의와 급진적 회의론, 그리고 그저 대략의 합리적인 판단과 주장일 뿐인 형이상학적 확신 추구보다 뛰어난 방법이다. 바로 위와 같은 다양한 형태의 역사적이고 인종적인 결정주의는 누구도 반증하지 못하는 만큼이나 또 받아들이기 어려운 주장이라는 것이다. 무엇보다도 자유와 인간의 영혼에 심히 치명적인 영향을 가져온다.

연성 폭정

토크빌의 기독교 민주적 접근법은 후견적 폭정tutelary despotism에 대한 그의 유명한 반대 선언문에도 영향을 끼쳤다. 『미국 민주주의』의 마지막 두 번째 장 "민주주의 국가는 어떤 폭정을 두려워해야 하나"는 종종 모든 형태의 복지국가에 대한 자유지상주의적libertarian 가정과 반대를 지지하는 것으로 읽히곤 한다. 하지만 그런 이해는 정확하지 않다. 사실 여기서 토크빌은 현대 집단주의의 기원이 인간관계를 해체하고 따라서 비인격적 "교사 국가schoolmaster state"에 인간을 종속시키는 급진적 개인주의에 있다고 보았다. 그는 이러한 국가에 대한 의존성이 인간의 영혼을 약화하여 개인의 주도력과 도덕적이고 시민적인 판단 능력을 파괴할 것이라고 두려워했다. 논리적인 결과에 따라 후견적 국가는 민주적 인간으로부터 그의 인간성을 박탈하고 생각의 수고와 삶의 고통으로부터 '구원' 해주는 것이다. 이는 민주적 모험의 과정에서 도출될 수 있는 하나의 가능한 결과였고, 토크빌에게는 악몽이었다.

2차 세계대전 이후 프랑스에서 토크빌을 재발견하는 데에 대표적인 역할을 한 레이몽 아롱은 1960년대 중반에 "절대적이고 구체적이며 정규적이고 선견지명이 있으면서 상냥한" 권력에 의해 인간이 기력을 뺏기는 "민주적 폭정"에 대한 토크빌의 묘사가 "선지자적 통찰과 지나친 두려움, 그리고 명백한 오류의 조합"이라고 주장했다. 아롱은 현대 민주적 삶의 전제적 측면이 토크빌의 묘사에 들어맞기에는 '충분히 불완전하다'고 여겼다. 토크빌의 우려는 민주사회 안에서 완전히 구현되지는 않는 어떤 경향에 대한 유익한 경고일 뿐이었다. 아롱은 훗날 토크빌의 분석을 빌려 서구 유럽에서 일어난 정치본능의 침식을 경고했다. 아롱이 경고한 것은 자유 체제에서도 필수적인 시민 정신과 상무적인 비르투^{virtù*}, 그리고 대담한 독립정신을 상실할 수도 있다는 것이었다. 하지만 아롱은 서구 민주주의 국가들이 자기비판과 독립적 주도성이 가능하고 '자유의 기술'에 열려 있는 사회로 남아 있는 한, 토크빌의 '유익한 경고'가 현재 유럽이나 미래의 미국 상황에 꼭 들어맞지는 않을 것이라고 전망했다. 오늘날 민주적인 프랑스라는 과도하게 관료화된 국가와 사회상을 봤을 때 아롱의 혜안은 유효하다고 할 수 있다.

민주주의 대 사회주의

토크빌은 후견적 폭정만을 두려워한 것이 아니라 국가가 모든 사람과 사물의 소유주가 되는, 보다 급진적인 사회주의의 도래도 두려워했다. 비교적 잘 알려지지 않은 그의 "일할 권리에 대한 연설

•　(역자 주) 마키아벨리의 용어로서, 여기서는 '정치지도자의 결단력' 정도를 의미한다.

The Speech on the Right to Work"(1848년 9월 12일)에서 토크빌은 정부를 빈곤의 마지막 방책으로서 의무적인 고용주로 만드는 헌법적 조치에 반대했다. 또한 토크빌은 연설에서 사회주의가 사람을 대리인·도구·숫자 따위로 전락시킨다고 비판했다. 그는 '인간의 물질적 욕망에 대한 강력한 호소'와 '개인 소유의 원칙'에 대한 끊임없고 끈질긴 사회주의의 공격, 그리고 인간의 자유를 몰수하고야 마는 사회주의를 배격했다. 토크빌은 또 연설에서 훗날 프리드리히 하이에크Fredrich Hayek가 영감을 받아 그의 유명한 책 제목(『노예의 길』)으로 삼게 될 말을 남긴다. "만약 사회주의가 무엇인지 표현할 결정적인 일반 개념을 찾아야 한다면, 나는 그것을 새로운 형태의 '노예제'라고 할 것이다." 『미국 민주주의』에서 토크빌은 민주주의를 '자유의 평등', 사회주의는 '빈곤과 노예 상태의 평등'이라고 표현했다. 그는 조국 프랑스가 시민권과 개인 독립의 범위를, 사회주의나 가부장적인 구체제의 신봉자들이 했던 방식으로 축소하는 것이 아니라, 가능한 한 넓게 확장하기를 바랐다.

토크빌은 "일할 권리에 대한 연설"에서 "정치에 자선charity의 요소를 도입"할 필요가 있다고 주장하며, "가난한 자와 고통당하는 자에 대한 기존 국가의 의무를 보다 높고 넓고 더 일반적인 개념으로 발달"시켜야 한다고 했다. 동시에 "일할 권리에 대한 연설"이나 "빈곤에 대한 회고"(1835)와 같은 저작에서 토크빌은 공공 지원에서 비롯된 의존성의 위험에 대해 염려했다. 그리고 그런 정책들을 구상할 때는 개인 책임과 주도성을 보존하는 방향으로 모든 심혈을 기울일 것을 제안했다. 그는 '기독교의 정치적 적용'이라고 부른 공공 자선public charity을 지지하면서도 사람을 국가의 한낱 피보호자로 만드는 사회주의적 접근과는 이를 확실히 구별했다. 토크빌은 동료들에게 1848년의 프랑스 혁명이 "기독교적이고 민주적이어야 하지만 결코 사회주의적이어선 안 된다"고 선언했다. 토크빌은 교조주의적 자유지상주의자들과 달리 그의 글과 삶을 통해 공공 자선이나 사회적 의무를 사회주의나 집단주의와 혼동하지 않는 총명한 보수주의의 도덕적 영감을 제공했다. 그가 여전히 우리에게 큰 교훈으로 남는 이유다.

소결

'토크빌과 자유주의 질서의 보수주의적 기초'의 출발점으로 다시 돌아가자면, "민주주의는 민주화한다." 오늘날 민주적 원칙에 충실하다는 명분, 그리고 인권을 극대화한다는 명분으로 민주주의 운동가들과 이론가들은 우리에게 결혼의 속성을 재정의하고 국가의 주권을 약화시키고 재판관이 제정한 법을 국내뿐 아니라 해외에서까지 적용하며 모든 전통과 제도적 권위를 의심의 눈초리로 볼 것을 강요한다. 열띤 공개 토론과 논의를 통해 다뤄져야 할 질문들은 엘리트 지식인들에 의해 어렴풋하지만 전능하다고 여겨지는 소위 '민주주의의 명령'이라는 이름으로 생략된다. 평등과 개인 자율의 극대화라는 민주주의의 사상이 나아가는 길목에 그 어떤 장애물도 허용되지 않는다.

하지만 우리는 즉시 어떤 역설과 마주한다. 바로 이 민주주의 사상이라는 추상의 이름으로 우리의 자치를, 마냥이 표현한 "사람people 없는 통치kratos"로 내어던지고 종국에는 스스로 포기하게 되는 '모순'에 봉착하게 되는 것이다. 바로 이같은 민주주의의 유령이 유럽 연합EU을 휩쓸자 국가의 주권과 '영토적 민족국가 속 자치' 등 실체성은 약화했다. 미국에서는 민주주의라는 추상적 사상의 통치가 법의 영역에서는 사법적 변형으로, 정치에서는 관료주의적 압제로 나타난다. 끝내 모든 일의 판단을 엘리트 의견에 양보하거나 인도주의 및 평등주의의 요구조건에 맡기게 되고, 국제법의 도덕적 권위에 위탁하라는 압박은 점점 거세진다.

토크빌은 이러한 추상적 민주주의 사상의 폭정이 아니라 민주주의 안에서 자유의 기술을 실천하고 서구 문명의 보다 광대한 유산을 수호할 것을 가르치고 있다. 민주 질서는 그 스스로 충분하지 않고 소중한 문명적 유산에 의존하고 있으며, 민주주의는 그 유산을 재생하기 어려울 뿐 아니라 때로는 악착같이 훼손하기도 한다. 민주주의의 문제를 단번에 해소할 수 있는 묘수가 없는 이상, 우리는 실천을 참고해 이론을 수정해야 한다. 하지만 이 과정에서도 우리는 국민주권이라는 개념 속에 언제나 더 급진적인 해석과 적용의 경향이 있는 추상적 민주사상과, 민주 자치의 실천적 행사 사이에 긴장이 흐르고 있음을 인지해야 한다. 다행히 토크빌의 지도를 통해 우리는 민주주의를 과격하게 사랑하는 자들로부터 보호할 수 있는 보다 나은 위치에 있다.

02

허무주의를 넘어 –
종교와 자유와 중재의 기술

결정적인 면에서 서구 문명은 기독교적 유산에 의해 형성되었다. 서구 문명은 기독교와 기독교의 정신으로부터 카이사르Caesar의 것과 하나님의 것을 구별*하게 되었고, 도덕의 영역에서 양심이라는 격상된 위치를 인지하게 되었으며**, 파괴적이고 우상 숭배적인 파라오적Pharaonic 국가상을 거부***하게 되었다. 여기서 서구West라 함은 덴마크 역사학자 데이비드 그레스David Gress가 구분했던 "옛 서

---

* 　마태복음 22:21, 누가복음 20:25, 마가복음 12:17.
** 　로마서 2:15.
*** 　창세기 11장, 출애굽기 1-11장, 사무엘상 8장 등 참고.

구Old West"'* 그 이상의 것이다. 계몽주의 시대로부터 비롯된 "신 서구New West"는 그 무엇보다 과학과 기술적 진보와 인권을 중시한다. 신 서구는 기독교적, 고전적 근원들로부터 끊임없이 멀어지고 있다. 여기서 우리는 한 역설과 마주한다. 바로 토크빌이 선지자적으로 진단했던 민주혁명이 기독교에 무언가 빚지고 있으면서 동시에 서구 문명의 기독교적 기초를 침식하고 있다는 것이다.

동시에 전체주의와 기타 현대 허무주의의 발현에 맞선 자유주의자들과 종교인들은 과거 서로에 대한 적개심 너머를 볼 새로운 이유를 찾게 되었다. 마이클 폴라니는 "허무주의를 넘어"라는 그의 탁월한 1960년 에딩턴Eddington 강연에서 우리의 이러한 처지를 정확히 예견했다. "교회는 현대인을 허무주의 너머의 상태로부터 세속 계몽주의 앞으로 끌어내는 듯하다." 그러나 현대인, 즉 민주적 인간은 마땅히 종교의 권위적인 강요를 거부하고 동시에 "지식의 상당영역을 세속화한 과학혁명으로 돌아가기"를 원하지 않는다. 그러나 그렇다고 더 이상 현대주의자들과 포스트모더니스트들이 진리와 자유를, 그리고 자유와 삶의 도덕적 콘텐츠들을 절단시키는 것을 편안히 지켜볼 수만도 없다. 2장에서는 서구에서 '신학-정

•   데이비드 그레스는 『플라톤에서 나토까지: 서구의 사상과 그 적들』(2004)에서, "5세기부터 8세기까지 형성된 고전, 기독교, 독일권 문화의 종합"인 "구 서구(Old West)"와, 그보다 최근 형성된 "이성, 자유, 진보의 종합"인 "신 서구(New West)"를 구분했다.

치'theological-political 문제를 파고든 두 학자들의 도움을 받아 위 문제의 다양한 측면들을 살펴보고자 한다. 한 명은 미국의 정치이론가 마크 릴라Mark Lilla이고 또 다른 한 명은 프랑스의 정치철학자 피에르 마낭이다.

위대한 분리

마낭은 신학-정치 문제에 대한 확실한 해결책이 있을 수 없다고 주장한 반면, 릴라는 현대 자유민주주의가 세속적 근간으로 타협 없이 돌아갈 것을 주장한다. 보수주의자였다가 부분적으로 리버럴로 돌아선 릴라는 컬럼비아 대학교 인문학 교수이며 「뉴욕리뷰오브북스 *New York Review of Books*」의 정기적인 칼럼니스트다. 그는 『사산된 신 *The Stillborn God*』에서 17세기 토마스 홉스에 의해 이론화하고 이후 서구 자유 입헌주의의 근간이 된 종교와 그리고 정치의 '위대한 분리Great Separation'를 위협하는 다양한 현대의 경향들을 조명한다. 릴라에게 이 정교분리는 현대 자유의 타협할 수 없는 근간이다. 그는 책에서 '세속 근본주의'라고 부를 수 있는 신념을 조예 깊고 유려하게 표현하는데, 바로 종교나 종교적 확신의 그 어떤 공적 역할이든 인간 자유뿐 아니라 자유주의 질서의 중심에 있는 섬세한 '지적 분리의 예술art of intellectual separation'에 위협을 가한다는 것이다. 지적 분리의 예술이란 실질적인 윤리지침과 인간의 '선한 삶good life''에 대한 이해로부터 정치 및 과학적 탐구의 분리를 의미한다.

이 책의 중대한 결함은 저자가 자유 혹은 입헌 민주주의를 현대 정치철학의 거의 우발적인 현상으로만 취급한다는 것이다. 릴라는 양심의 자유와 정교분리에 관한 종교적인 것에 특별히 관심을 보이지 않는다. 그는 결과적으로 인간 및 시민의 권리와 의무를 규명하기 위해 현대 철학뿐 아니라 기독교에서 원칙을 찾았던 많은 민주주의 정치가들의 관점을 외면하고 있다. 예를 들어 미국의 독립선언서는 잘 알려져 있듯 자연의 하나님Nature's God뿐 아니라 창조주Creator, 섭리Providence, 최고의 재판장Supreme Judge으로서의 하나님을 언급하며 신께 호소하고 있다. 또한 권리를 호소함과 동시에 보다 전통적 관용구인 분별력과 개인적·정치적 명예도 불러낸다. 물론 이는 근대 이신론적 시작과 홉스와 로크의 자연상태 교리뿐만 아니라 보다 더 오래된 자연법과 자연권 전통으로 해석할 수 있다. 정치가의 입장을 고려한다면 자유를 급진적 세속주의와 단순 동일시하는 것, 그래서 정교분리의 가장 교조주의적인 현대적 해석을 자명한 것으로 여긴다고 생각하는 것은 무리가 있다. 릴라는 그런 위험은 감수하지 않는다. 대신 그는 홉스의 입장 외의 다른 모든 이

• '좋은 삶'으로 번역할 수도 있다. 하지만 여기서는 뒤에 나오는 문맥에 따라 '선한 삶'으로 번역했다.

론적, 실천적 가능성을 배제한다. 물론 홉스의 정치철학에서 정교분리의 가장 급진적이고 자각적인 표현을 찾을 수 있다는 그의 주장은 틀리지 않는다. 그러한 홉스의 생각은 (존 로크의 『관용에 관한 편지』에서와 같은) 근대 정교분리에 대한 보다 온건한 표현을 구상하는 데 강력한 영향을 미쳤고, 결국 자유 입헌주의 이론과 실천에 깊은 영향을 미쳤다.

릴라는 인간의 선한 삶에 대한 모든 종교적 영감을 공적 영역에서 완전히 제거하는 데 몰두했다. 그의 글은 상당한 자제력을 발휘하는 듯하지만, 결국 리처드 존 뉴하우스Richard John Neuhaus가 말한 "벌거벗은 공적 영역the naked public sphere"의 신봉자다. 벌거벗은 공적 영역이란 공적 영역에서 모든 분명한 종교적 상징이나 긍정이 완전히 발가벗겨진 것을 말한다. 그럼에도 그는 종교와 정치, 권력과 여론, 진리와 자유 간의 자유주의적 분리가 역사적으로 예외적이고 취약한 성격의 것이라는 사실에 민감하다. 그는 현대 자유주의 질서가 요구하는 가혹한 세속주의보다 신과 인간, 그리고 세상을 분명히 이어주는 정치와 신학의 결합이 인간의 심리적 필요와 영적인 갈망에 더 잘 부합한다는 것을 인정한다. 또한 릴라는 정치적이고 지적인 정교분리가 철학적이고 심리적이며 정치적인 비판에 취약한 역사의 진귀한 성취라는 것을 잘 알고 있다. 인류의 영적이고 서정적인 면모를 가혹하게 축출해버린 이 위대한 분리는 루소Rousseau와 칸트Kant에 의해 마땅히 비판받았다. 그리고 19세기 낭만주의자들이 한탄했던 '영혼 없음soullessness'이었다. 그리고 그것은 서구 및 이슬람권에서 가능한 모든 인간질서에서 정치신학 ― 종교와 법의 통합 ― 을 그 근간으로 요구하는 다양한 근본주의로부터도 점점 더 많은 공격의 대상이 되고 있는 것이다.

그럼에도 릴라의 접근법을 세속적 근본주의로 보는 이유는 무엇일까. 릴라의 사상에는 우선 스트라우스가 말했던 반反 신학적 분노anti-theological ire가 상당히 크게 작용한다. 이 분노는 신학 ― 정치 문제에 대한 계몽주의의 합리적 접근마저 왜곡한다. 정교분리에 대한 그의 온건한 어조와 나름 신중해 보이는 손익분석은 종교인의 모든 정치적 표현에 대해 끊임없이 경계하는 반자유주의적 요구에 어느 순간 자리를 내어준다. 그는 종교인들이 이미 오래전 자유민주주의와의 관계를 회복했다는 것을 (특히 미국의 경우에는 더구나 종교인들이 민주 제도를 확립하는 데 결정적인 역할을 했다는 것을) 망각한 듯하다. 더 나아가 자유민주주의가 공개적으로 건실하게 주장하는 정의와 개인의 책임은 인간과 세상에 대한 특정 종교적 가정으로부터 분리 불가능하다. 이런 점에서 릴라는 종교에 대하여 노골적으로 공격적인 존 롤스John Rawls나 리처드 로티Richard Rorty 등의 '중립적' 자유주의 이론가들과 다를 바 없이 권위주의적이며, 벌거벗은 공적 영역을 엄격하고 맹목적으로 추구한다.

중재의 기술

『사산된 신』에 대해 예리한 비평을 썼던 정치이론가 랄프 핸콕의 말대로, 릴라는 중재의 기술, 즉 인간과 신의 범주를 혼동하거나 인간 존재의 정치적 영역에서 합당한 (그리고 소중한) 자율성을 거부하지 않으면서 둘의 관계를 이론적이고 실천적으로 숙고하려는 노력의 여지조차 남겨주지 않는다. 릴라는 그의 책에서 이러한 중재에 가장 헌신적이었던 민주주의학자 토크빌을 단 두 차례 언급한다. 토크빌은 정교분리를 수정해 보다 인간적으로 만들었다. 토크빌의 지적, 정치적 프로젝트의 핵심에는 자유의 정신과 종교의 정신의 조합을 현대 민주적 시대에 합당하게 고취시키려는 노력이 있었다. 토크빌의 노력은 종교적 권위와 정치적 권위를 혼합했던 구체제에 내재된 위험을 충분히 인지한 상태에서 이뤄진 것이었다. 그는 정치와 종교 모두에게 유익한 정교분리를 지지했지만, 민주주의의 공적 생활에서 종교의 (간접적일 수는 있어도) 굳건한 역할을 강조했다. 릴라는 이러한 노력을 "수용은 납득이 아니다accommodation is not understanding"라고 말하며 단숨에 배제시킨다. 이런 약식의 거절에 대해 핸콕은 '자유주의'라는 호칭에 걸맞은 또 다른 접근법의 가능성을 제기한다.

우리가 정치와 종교를 화해시킴으로써 얻은 실제 성취들을 놓고

'수용한 것을 납득하는' 작업을 새로 해보면 어떨까? 문제를 해결하기 위해서가 아니라 본질상 다원적인 사회에서 대두할 수밖에 없는 초월성에 대한 주장을 단지 분명히 하고 관리하기 위해서 말이다.

정교분리가 초래한 결과들을 릴라가 나름 공평하게 다루었다고 볼 수 있지만, 사실 그는 중재의 길을 교조적으로 회피하고 있다. 그의 분석은 홉스의 이해에서 진전하지 못하고 머물러 있다. 그는 자유민주주의의 홉스적 뿌리로 돌아가는 것이 필요하다고 강조한다. 릴라에게 있어 홉스의 『리바이어던』은 근대 세계의 종교와 정치의 관계를 분석하기 위해 타협할 수 없는 핵심 전제로 자리 잡고 있다. 그는 『리바이어던』이 이후 로크나 데이비드 흄David Hume과 같은 위대한 정치철학적 후계자들에 의해 적절히 자유주의화liberalize했다는 사실을 간과하는 것이다. 릴라에게 『리바이어던』은 모든 형태의 낭만주의와 결단주의decisionism*, 그리고 종교적 열의를 실제로 대체하는 것이었다. 종교는 거의 언제나 어떤 구세주에 대한 기대와 더불어 이성의 부정을 내포하고 있다는 것이다. 물론 릴라가 홉스 사상의 모든 측면을 옹호하는 것은 아니다. 그는 홉스

---

* 도덕적, 법적 규범이 그 내용에 상관없이 주권자의 결단 그 자체에 의해 정당성과 구속력을 얻는다는 법 철학자 칼 슈미트의 초기 생각.

가 무신론을 당연시하며 종교를 단순히 인류학적 현상으로 지나치게 축소했다고 흔쾌히 인정한다. 또한 홉스가 초월적 신의 자기 계시 가능성을 자신이 설명해 해치워버렸다는 주장이 비이성적이었다고 인정한다. 그럼에도 불구하고, 극복할 수 없는 것처럼 보이는 이러한 장애물들은 종교 문제에 대해 홉스를 안내자로 진지하게 받아들이는 릴라에게 있어 문제가 되지 않는 듯하다.

홉스는 우리에게 "도덕적으로 벙어리인 자연 세계morally mute natural world"를 자명한 것으로 받아들이고 "자연에 대한 탐구에서 신과 인간 의무에 대한 생각을 분리"하라고 다그친다. 이처럼 기계적이고 환원적인 홉스의 과학적 연구 결과에 대해 합리적으로 대항할 충분한 이유가 있음에도 불구하고, 릴라는 홉스의 프로젝트를 유익하게만 환영할 수 있다고 말한다. 그것이 정치를 교회의 통제로부터 해방시켰을 뿐만 아니라, 신학과 형이상학적 성찰의 방해로부터 지적탐구를 완전히 자유롭게 했다는 것이다. 릴라는 '광대한 어둠의 왕국'에 대한 홉스의 모진 공격이 현대 세속 대학의 필수적인 전제 조건이며, 대학은 끊임없이 독자적인 분리된 학문을 증식시키고, 인간 및 전체에 대한 그 어떤 "통합적 진리의 추구를 부정"해야 한다고 말하는 것이다. 홉스가 종교적 신념의 원천을 단순히 미신이나 두려움으로만 교조적으로 축소시킨 것이 틀렸을지는 모르지만, 릴라는 그런 그의 실수도 주저 없이 '운 좋은 오류'였다고 말한다. 또한 릴라는 자신 스스로의 논리를 거스르며 "정교분리가 무신론을 가정하거나 조장하지 않았다"고 주장한다. 그러나 어둠의 왕국을 상대한다고 했던 그의 거대한 십자군 운동을, 개인의 종교 선택에 대한 다소 무해한 중립적 입장과 조화시키기엔 무리가 있다. 과연 릴라가 주장하듯이 홉스를 비롯한 정교분리의 설계자들이 '사회의 기본 구조'에 대한 문제를 "신과 세계, 그리고 인간의 영적 운명 등의 궁극적 문제"로부터 단순히 분리하자고 설파했던 것일까? 그런 분리는 그 자체로 어떤 목적이 있을까? 아니면 결국 고전과 기독교의 지혜, 그리고 인간 영혼의 진리를 향한 자연스러운 추구에 대해 보다 전면적인 공격을 조장하는 것은 아닌가?

홉스의 정치적 결과

릴라는 버트란드 드 주베넬이 그의 1955년 명작 『주권』에서 "홉스의 정치적 결과"라고 말한 것의 제한적이고 편향적인 시각을 제시한다. 주베넬은 홉스가 일반적으로 간주되듯이 근대 전체주의의 아버지가 아니라, 개인주의자이며 자유주의자(혹은 자유주의 이전의 자유주의자)였다고 평가한 스트라우스와 마이클 오크쇼트Michael Oakeshott에 동의한다. 홉스가 절대적 권위를 옹호했던 것은 개인의 생명과 자유를 보장하기 위한 것이었지 국가 권력의 숭배를 조장하려는 것이 아니었다는 것이다. 인간들 중 '지상의 신'인 리바이어던은 전체주의 국가의 모형에서 상상된 존재가 아니라 "인간 욕구의 교차가 자기자신에게 가할 해약"을 막기 위한 도구로서 고안된 것이었다. 홉스의 사상은 급진적 정교분리의 이론적 영감만을 제공한 것이 아니라 현대 정치경제의 기본전제, 즉 인간에게 선한 것을 인간의 욕구와 동일시하는 쾌락주의적 과학을 제공한다.

그렇다면 만약 이처럼 홉스의 가정이 자유주의적이고 개인주의적이며 쾌락주의적이라면, 그것은 도덕적(자기의 정부)인 의미나 정치적(시민의 자기통치)인 의미의 '자치'와는 궁극적으로 양립이 불가능한 것이다. 홉스에게 있어 그러한 "절대적 자유지상주의absolute libertarianism"(주베넬의 표현)는 쾌락주의와 도덕 상대주의뿐만 아니라 취약한 사회적 유대감을 지탱하기 위한 권위주의도 발생시킨다. 쾌락주의 사회 — 무신론 사회 — 는 당연히 '강하고 안정적인 정부'를 요구하기 때문이다. 반면 주베넬은 정치적 자유가, 홉스의 '체계'가 허용하는 것보다, 인간 본성에 대한 보다 높은 추정(그리고 인간 영혼의 보다 고결하고 관대한 경향)에 의존한다고 말한다. 필자도 동의한다. 정교 간 지적 분리의 중립적인 기술이나 과학을 넘어, 홉스의 정치철학은 무시무시하고 무신론적인 개인주의로 시작해 발전한다. 그러한 개인주의는 역설적으로 상당한 집단주의적 함의를 가지고 있다. 그렇다면 홉스(또는 그의 정치철학)를 "맘스베리의 괴물the monster of Malmesbury"이라며 조롱했던 당시 철학자들과 종교인들은, 오늘날 '기독교 우익' 세력의 위험에 대해 안달하는 미국 정치이론가들보다, 홉스의 정치적 결과에 대해 여러 의미에서 더 깊은 이해를 가지고 있었다고 볼 수 있다.

홉스에 대한 릴라의 선택적 도용은 그의 책 전체를 구성하고 있는 잘못된 이분법에서 비롯된다. 릴라는 반복적으로 독자들에게 정치신학과 위대한 분리 사이에서 이분법적 선택을 요구한다. 릴라는 서구 민주사회에서 정치신학이 더 이상 '살아있는 힘' ― 실행 가능한viable 것 ― 이 아니기 때문에 대신 "그 건너편 기슭"에 있는 대안을 받아들일 것을 강요한다. 릴라는 현대 자유민주주의자들이 정치영역을 "오로지 사람에 대한 것solely with reference to man"으로 인식할 것을 교조적으로 강요하는 것이 어떤 함의를 내포하는지 전혀 이해하지 못하고 있다. 그는 인간이 속세의 '명료함'을 기준으로 삶의 방향을 정할 필요성에 대해서 이야기하지만, 그가 주장하는 명료함의 근원이 무엇인지는 분명히 밝히지 못한다. 릴라는 인간의 자기주권이 인간 스스로 신이 되려는 유혹과는 상관없는 무해한 것이라고 주장한다. 그렇게 릴라는 '통제되지 않은 인간 자기주권'에 대해 급진적 현대주의를 경계하는 기독교 및 보수자유주의자들이 내놓는 비평을 무시한다. 그러면서 20세기의 전체주의를 신학적 '결단주의' 및 여전히 계속되는 종교적 종말에 대한 기대 탓으로 돌린다(릴라가 말하는 결단주의란 "신의 결단에는 아무런 합리성이나 이해할 수 있는 것이 없으며 인간이 자신이 아니면 신을, 역사가 아니면 영원을 선택해야 한다"는 관점이다.). 동시에 릴라는 전체주의가 모든 도덕적 한계를 부정하고 "인간의 자기 노예화"로 귀결되는 무신론적 광신과 연결되어 있다는 것을 인정하지 않으려 한다.

전체주의 '세속 종교'에 대한 릴라의 견해

릴라는 칼 바르트Karl Barth와 프란츠 로젠츠바이크Franz Rosenzweig의 신학적 고찰에 대해 이야기하면서 은근히 이들이 민족사회주의(나치)라는 광기에 대해 간접적인 책임이 있다는 암시를 던진다. 그의 주장은 민족사회주의의 반反 기독교적 성격을 급진적으로 축소하는 것이다. "신학자들이 그 어떤 교리적 제한을 두더라도 종말론적 언어는 결국 종말론적 정치를 낳는다"라고 말했을 때 릴라는 무언가 제대로 짚은 것이었다. 종말론에 대한 가톨릭 신학의 '비유적' 접근과 자연적 도덕법에 대한 분명한 옹호는 일부 개신교 신학이 빠지기 쉬운 위험을 비교적 잘 모면하고 있다. 흥미롭게도 릴라는 현대에 대한 가톨릭의 입장에 대해서는 아무런 언급을 하지 않는다. 왜냐하면 '가톨릭 교육의 제도적 고립'과 '현대 사회에 대한 가톨릭 교회의 적대성'이 가톨릭을 자신의 입장과는 전혀 무관한 것으로 만들었기 때문이다. 하지만 바르트(본인은 아니지만)의 일부 제자들이 민족사회주의의 망상에 굴복하고, 철학자 에른스트 블로흐Ernst Bloch가 '진화론적 영지주의靈知主義'를 동독 전체주의에 대한 지지에 끌

어다 썼다 하더라도, 20세기의 '불경스러운 잔혹함'의 진짜 원천이 어떤 초월적 종교에 있다고 증명하는 것은 아니다. 민족사회주의 는 그 어떤 형태의 신학적 결단주의보다 훨씬 더 압도적으로 저속 한 니체주의와 설익은 과학적 인종주의, 그리고 사회 다원주의에 기인한 결과였다. 공산주의는 기독교 교회에 인류 역사상 가장 사 악한 공격을 가했다. 민족사회주의나 공산주의나 둘 다 공통의 도 덕성과 자연적 도덕법을 부정했고 그 결과 살인적인 결과를 낳았 다. 이로써 제 정신의 많은 자유주의자들을 서구 문명의 전통적 도 덕적 근원으로 돌아가게 했지만, 일부는 반대로 전체주의 유혹에 굴복하고 말았다.

나아가 종교적 신념은 20세기 전체주의에 대항하는 가장 강력하 고 내구력 있는 저항을 제공했다. 미워시Czeslaw Milosz[*], 코와코프스 키Leszek Kolakovski[**], 요한 바오로 2세John Paul II[***], 솔제니친 등이 그

---

* 1911~2004. 체스와프 미워시, 혹은 '체슬라브 밀로즈'는 폴란드 출신 작가이자 시인 및 평론가로 1980년 노벨문학상을 수상했다. 대표적인 반전체주의 작품으 로는『사로잡힌 영혼』(안정효 역, 을유문화사, 1980)이 있다.

** 1927~2009. 레셰크 코와코프스키는 폴란드 출신 철학자 겸 역사학자이며, 대 표작으로는 마르크스주의의 지적 계보를 정리한『마르크스주의의 주요흐름 1,2,3』(변상출 역, 유로서적, 2007)이 있다.

*** 1920-2005. 폴란드 출신인 교황 요한 바오로 2세는 로널드 레이건 대통령 및 마 가렛 대처 수상과 함께 '냉정종식의 3대 주역'으로 평가받는 인물이다. 이에 대 해서는 존 오설리반(John O'Sullivan)의『대통령, 교황, 그리고 총리』(2006)와 폴 켄고르(Paul Kengor)의『교황과 대통령』(2017)에 자세히 나와 있다.

증인이다. 릴라는 일전에, 특히 1970년대 중반부터 프랑스 정치철학에서 최전선으로 등장했던 비非 마르크스주의적이고 비非 포스트모던적인 '신 프랑스 사상New French Thought'에 대해서 꽤 훌륭한 의견을 내놓은 바 있다.**** 하지만 여기서는 그의 노골적인 반反신학적 분노가 그의 분석을 왜곡했다. 홉스가 20세기 전체주의의 '세속종교' 현상에 대항할 지혜의 시작점을 제공한다는 릴라의 주장은 그저 우스꽝스러운 것이다. 마치 대용의 세속종교와 진짜 초월종교 간의 구분이 마침내 무의미하듯이, 전체주의를 단순히 종교적 '열의'의 범주로 환원할 수는 없는 것이다. 폴라니가 "허무주의를 넘어"에서 말했듯이 "모든 광신이 종교적인 성격을 가지고 있지 않다not all fanaticism is religious." 전체주의자들의 도덕은 "인간에 대한 그들의 자연주의적인 관점으로 인해 반전inverted되고 폭력에 내재하게 되었다. 결국 도덕적 동기는 그 스스로의 목소리를 내지 않고 도덕적 논쟁은 더 이상 접근이 불가능해진다. 이것이 바로 도덕적 허무주의 광신의 구조다."

●●●● 유럽 지식인들의 "전제 애호(tyrannophilia)"를 통렬히 비판한 릴라의 책은 한국어로도 번역되어 있다. 『분별없는 열정』(서유경 역, 필로소픽, 2018).

기독교 형태의 신학·정치 문제에 관한 마낭의 견해

릴라가 정교분리에 대해 너무 편협하고 교조적인 인식을 가지고 있었다면, 그리고 그의 온건한 어조가 보다 더 급진적이고 문제되는 가정들을 숨기고 있었다면, 마낭의 글은 서구 기독교 형태의 신학-정치 문제에 있어 상당히 풍성하고 균형 잡힌 해석과 제안을 내놓고 있다. 마낭은 정교분리가 지난 3세기 동안 현대 서구에서 정립되고 실천된 자유의 시작점을 형성한다는 데 릴라와 이견이 없다. 사실 마낭은 현대 자유의 개념 체계가 역사적으로 유일무이한 '분리의 체제'를 구성하는 다양한 분리 중, 정교분리가 가장 첫 번째이고 가장 근본적인 분리라고 주장했다. 이 분리는 교회와 국가, 대표자와 위임자, 국가와 시민사회 간의 분리뿐 아니라 입헌질서 내 권력의 분립과 경제 질서 속 노동의 분업, 그리고 이후 '사실'과 '가치'의 개념적 구분까지도 포함한다. 인간의 선한 삶이란 무엇인가에 대한 '권력'과 '의견'의 분리는 신학-정치 문제에 대한 의식적이고 현대적이며 여전히 유효한 해결책이다.

하지만 릴라와 달리 마낭이 존중하는 것은 바로 자유주의 서구가 정교분리보다 훨씬 더 큰 그 이상의 결과물이라는 것이다. 그는 핸콕이 말한 '수용'을 생각하는 것이다. '동의의 체제regime of consent'는 서구의 민주 이전predemocratic 과거로부터 상당 부분 물려받은 어떤 정체polity ── 가령 국가와 같은 정치적 형태 ── 를 필요로 한다.

서구의 자유는 실제로 '중립적인' 자유주의 국가와 기독교 국가가 새로운 세상을 만들기 위해 초기 현대 정치철학의 각 주장들을 완화하면서 서로 만났을 때 열매를 맺은 것이다. 마낭에게 있어 인간과 정치의 위대한 과제는 교회공동체communion와 자유를 분리하는 것이 아니라 둘 다 충분히 누릴 수 있는 방향으로 묶는 것이다. 민주주의 국가의 역사적 성취는 이 과제를 감당할 수 있었던 역량에 따라서 이루어진 것이다. 반면 철학적 자유주의는 공동체와 자유를 엮는 정치적 기술의 필요성이나 바람직함에 대해 거의 언급이 없다. 또한 기독교를 그 스스로의 주장대로 고려하는 데에도 빈번히 실패한다.

　주류의 기독교는 신정 체제를 거부하고 현세적 권위의 자율을 그 영역 안에서 인정하는 종교다. 기독교는 두 도성都城, 즉 "하나님의 도성"과 "사람의 도성"의 적법성을 모두 받아들이며, 어떤 신비스럽고 변덕스러운 신의 일원적인 법이 둘을 모두 지배할 필요성을 주장하지 않는다. 릴라와 달리 마낭은 정치신학에 대한 온갖 느슨한 논쟁을 삼간다. 정치신학은 우익 법학자이자 사회철학자인 칼 슈미트Carl Schmitt의 종말론적 사색에서 비롯된 것으로, 문제를 풀기보다는 더 혼란스럽게 만드는 것이었다. 마낭에게는 다름 아닌 자연 — 일의 자연적 질서 — 이 인간의 선한 삶과 정치공동체의 올바른 구성에 대한 기독교적 성찰의 시작점(최소 그 중 하나)이다. 그러나 일련의 미묘한 분석(『자유주의의 지성사』의 첫 몇 장)에서 마낭은 기독교 교회가 정치적 질서에 제기하는 '구조적' 문제를 조명한다. 기독교는 원래 현세의 질서가 스스로 구성되도록 놓아두지만, 관리 감독의 권리와 의무를 유지했다. 하지만 천 년 동안 교황과 황제 간, 그리고 교회와 세속의 권위 간 서로 다른 주장들이 경쟁하면서 자연과 은혜를 묶었던 기독교의 조화는 서서히 풀어지게 되었다.

최후의 일격은 종교개혁을 통한 기독교의 분리였고 이후 이어진 지독한 종교전쟁이었다. 릴라는 종교전쟁이 기독교 세계의 통상적이고 영구적인 정치 현상인 것처럼 이야기했다. 고전 철학자들의 정치적 중용으로 돌아가 유럽의 신학—정치 문제를 해결하려는 시도는 그 철학적 가르침이 자연의 교리에 근거하고 있기 때문에 필연적으로 실패할 수밖에 없다는 것이다. 왜냐하면 그것은 언제나 초자연적 은혜로의 호소를 통해 극복되기 때문이다. 하지만 '어둠의 왕국'에 대한 홉스의 맹렬한 비난은 단순히 교회의 정치적 역할을 부인하는 것보다 훨씬 더 본질적인 것이었다. 그것은 기존의 철학적, 신학적 고찰과 추정의 근간에 있는 우주적이고 도덕적인 가정을 거부한 것이었다.

홉스의 비판 대상은 기독교 서구가 받아들인 아리스토텔레스Aristotle의 지적, 도덕적 권위였다. 그는 리바이어던 46장에서 이를 '아리스토텔레스학Aristotelity'이라며 재치 있게 묵살하기도 했다. 홉스에게 고대의 자연철학은 진정한 과학이 아닌 환상dream으로 일축했고, 그들의 도덕철학은 그들의 욕망에 대해서 말해줄 뿐 무엇이 본질적으로 옳고 그르거나 선하고 악한지 알려줄 수 있는 것이 아니었다. 홉스는 인간 의지 상위의 그 어떤 지휘적인superintending 원칙도 부정했고, 선과 악, 옳고 그름을 구분하는 원천을 군주에 의한 법이나 합의에 두었다. 잘 알려져 있다시피 그는 인간의 선이나 최고 선summum bonum을 기준으로 삼지 않고, 궁극의 악 혹은 최고 악summum malum을 기준으로 삼았다. 바로 인간의 삶은 타인의 손에 폭력적인 죽음을 맞게 되는, 어쩔 수 없이 "고독하고 고약하며 짐승 같고 짧은 자연상태"다. 그의 "기하학적geometric"인 혹은 합리주의적인 형태의 정치학에도 불구하고, 홉스는 인간 본성의 본질이나 인간 자유의 목적에 대해서 인간 이성이 어떤 의견을 가질 수 있다는 확신조차 없었다.

물론 홉스의 분리는 서구에서 시민의 평화를 가져오고 분파적 광신이 제거된 시민 조합의 설계를 추적하는 데 중요한 역할을 했다. 이것은 보통의 성과가 아니다. 로크와 몽테스키외, 그리고 흄과 같은 홉스의 계승자들에 의해 자유화되고 민주화된 그의 '분리 질서'는 인간 대중으로 하여금 비교적 평화롭고 풍요롭게 살 수 있게 하고, 시민 사회 속에서 영혼들이 종교의 자유와 확신을 누리는 것 또한 가능하게 하였다. 하지만 이야기는 여기서 끝나지 않는다. 마낭의 저작은 그 분리가 인간의 자유와 존엄을 진정으로 지키기 위해서 어떻게 실제 실천에서 중재되고 사상적으로 극복되어야 하는지 잘 보여준다.

마낭은 2006년 그의 저서 『국가의 이유: 유럽 민주주의에 대한 성찰』에서 "만약 정교분리가 우리 '행동의 규칙'으로서 소중하다면, 그것을 우리 '사상의 규칙'으로 만들 때 파괴적으로 변할 것"이라고 썼다. 정교분리를 우리 사상의 규칙으로 만든다는 것은 인간 정신의 진리를 향한 방향성, 즉 '대상의 주권sovereignty of the object'을 향한 방향성을 부정하는 것이다. 그것은 인간의 자유를, 그 자유가 찾으려는 목적의 추구로부터 끊어버리는 것이다. 릴라의 '지적 분리의 기술', 즉 시민의 평화를 유지하기 위한 릴라의 필사적인 노력은, 진리를 향한 인간 영혼의 자연스러운 운동을 거부하는 새로운 교조주의를 일으킬 위험을 야기한다. 또한 그것은 신학-정치 문제가 과거에 멈춰있다고 잘못 가정하여 이 문제의 해결책이라며 새롭게 떠오른 인간 자유에 대한 위협을 외면하게 된다. 이 위협은 연성soft 폭정과 경성hard 폭정, 그리고 진리에 대한 무관심이라는 유령을 포함한다. 이는 헝가리 정치철학자 아우렐 콜나이의 인상적인 표현으로 요약될 수 있다. 바로 인간 자기주권의 가장 급진적이고 일관된 해석의 부산물인 '인간의 자기 노예화'다.

현대의 '해결책'을 넘어?

서구의 신학-정치 문제에 대한 현대의 '해결책'이 야기한 심각한 문제들을 인지한다고 해서 어떤 자유주의적 해결책의 필요성을 부정하는 것은 아니다. 종교의 자유 혹은 종교적 양심의 권리에 대한 급진적인 강조를 통해 '권위주의적' 종교를 대체할 '자유주의적' 입장이 필요했던 것은 사실이기 때문이다. 마낭에 따르면 권위주의적 종교에서는 "그 교리와 율법이 정치적 법의 일부분"이었다. 마낭이 『인간의 도성』에서 썼듯이 "초기 현대인들은 인간의 목적이 법 안에서 자리를 차지할 수 없다는 결론에 도달했기 때문에 법을 선goods에서 분리했다. 목적에 대한 인간이 가지고 있던 생각들은 정치적 법과 양립할 수 없었고 그 논쟁은 쉽게 퇴화했다. 가장 중요한 것은 무엇보다 최대 악인 분쟁을 피하는 것이었다."

일부 자유주의자들은 진리와 미덕이 자유롭게 추구되고 선택되어야 한다고 강조하기도 했다. 하지만 이는 전통적 도덕철학과는 양립할 수 없었다. 마낭은 밀턴John Milton이나 레싱Gotthold Ephraim Lessing과 같은 자유주의적 현대 사상가들이 (각각 『아레오파지티카』와 의 『인류의 교육』에서) 인류가 정치와 교회의 억압에서 해방되면 진리와 선에 대한 추구가 번영할 것이라는 큰 기대를 가졌다고 지적했다. 미덕과 진리의 추구에 있어 자유의 확언이 필수 전제 조건이라는 사상, 그리고 자유가 인간의 탁월함이라는 목표를 놓치지 말아야 한다는 생각은 숭고한 것이었다. 마낭은 이 큰 기대가 처절히 좌절되었다는 것을 암시하면서도 이에 대해 지나치게 부정적이지는 않다. 단지 이제 한때나마 숭고했던 자유주의적 열망을 회복시키는 새로운 노력이 필요했다.

확실한 것은 현대 자유주의 질서가 '삶의 도덕적 내용물moral contents of life'을 전제로 하고 있고, 그 자유주의 체제의 시민들은 각자 '개인적으로' 시민사회의 영역 안에서 신앙을 실천하거나 철학적 지혜를 추구할 수 있다는 것이다. 하지만 마르크스Karl Marx는 1844년 에세이 『유대인 문제에 관하여』에서 "전제presupposition는 가장 약한 형태의 확언"이라고 주장했다. 삶의 선한 것들은 새로운 자유주의 체제에서 필연적으로 보잘것없거나 조건부의 지위를 가지고 있다. 개인적으로 추구되는 선은 공개적으로는 선한 것으로 인정되지 않고 (혹은 그러한 인정은 과거 종교적이고 철학적인 이해의 잔재로 여겨지고) 현대 '행복의 추구'에 있어 그 의미가 점차 사라질 수밖에 없다. 이 만개한 자유주의적 상대주의와 인간 삶의 진중함 사이에 긴장은 자유주의 현대가 "행복을 발견한 마지막 인간"의 승리로 귀결된다는 니체의 비평을 완전히 받아들이지 않더라도 충분히 납득할 만한 것이다.

마낭은 『인간의 도성』에서 진리에 대해 호전적으로 냉담해지는 자유주의의 경향에 대해 특별히 유익한 설명을 제공한다. 각 시민이 개인의 영역에서 각자의 선을 추구할 수 있도록 '허락'하는 것은, 모든 사람의 주관적 판단의 평등을 존중한다는 이름으로 또 다른 새로운 명령이나 경고로 발전할 위험이 있다는 것이다. 자유주의 질서는 인간이 추구하는 모든 선, 그리고 최고선인 진리에 대해

서마저 냉담함indifference을 허용한다. 급진적 현대주의의 정신은 이보다 한 걸음 더 나아간다. 급진적 상대주의자는 상대주의나 정치적 올바름을 벌한다는 명목으로 진리에 대한 냉담을 '명령'하며, "권위주의 지휘권"의 새로운 역설적 질서를 초래한다. 과거 정치와 교회의 폭군들이 선을 점유하고자 했던 것을 막고자 했던 건전한 노력이, 이제는 폭정과 비인간화의 새로운 원천이 되어버리는 것이다. 바로 2005년 4월 교황으로 선출되기 며칠 전 베네딕토 16세Pope Benedict XVI가 말했던 "상대주의의 독재"다.

이 분석은 반자유주의적 의도를 앞세우기 위한 것이 결코 아니다. 하지만 자유주의의 고결한 열망을 보전하는 것은 지적 분리라는 프로젝트의 완전한 이행에 대해 저항할 것을 요구한다. 왜냐하면 그 프로젝트는 인간 자유를 삶의 도덕적 내용으로부터 완전히 떨어져 나오기를 요구하기 때문이다. 법은 결국 인간의 고결함과 자유의 도덕적 기초를 파괴하지 않고는 선한 삶 — 인간 생명의 목적과 끝 — 에 대해 완전히 '중립적'일 수 없다.

의지의 해방

매우 뛰어나게 종합적인 마낭의 1993년 에세이 "기독교와 민주주의"에서 그는 현대의 조건 속에서 종교와 정치의 관계를 규정한 변증법적 반전과 변곡점들을 놀랍게 조명하고 있다. 마낭은 자연이나 은혜의 이중 요건에 대한 종속으로부터 "의지의 해방"을 시도하는 자의식적 프로젝트로 '현대'를 이해할 수 있다고 주장한다. 이 해방은 '인간 의지의 무제한적 확언'과 '기독교에 대한 무제한적 논박'을 결합시키며 현대 운동의 시작과 끝을 장식한 마키아벨리Machiavelli와 니체의 이론적이고 실천적인 급진주의에서 그 표현이 가장 잘 드러난다. 그럼에도 우리 민주주의의 성공은 "인간 의지라는 좁은 끝에 인간 세상을 올려놓는 원래 프로젝트의 놀라운 대범함"을 무색하게 만든다.

마낭은 (한때 가톨릭교회가 '자연주의'라고 부르기도 했던) 자유주의가 결국 사회주의나 공산주의와 같이 보다 더 급진적이고 일관된 인간의 자기 확언의 형태에 길을 열어줄 것이라고, 가장 오랫동안 경고했던 세력이 바로 가톨릭교회였음을 지적한다. 오늘날 새로운 자유주의 질서의 막대한 이익을 충분히 인지하지 못한다고 교회를 비판하는 것은 쉽다. 하지만 그 모든 잘못에도 불구하고 교회는 현대의 프로젝트 속에 내재한 고의성willfulness에 대해 제대로 민감하게 반응했다. 현대 민주주의에 암약하고 있는 전체주의적 경향에 대해 분별하는 것은 틀린 것이 아니었다. 마낭이 지적하듯이 자코뱅과 볼셰비키를 통한 "전체주의적 민주주의"의 경험이 종교에 대한 자유주의적 발견 ─ 혹은 재발견 ─ 을 이끌었고, 이것은 결국 헌정주의 및 인권에 대한 기독교의 옹호로 발전했다. 이후 인간의 자기주권을 거부함에 있어 보수주의적 자유주의자들과 반전체주의적 기독교인들은 연합했다. 그들은 자연적, 도덕적 제한으로부터 해방된 의지가 아닌, 신과 법에 복종하는 "조절된 의지regulated will"를 진정으로 자유롭고 인도적인 사회 질서의 특징이라는 것을 인정하게 됐다.

콩스탕과 토크빌: 종교의 자유주의적 재발견

마낭은 기독교와 자유주의의 역설적인 화해의 모델로 뱅자맹 콩스탕Benjamin Constant을 인용한다. 스위스 태생의 콩스탕은 위그노Huguenot로서*, 구체제나 가톨릭교회의 정치적 권력에 대해 아무런 동정심이 없는 반反교권주의자였다. 그럼에도 콩스탕은 프랑스 혁명이 수반했던 반反종교적 테러에 경악했고, 일반 가톨릭 신도들의 권리와 진실성을 옹호했다. 나아가 콩스탕은 프랑스 혁명 협정의 끔찍한 작업에서 현대 주권이라는 교리의 '실효적 진리effectual truth'**를 목격했다. 그것이 어디에서 누구로부터 발생했든 간에, 의지를 공동생활의 기초로 만들어버리는 데서 나온 공포정치였다.

- 　프랑스의 프로테스탄트 칼뱅파.
- ● 　마키아벨리의 용어.

그러나 콩스탕이 그의 저작 『모든 정부에 적용되는 정치의 원칙』 (1815)의 첫 장에서 탁월하게 표현했듯이 "인간의 손으로 들기에는 너무 무거운 것이 있는 법이다."

콩스탕은 일반의지라는 사상을 완전히 내어버린 것은 아니었다. 일반의지는 바르게 해석된다면 다수결의 원칙을 좋은 정부 및 공익과 결합시키는 유용한 방법이었다. 하지만 그는 인간의 자유를 인민의 족쇄 풀린 의지로 혼동시키는 '거짓 형이상학'을 거부했다. 그의 정치 저작에서 콩스탕은 권위의 대중적 원천과 정의의 보장 및 일반이익을 혼동하는 것을 겨냥했다. 그는 신성한 한계와 제한 앞에 머리 숙이길 거부하는 혁명적 만취 상태로부터 자유주의를 구출하고자 했다. 콩스탕은 "인간 존재에는 모든 정치적 관할을 한참 벗어난 개인적이고 독립적인 영역이 있다"라고 반복적으로 강조했다. 전체주의적 민주주의의 첫 징후를 목격한 콩스탕은 프랑스 혁명의 공식 이데올로기와 결별하고 "주권은 제한적이며 상대적으로 존재한다"라고 확언했다.

버크나 조제프 드 메스트르Joseph de Maistre 등 프랑스의 반反혁명주의자들과 같이 콩스탕은 현대 철학의 허세를 비판하며 인간 의지 상위에 있는 영적 범위와 공간을 존중했다. 그러나 프랑스 혁명의 보수주의자들 혹은 반동적 비평가들과 달리 콩스탕은 누그러진 자유주의를 위해 그의 통찰을 사용했다. 한 가지 기억할 것은 콩스탕이 인간 의지의 한계의 궁극적 원천을 확실히 정의하지 않는다는 점이다. 그는 숭고함sublime의 암시와 형언할 수 없음ineffable의 상징으로서, 또한 너그러운 감성과 고결한 행위의 원천으로서, 그리고 고통 속의 위로로서 종교를 환기시켜줄 뿐이다. 그는 딱히 종교적이거나 전통적 신앙에 대한 토크빌의 (조건적) 동정심이 없이 종교에 대한 긍정의 여지를 남겼다. 콩스탕은 그가 확언한 것보다 거부한 것 — 인간의 절대 주권 혹은 무제한적 고의성 — 에 대해서 보다 명확했다. 콩스탕은 인간 의지 상위의 어떤 질서에 대한 '소극적' 논지를 설파한 최초의 현대 사상가였다. 21세기 많은 반전체주의 사상가들처럼 그는 옛 진실들을 단순히 믿기에는 너무 현대적이었다. 하지만 그것을 완전히 배제하기에는 너무 바르고 사려 깊었다.

마낭이 주장하듯 콩스탕이나 토크빌과 같은 보수주의적 자유주의자들은 종교에서 "현대 정치에 특히 더 필요한 도덕적 신용"을 찾았다. 그들은 종교가 "과거 혹은 최근까지도 비판받았던 바로 그 이유, 즉 인간 의지 상위에 있는 것에 관한 것이었기 때문에" 종교를 칭송했다. 콩스탕은 종교가 인간으로 하여금 숭고하고 아름다운 것, 그리고 인간 의지를 초월하는 의무를 끊임없이 환기시킨다고 보았다. 토크빌은 한편 신과 인간을 혼합하는 범신론을 개탄했다. 그는 범신론이 인간을 광대한 우주적, 역사적, 사회적 힘의 노리개로 만들어 인간의 도덕 주체성을 약화시킨다고 보았다. 그도 콩스탕과 같이 절대적이고 무제한적인 인간 주권을 비판하며 "사회의 이익을 위해 모든 것을 허용하는 불경한 교리"를 공격했다. 마낭이 볼 때 토크빌은 민주주의가 야기한 '새로운 적극성new activism' 과 '새로운 수동성new passivity'을 완화시키는 역할을 종교가 한다고 여겼다. 『미국 민주주의』에서 토크빌이 주장했듯이 민주이론가들 은 인간이 온전히 자기 스스로의 기준에 따라 행동하고, 전통의 권 위 혹은 이성으로 분별할 수 없는 모든 것들을 무시해야 한다고 이 야기한다. 하지만 인간이 제대로 살아가기 위해서 때로는 권위적인 신념 혹은 '도그마'가 필요하다. 종교가 제공하는 도덕적 기준이 없 다면 인간은 정신적, 영적 현기증에 빠져 반자유주의적 정치 결과 를 낳는 허무주의와 순응주의에 길을 열어줄 것이었다.

결론은 명확하다. 자유가 인간의 영적 본질과 한계를 충분히 감 안하려면 그것은 "신 아래 자유"여야 한다는 것이다. '순수한 불확 정성'으로 정의되는 자유는 민주적 폭정, 그리고 세상을 살아갈 우 리의 능력을 과장함으로써 비롯된 무기력함, 이 두 가지 유혹을 피 할 수 없게 한다. 무기력함은 결국 폭정을 부른다. 이러한 통찰에 대해 릴라는 아무런 이해가 없다.

자기주권에서 자기노예로

20세기 공산주의 혁명은 보수자유주의와 기독교 헌정주의의 화 해에 더 큰 동기부여가 되었다. 주베넬, 콜나이, 그리고 전前 마르크스주의자이자 철학가인 폴란드 출신 레셰크 코와코프스키Leszek Kolakowski와 같은 사상가들은 인간의 자기 신격화가 어떻게 필연적으로 인간의 자기 노예화가 되는지 그 다양한 방식을 조명한 바 있다. 자유주의 질서는 겸손과 한계의식sense of limits, 그리고 계급이나 인종을 우상화하는 모든 노력에 대한 저항에 의존한다. 또한 자유주의 질서는 역사의 과정에 가짜 신성을 불어넣으려는 시도에 대한 저항에 달려있다. 전체주의적 집단주의는 선과 악의 근본적인 구분을 거부하고, 이를 진보와 반동이라는 근거 없는 구분으로 대체해 버렸다. 이렇게 불구가 되어가는 인간 도덕을 바라보면서, 일부 자유주의자들은 인간의 '자유'가 자연적이고 신성한 정의의 개념에 종속되어 있다는 사실을 재발견했다. 이 개념은 인간의 고의성을 완화시키고 도덕 양심의 지적 맥락을 제공하기 위해서 필요했다. 1945년 저작『권력에 대해서』에서 주베넬은 현대 세계에서 인간의 주권 —권력— 이 그 자체로써 목적이 될 때, 법이 변경 가능해지는, 즉 변하지 않는 영원한 진리들로부터 분리되는 경향이 있다고 표현했다. 이 운동의 반자유주의적이고 전체주의적이기까지 한 결과는 반론의 여지없이 분명하게 나타났다. 특히 공산주의적 형태의 전체주의는 세속적 인도주의에 내재된 집단주의적 논리를 드러내었다. 인간 존엄을 존중하는 정치 질서는 그 질서를 만들지 않았고 궁극적으로 통제할 수도 없는 '참여자participant'로 인간을 인식한다. 하지만 인간 주권에 대한 절대적인 관념은 정치 질서를 폭정으로 인도할 뿐만 아니라, 인간 평등에 대한 범신론적pantheistic이고 정체성주의적identitarian인 인식을 갖게 해 진정한 인간 개인성individuality을 집어삼켜버리는 경향이 있다. 자연권과 참여자로서의 인식이 빼앗긴 평등주의는 인간으로부터 인간성을 빼앗는 중앙집권화와 획일성으로 나아간다.

콜나이는 그의 1949년 에세이 "특권과 자유"에서 무신론적 인도주의가 '정신의 하나됨oneness of mind'과 '유형의 획일성uniformity of type'을 강요하는 정체성주의 및 집단주의로 끌고 가는 경향을 훌륭하게 추적했다. 콜나이는 이같은 경향을 "공동선common good에 대한 불확정성indetermination"에서 찾았다. "인간 상위의 독립체나 법이 없고, 인간의 집합적 행동을 평가하거나 지도할 수 있는 인간 밖의 어떤 뚜렷하고 실재적인 선이 없기 때문에" 결국 사람의 기준으로 무엇이 자명하게 선하고 의무적인 것인지를 판단하려는 거침없는 경향이 생긴다는 것이다. '인간의 주관성'이 진리의 재판관이 되어버리는 것이다. 그 결과 도덕적 무질서를 피할 수 있는 유일한 방법은 오직 "인간 생각과 의지의 사실상 융합"이다. 세속 전체주의가 제시하는 이 가짜 일치는 초월적 명분과 측정, 그리고 모든 움직임의 끝을 분별하고자 하는 인간의 탐구를 대체해 버린다. '일의 질서order of things'에의 참여가 일원화된 인간 주관성의 집단적 숭배로 대체되는 것이다. 물론 이것은 세속적 인도주의가 가져오는 하나의 결과일 뿐이다. 하지만 이 결과는 과거의 폭정을 "자기 제한적이었고 심지어 나름 친절했었다"라고 여길 정도의 무시무시한 폭정을 낳는다. 1983년 솔제니친이 템플턴 강연에서 "인간이 하나님을 잊었기 때문에" 전체주의가 등장했다고 말했을 때, 그는 단지 그의 독실함을 표현한 것이 아니라 위와 같은 철학적인 주장을 펼친 것이었다.

아롱은 적어도 일반적인 의미의 종교인은 아니었다. 그러나 그는 종종 세속 종교의 우상 숭배적인 성격과 공동의 도덕에 대한 무시, 그리고 인간 상위의 공간, 즉 초월적 원칙들을 부정하는 행태에 큰 공포를 느낀다고 말했다. 이 문제를 가장 깊이 다룬 그의 1956년 에세이 "광신과 사려 깊음, 그리고 신앙"에서 아롱은 이데올로기적 광신이 인간 사상과 행동의 근본원칙에 대한 급진적 회의론—허무주의—에 궁극적 뿌리가 있다고 주장했다. 그는 사르트르Jean Paul Sartre와 같은 동료 실존주의 철학가들과 진보적 기독교인들이 공산주의에 보이는 관대함에 분노하고 당혹해 했다. 사르트르는 '인간 본성의 그 어떤 영속성'을 부정했고 '무법의 주의주의voluntarism'와* 신화에 기반한 공리공론doctrinairism 사이를 오갔다." 진보적 기독교인들은 '역사라는 우상'에 굴복했고 "실제로 존재하는 사회주의" 치하에서 잔혹하게 핍박당하는 신앙인들을 외면했다.

1956년 에세이의 결론에서 아롱은 권위 있게 이런 말을 했다.

• (역자 주) 의지 자체를 지성이나 양심보다 우선된 존재의 본질이라고 여기는 철학

실존주의자들과 진보적 기독교인들은 원칙의 부재 속에서 확신을 얻기 위해 둘 다 인종과 역사적 변증법에 의존한다. 실존주의자들은 신중하기보다 독단적으로 그들이 확언해야 할 것들을 부정하면서 시작한다. 그들은 신중함이라는 "속세의 신"(버크)을 쓸모없는 것으로 여기고, 인간으로부터 이성을 빼앗아 역사적 운동이라는 명분으로 그것을 덮는다. 진보주의자들은 더 이상 교회와 영혼의 모험에서 신성함을 찾을 수 없을 것이 두려워 그들의 혁명에 신격을 부여한다.

아롱은 그의 비판적 회의론을 '진짜 신앙'이 아닌 추상적인 '설계와 모형, 그리고 유토피아'에 적용했다. 아롱은 "광신보다 그 궁극적 원인인 허무주의"를 적대한다고 쓰며 에세이를 마친다.

콜나이나 주베넬의 분석이 인간 자유의 기초에 대해 보다 보수주의적이거나 전통적인 이해에 초점을 맞추었다면, 아롱은 자유주의와 철학의 근간에 있는 종교 및 도덕법에 대한 콩스탕의 존중을 회복시켰다. 두 접근법의 차이에도 불구하고, 두 입장 모두 현실과 인간 자유의 이데올로기적 왜곡을 완강히 거부하고 있다. 각자 다른 방법으로 그들은 오늘날 인간의 자유를, 고의성과 독단적 무신론 및 과학만능주의 그리고 인간의 영적 본성과 도덕적 책임을 부정하는 인도주의로 동일시하는 것은 부적절하다고 지적했다. 이것들은 물론 모두 홉스에게서 찾을 수 있는 것들이다.

교회와 자유민주주의: 어떤 수용?

지금까지 철학적 자유주의가 내부의 전복으로부터 얼마나 취약한지 논의했다. 경성 자기주권과 연성 자기주권은 (이 유용한 구분은 쟝 베스케 엘슈타인Jean Bethke Elshtein을 참고했다) 민주주의의 도덕적 기초를 침식하고 위협한다. 일부 타락한 자유주의자들의 유혹이 '선택'과 '동의'를 제멋대로의 (임의 낙태나 클로닝 및 다양한 형태의 생명공학적 '개선' 등을 지지하는 것과 같이 외견상으로는 자유주의적이고 무해한 형태의) 자기주장으로 동일시하려는 것이라면, 보수주의자(혹은 보수주의적 자유주의자)들의 유혹은 현대 민주주의에서 제기된 자기주권의 문제가 단지 수사학적인 대응으로 없어질 것이라고 생각하는 것이다. 이것은 보수주의자들이 자유민주주의에 "세례를 베풀어baptize" 현대 계몽주의 프로젝트와의 연결성을 모호하게 하는 형태로 나타난다. 제2차 바티칸 공의회 이후 가톨릭교회는 이 유혹을 뿌리치지 못했다.

프랑스 토마스학파 철학자 쟈크 마리탱Jacques Maritain부터 요한 바오로 2세 교황까지, 일련의 저명한 20세기 가톨릭 사상가들은 평등과 인권의 근원을 사복음서에서 찾았다. 그들은 교회와 자유주의 질서 간 신중한 수용의 필요성을 강조하기보다는 기독교와 민주주의의 '본질적인' 양립 가능성을 주장하는 데에 몰두했다. 나름의 공로가 있겠지만 이러한 '기독교 민주주의적' 입장은 교회의 정치적 권력에 대한 논쟁적 반동을 일으킴으로써 철학적 자유주의의 근원을 모호하게 하는 결과를 낳았다. 또한 이 노력은 종종 인권을 주창하면서 신권이 희생된다고 했던 교회의 보다 오래되고 반反 현대적인 통찰을 무시하는 결과를 낳았다.

자유주의의 기독교적 근원을 주창하거나 진보적 기독교인들처럼 기독교를 세속적 인도주의와 혼동하기보다, 교회는 스스로 이해하는 진리 그대로를 수호함으로써 자유의 대의에 기여할 수 있다. 2006년 9월 레겐스부르크Regensburg 연설에서 베네딕토 16세 교황이 기독교를 "인도주의 도덕적 가르침"으로 축소하는 것에 대해 경고했을 때, 그는 신앙을 보전하는 차원에서뿐만 아니라 자유주의 혹은 민주주의 질서에 대한 진심 어린 배려의 차원에서 이야기한 것이었다. 기독교는 스스로 온전히 '민주적인' 종교가 되려는 유혹을 뿌리쳐야만 인간 영혼에 대한 영향력을 행사할 수 있고, '하나님 아래 자유'로서의 자유에 대한 이해를 공고히 할 수 있다. 교회가 인도주의적 가치와 평등주의적 사회정의에 대한 헌신보다 더 본질적인 무언가를 대표하지 않는다면, 그것은 인간 자유의 대의를 섬기는 것이 아니며, 토크빌이 그토록 염려했던 민주적 적극성과 수동성을 극복하는 데 있어 마땅한 역할을 할 수 없다.

교회의 내부적 민주화를 끊임없이 요구하는 것 또한, 사람들로 하여금 궁극적으로는 자유가 진리에 종속된다는 것을 알려주는 역할에 도움이 되지 않는다. 교회의 내부적 민주화를 지속적으로 사실상 강요하게 된다면 교회는 지배원리로서의 '동의'에 굴복하게 될 것이다. 이제 우리는 토크빌의 난제라고 할 수 있는 문제에 봉착했다. 자유민주주의는 종교가 제공하는 지혜와 자기절제, 그리고 상승elevation이 필요하지만 시간이 지나면서 민주주의는 종교를 포함한 모든 삶의 내용을 민주화시키게 되는 것이다. 세속의 변화를 증진하려는 프로젝트로 얄팍하게 위장한 인도주의로 인해 종교는 더 이상 "인간 의지 상위에 있는 무언가"로 남지 못하게 된다.

누그러진 자유주의를 향해

인간의 자기주권으로 자유주의를 동일시하려는 내재적이고 역사적인 경향을 제거하기 위해 새로운 탈脫자유주의적 공감대를 형성하고자 하는 지나친 기대를 누그러뜨리려면, 이 문제를 보다 신중하게 다룰 필요가 있다. 19세기 미국 가톨릭 작가이자 정치철학자 오레스티스 브라운슨은 그의 1865년 저작 『미국 공화국』에서 이 난제의 본질을 매우 정확하게 포착했다. 브라운슨은 '자연상태' 교리, 즉 평등하고 독립적이며 주권적인 개인 간의 계약으로부터 정부가 나온다는 사상이 미국의 정치적 전통의 일부였다고 지적한다. 독립선언서의 유명한 표현에 따르면, 정부는 "피지배자의 동의로부터 그 정당한 권력을 부여받는다." 모든 미국인은 —사실상 오늘날 자유주의 서구에 사는 모든 사람들은— 어느 한 사람이

타인의 동의 없이 그들을 통치할 권리가 없다는 것에 수긍할 것이다. 하지만 브라운슨에 따르면, 일부는 이 폭정에 대한 금지를 절대적인 자유 혹은 개인의 자율성의 원칙에 두는 반면, 미국 국부들을 포함한 대부분의 사람들은 개인이 "자기 자신에 대한 주권적 권리, 즉 자기자신을 스스로 원하는 대로 처분할 권리조차도 가지지 않는다"고 여겼다. 따라서 자연상태 교리는 놀랍게도 두 가지 뜻으로 해석될 수 있다. 그것은 자율성의 요구로 이해되거나 아니면 "하나님 아래 자유"라는 보다 전통적인 관점으로 이해될 수 있는 것이다. 이 애매모호함 혹은 불확정성 속에서 우리는 현재 미국 등에서 전개되고 있는 '문화전쟁'의 깊은 뿌리를 찾을 수 있다.

우리에게는 두 가지 선택이 있다. 인간 스스로 존재의 주권자, 즉 자기의 가치를 스스로 규정하는 독립적 창조주로 여기든지, 아니면 자기 스스로 만들지 않은 어떤 자연적 질서, 즉 자신의 자유에 의미를 부여하고 진리를 향한 자신의 추구를 설명해주는 "일의 질서에의 참여자"로 여기는 것이다. 브라운슨이 설득력 있게 지지한 후자의 이해에 따르면, "인간은 스스로 독립적이거나 스스로 존재하거나 스스로 충분한 신이 아니다." 누그러진 자유주의의 과제는 기독교의 지혜에 충실한 교회와 마찬가지로, 동의의 이데올로기에 도취된 사람들에게 그들이 스스로 신이 아니라는 사실을 알 때야 비로소 진정한 자유가 가능하다고 알려주는 것이다. 그 다음 과제는 이 통찰로부터 비롯되는 적절하게 도덕적이고 정치적인 결론을 도출하는 것이다.

II

평등주의 시대의 정치가

03

위대함을 다시 진지하게 –
민주주의 시대의 정치가

정치력statesmanship, 즉 '다양한 정치적 행위에서의 탁월성'에 대한 연구는 민주주의 시대에 특히 더 필요하고 유익하다. 정치력에 대한 연구는 우리의 평등주의적 환상을 깨뜨려주고, 모든 때와 장소에서 마땅히 기려야 할 용기·절제·선견·사려·아량과 같은 인간의 드문 미덕을 우리에게 환기시켜준다. 이러한 자질은 그 자체로 훌륭하기도 하지만 특히 위기의 상황에서 자유로운 정치공동체를 유지하기 위해 필수적이다. 20세기는 지구 곳곳에서 모습을 드러낸 지도자 숭배 — 퓌러(Führer, 히틀러), 두체(Duce, 무솔리니), 보즈드(Vozhd, 스탈린), [그리고 수령(suryong, 김일성)] 등 — 로 몸살을 앓았다. 이들은 도덕법에 대한 존중이나 진정한 인간 위대함의 구성요소라고 할 수 있는 영혼의 자질이 아예 결여된 인물들이었다. 그럼에도 사실과 가치의 극단적 이질성을 추구하는 우리의 사회과학은 도덕 중립적인 '카리스마적 지도자상'에 집착하고는 한다. 분명 한 극단에는 워싱턴George Washington과 처칠이 있고 다른 쪽에는 히틀러와 스탈린이 있지만, 이들을 모두 하나의 분석 바구니에 담아버려 진정한 정치가와 선동가 혹은 이데올로기적 폭군 간의 결정적인 차이를 지워버리는 것이다.

그 결과 오늘날에는 위대함을 진지하게 받아들이기가 더욱 어려워졌다. 위와 같은 지적 혼동에 더해 모든 형태의 엘리트주의가 지적 영역에서 혐오대상이 되어버렸다. 학자들과 지식인들이 위인과 위대한 문헌들을 연구할 때는 종종 그 위대함을 부정하려는 전복적인 의도가 있다.

하지만 여기에 중요한 예외적 인물이 있다. 이민자 출신의 저명한 정치철학가인 레오 스트라우스다. 그는 우리 세대에게 고전 정치과학을 부활시키는 데 혁혁한 공을 세웠다. 특히 스트라우스가 1965년 1월 25일 시카고 대학 강연에서 즉흥적으로 발언할 때 그는 정치에 대한 진정한 연구가 얼마나 큰 기여를 할 수 있는지 설득력 있게 말해주었다. 바로 전날 타계한 윈스턴 처칠을 추모하는 자리였다. 그는 정치에 대한 학문적 연구가 가진 고귀한 본분에 대해 이야기했다. 스트라우스는 "우리는 정치적 위대함과 인간의 위대함 그리고 그 탁월함의 절정에 대해 우리 스스로와 학생들에게 상기시켜 줄 의무가 있다. 진정한 사회과학의 본분은 우리 모습의 있는 그대로를 보여주는 것인데, 이것은 무엇보다 인간의 위대함과 비참함, 탁월함과 사악함, 고결함과 그들의 성취를 있는 그대로 보여주는 것이다. 이 과정에서 우리는 '평범함을, 그것이 제아무리 화려하더라도, 진정한 위대함으로 착각하지 않도록' 우리 스스로와 학생들을 훈련시켜야 한다"고 말했다.

스트라우스는 현대 학자들로부터 철저히 외면받은, 사회의 과학적 연구에서의 근본적인 본분을 포착하고 있었다. 바로 인간 현실을 적절하고 객관적으로 이해하기 위해 인간 동기와 성취의 모든 범주를 파악하려는 노력을 다해야 한다는 것이다. 우리는 평범함과 단조로운 것들을 마땅한 제자리에 놓아두고, 간혹 나타나는 위인들의 탁월성을 충분히 설명하고 이해하기 위한 모든 노력을 다해야 한다. 진정한 인간 위대함에 대한 인정과 존중은 지극히 평범한 것들을 경멸하게 하는 것이 아니라 단지 그 한계를 직시하게 한다. 워싱턴, 링컨Abraham Lincoln, 처칠, 드골Charles de Gaulle과 같은 위인의 정치력은 리더십의 일반이론으로 포괄하거나 정치의 동기를 '권력'의 범주로 축소하려는 시도로는 결코 충분히 이해할 수 없는 차원의 것이다.

정치적 이해의 장애물

진정으로 열린 사고의 성찰은 역사적 혹은 사회적 환원주의를 배제한 채 각 현상을 스스로 있는 그대로 나타나도록 허용해야 한다. 하지만 그 다양한 '위대함과 비참함'의 정치적 현상을 이해하는 데에는 의외로 큰 장애물이 있다. 다시 순진naive해지기란 어려운 법이다. 현대 이론과 실천은 정치적 생애를 진정으로 평가하기에 상당한 장애물을 제공한다.

토크빌은 이 병폐를 진단하고 해법을 처방하는 데 큰 도움을 준다. 그는 민주적 지식인이 현실을 구성하는 질적 차이를 무시하고 현실을 균질화homogenize하려는 경향에 대해 경고했다. 토크빌은 정치적 위대함에 대한 연구가 엘리트주의를 멸시하는 현대 지식인의 경향을 극복하는 유용한 해독제라고 보았다.

민주주의 시대에 인간의 위대함을 무시하는 현상에 대해 토크빌은 보다 깊은 통찰을 제공한다. 『미국 민주주의』에서 토크빌은 민주주의 역사가들이 현대 사회를 해석함에 있어 특정 개인들의 영향력보다 "일반 원인들general causes"을 중시한다고 말했다. 이 강조는 단순히 임의의 것만은 아니었다. 현대 민주 사회에서 인간 행위자의 역할이 감소한 것은 사실이다. 우리는 현대 정치 담론을 지배하는 민주화·산업화·도시화·현대화·국제화 등의 추상적 개념화에 익숙하다. 이 추상화는 "정치적 선택을 형성하고 제한하는 실제 현상"에 대한 것이다. 이는 무시할 것들이 아니다. 토크빌 자신도 부상하는 민주 질서를 이해하기 위해 이러한 '일반 원인'에 의존했다. 그는 "귀족 시대와 달리 민주시대에서는 일반적인 요인들이 특정 영향력들보다 더 많은 것을 설명한다"고 말했다. 하지만 토크빌은 여전히 소수의 미덕과 악덕이 사람들의 운명을 좌우하는 힘을 가지고 있다고 강조했다. 정치공동체는 토크빌이 말했던 바와 같이 단순히 "경직된 섭리"나 "눈먼 숙명론"의 지배를 받는 것은 아니었다.

아롱은 마르크스주의의 지적 지배력을 포함한 20세기 사회과학의 다양한 환원주의적 경향에 비춰 토크빌의 통찰을 더 발전시켰다. 아롱은 1960년 "보편역사의 도래"라는 에세이에서 마르크스와 콩트Auguste Comte와 같은 사회주의적 교조주의자들이 현대 세계를 변화시키는 역사적 변이 ─ 자본주의, 산업화 사회, 현대 기술 과학 ─ 에 대해 많은 유익한 가르침을 주었다고 주장했다. 하지만 아롱에 따르면 그들은 "전쟁과 제국, 그리고 승리와 패배의 연속으로서의 역사가 이제 끝났다"라고 잘못 주장했다. 그들은 "역사의 전통적 측면 ─ 제국의 흥망과 체제의 경쟁, 그리고 위대한 인물들의 유익하거나 해로운 업적 등 ─ 을 과소평가했다." 이에 반해 아롱은 '드라마'와 '과정', 그리고 '늘 그대로의 역사'와 '산업화 사회의 독창성'을 둘 다 아우르는 새로운 사고방식을 주장했다. 정치와 역사를 공부하는 오늘날 학생들의 과제는 심히 중대하다. 그들은 전통적 역사의 "변증법적 상호침투"를 그 체제 간 경쟁과 함께 분석해야 하며, 종종 인간의 통제를 벗어난 현대 삶의 변화 과정 속에 있는 독특한 일반 원인들을 분석해야 한다.

정치력 연구

진정한 정치학의 회복을 저해하는 방해요소들이 어떤 것인지 살펴보았다. 또한 그런 정치학이 제대로 작동하기 위해 필요한 새로운 환경이 무엇인지도 알아보았다. 탁월한 정치가의 사상과 행동에 대한 연구는 제대로 이해된 정치학의 핵심이며 오늘날 민주주의 시대의 평준화 경향 속에서 인간 위대함에 대한 존중을 회복하기 위한 결정적인 방법이다. 우리는 위대한 정치가의 행동뿐 아니라 그의 사상 또한 연구해야 한다. 오늘날 정치가의 전기를 읽는 것이 유행이다. 주목할 만한 좋은 현상이다. 하지만 두 가지 주의 사항이 요구된다. 대부분의 전기 작가들은 위대한 정치가의 저작들에 대해 입에 발린 평가만 하거나 아니면 좁은 의미의 객관성 또는 위대함에 대한 평등주의적 경멸에 의해 상당히 왜곡되는 경우가 많다. 이는 비범한 정치가의 위대함에 정당한 평가를 제공하지 못한다. 결국 우리는 위대한 정치인들의 연설과 저작들을 직접 읽는 것이 중요하다. 이들의 글 또한 비평적으로 접근해야 하지만, 이들의 모본과 통찰로부터 배우고자 하는 수용성을 언제나 견지하는 것이 중요하다.

이제 2차 세계대전의 폭풍을 뚫고 각각 나라를 이끈 두 명의 위대한 유럽 정치가를 살펴보자. 윈스턴 처칠과 샤를 드골은 위대함을 상징할 뿐만 아니라 위대함의 성격과 그 영구적 전제 조건에 대해 깊이 고민하면서 현대 평등주의 시대가 위대함에 가하는 구체적인 위협에 대해서도 파악한 인물들이다. 그들의 위대함 가운데서도 처칠과 드골이 민주적 자유의 친구들이었다는 점을 평가해야 한다. 그들은 민주주의의 한계를 정면으로 맞서고자 했고 그 한계들을 신중함과 품위로 극복하려고 했기 때문에 민주주의의 진정한 친구들이었다. 그들이 위대함을 나타낸 한 영역은 그들이 보여준 뛰어난 수사학을 통해서였다. 때로는 거창했던 두 사람의 수사학은 인간이 민주적 시대에도 여전히 '정치적 동물'임을 상기시켜주었다. 그들은 인간 탁월함에 애착을 가지고 있었지만, 민주체제의 근본적 정의를 결코 의심하지 않았다.

하지만 이들 반反 전체주의 정치가들은 단순한 민주주의자들이 아니었다. 인간을 민주적 현대성에 의해 제한하기에는 인간의 잠재적 가능성에 대해 그들은 너무 많은 것을 알고 있었다. 또한 처칠과 드골은 민주적 현대성이 가지고 있는 성격에 대해 날카로운 통찰력을 가지고 있었다. 드골은 전체주의가 대중사회의 부상과 전통적 도덕 및 정치, 영적인 권위의 침식으로 인한 보다 근본적인 '문명의 위기'의 한 단면이라고 보았다. 그는 "신의 죽음"으로 인한 정치적 결과를 깊이 우려했다. 현대 대중사회의 위기와 현대성이 가진 인간 존엄에 대한 위협을 다룬 드골의 가장 신중한 통찰은 1941년 11월 25일 그의 옥스퍼드 대학 연설에서 찾을 수 있다. 이 연설에 대해서는 이미 『드골: 정치력과 위대함과 현대 민주주의』(2000)에서 깊게 다루었다. 여기서는 이 연설만큼 주목해야 할 윈스턴 처칠의 에세이 "현대 생활의 군집 효과"에 대해서 이야기하고자 한다. 이 글은 1925년에 쓰였고 1932년에 출간된 『사상과 모험』에 수록됐다. 평등주의 시대 속 인간의 위대함에 대한 가능성과 전망을 성찰한 놀라운 글이다.

"현대 생활의 군집 효과"

처칠은 그의 에세이 "현대 생활의 군집 효과"에서, 아롱의 유용한 공식을 빌리자면, 인간사의 드라마와 과정의 상대적 무게를 탐구한다. 처칠은 역사를 대충 훑어보면 "모든 순간에는 우연과 선택이 결정적인 역할을 하고 있음을" 관찰하게 된다고 말한다. 보다 구체적으로는 역사의 모든 전환점에 족적을 남긴 "수석 교사Master Teachers — 사상가·탐험가·지휘관"의 영향이 있다는 것이다. 하지만 처칠은, 토크빌과 아롱이 지적했듯이, 인간의 운명이 "개인들의 통제를 이미 벗어나고 있는 것은 아닌지, 우리의 사건 사고들이 점점 집단적 과정에 의해 결정되는 것은 아닌지" 되묻는다. 현대성은 인간 행위자가 더 이상 개인과 집단의 운명을 결정짓지 않는 어떤 새로운 상황을 수반하는가?

현대 세계에서 우리는 개인적 탁월성의 현저한 쇠퇴를 목격한다. 처칠이 『우리 시대의 위인들』(1937)에 기록하며 그토록 감탄했던 그 '위대함'은 사실 대부분 이미 먼 과거에 속해 있었던 빅토리아 시대의 정치가들과 신사들이었다. 현대의 지적, 문화적, 정치적 영역은 비어 있는 왕좌로 가득 차 있었다. 인류는 새로운 고지를 향해 발전하지만, 개인은 영구히 빛을 잃은 듯하다.

처칠은 현대 사회 곳곳에 '어마어마한 집단화의 과정'이 작용하고 있다고 보았다. 경제적 대량생산과 같은 일부 경우에는 이 과정이 사회의 발전과 번영에 놀라운 기여를 제공하기도 한다. 하지만 뚜렷한 경제적 이익에도 불구하고, 집단화는 인간과 사회의 '기질과 심리'에 상당히 미심쩍은 영향을 남긴다. 우리 현대 사회는 과거 시대에 상상하지 못했던 '헤아릴 수 없는 풍요'를 제공하는 데 성공하고 있다. 하지만 이 풍요는 종종 개인의 진취성과 시민적 독립의 희생으로 이뤄진다.

현대의 대중사회에서 여론은 대체적으로 대중에게 "표준화된 의견을 끊임없이 흘려보내는" 미디어에 의해 보장되고 빚어진다. 교육은 "모두 규제된 의견과 편견과 정서에 둘러싸인 표준화된 시민들"을 생산하기 위해 "동시에 보편적이고 피상적"이다. 현대 대중사회는 "결국 합리적이고 품위가 있으며 고도로 편리한 사회로 이끌릴" 가능성이 있다. 하지만 처칠은 경고의 메시지를 던진다. 이 군집 효과는 "인간의 명작을 가능하게 하는 개인적 긴장과 정신적 노력의 조건들을 파괴"할 수 있다는 것이다. 처칠은 민주적 정의justice가 인간의 위대함을 희생시켜 얻어지는 결과일 수 있다고 주장한다. 물론 그 '수석 교사'들과 인간의 명작들을 배출한 과거 귀족주의 질서는 일반인들의 존엄에 충분한 관심을 베풀지 못했더라도 말이다.

처칠은 인간의 표준화에도 다행히 한계가 있음을 주목한다. 이 한계는 소비에트 볼셰비즘이 목적으로 삼았던 "보편적 표준화"에서 드러난다. 볼셰비키는 "폭정과 테러를 통해 역사상 가장 완벽한 집단생활과 집산주의를 건설"하려고 시도했다. 처칠은 1925년에 이 글을 쓰면서 이러한 전체주의적 기획은 실패할 수밖에 없다고 주장했다. 그는 "인간의 본성은 개미들의 본성보다 제어하기 어려운 것"이라고 현명하게 풀어냈다.**

• 인터넷의 활성화와 뉴미디어의 확산은 현대 세계에서 이루어지고 있는 "표준화"의 폭넓은 과정을 근본적으로 바꾸는 것은 아니다. 인터넷 상에서 흔히 접할 수 있는 다양한 의견의 불협화음은 민주주의 시대의 특징인 수사와 관점의 놀라운 표준화와 공존한다. 하지만 이 신기술은, 국가가 통신을 독점하여 시민사회에 "전체주의적" 획일성을 강제하는 것을 그 어느 때보다 더 어렵게 만들고 있다.

선진 자유주의 사회는 이 전체주의의 마수로부터 벗어났다고 위안을 얻을 수 있다. 그렇지만 "위대한 자유국가들도 유명한 안내자들과 수호자들로부터 충분히 분리된 듯하다"라고 처칠은 말한다. 영웅이나 지휘관, 혹은 선생은 대부분 '옛날 거칠었던 시대'의 잔재일 뿐이었다. 기술적으로 주도되는 현대 전쟁은 그들을 필요로 하지 않고, 표준화된 여론은 그들의 통찰을 시대에 뒤떨어진 것으로 취급한다. 하지만 처칠은 현대에도 이러한 현상에 대해 상당한 동요가 있다고 진단한다. 현대인도 "[그들의] 거인들을 그리워한다"는 것이다. 처칠은 과연 군집 효과의 세계가 인간에게 만족스러운 것인지 되묻는다.

> 현대 공동체는 위대한 인물을 필요로 하지 않는가? 그들은 영웅과 숭배를 포기할 수 있는가? 그들은 집단화의 과정으로부터 과거 거인으로부터 얻었던 것보다 더 큰 지혜와 고결한 정서, 더 격렬한 행동을 제공받을 수 있는가? 가장 빛나는 별은 영화배우일 뿐이고 신gods은 전시관에서만 찾을 수 있는 세상 속에서, 국가는 과연 건강하게 유지되고 서로 단결할 수 있겠는가? 인간의 영혼은 그 생명

•• 이 글에서 처칠은 소비에트 러시아가 개미 사회를 모델로 삼고 있다고 말하며 볼셰비키의 모든 사회경제적 원칙과 개념을 흰개미들이 이미 오래전부터 실행하고 있다고 이야기했다.

력의 불꽃을 과연 기계로 발화할 수 있겠는가? 후세대의 새로운 문제들은 '다수의 상식'과 정당의 간부들, 그리고 더 이상 귀 기울여지지 않는 의회의 횡설수설을 통해 성공적으로 해결될 수 있을 것인가? 아니면 인류의 전진 속에 어떤 큰 걸림돌이 생기고 그 앞길을 막는 어쩔 수 없는 장애물이 나타나거나, 혹은 헛되이 광야에서 방황하게 되었을 때, 결국 개인적 영웅의 필요성이 집단의 욕구가 되지 않을까?

처칠이 이 에세이에서 내리는 결론은 모호하다. 자연은 진공상태를 싫어하고, 인간의 영혼은 결국 표준화된 세계가 제공하는 것보다 더 높은 만족감을 추구할 것이라고 암시한다. 하지만 동시에 그는 또한 지도자 숭배에 대해서도 경고하며 "얻는 만큼 잃는 것이 있을 것이다. 고지대에는 뛰어난 봉우리가 없는 법이다"라고 말한다. 그렇다면 우리는 대체로 괜찮은 평범함을 감수해야 한다는 것이다. 하지만 이것이 이야기의 전부가 아니다. 자유주의 공동체의 시민들은 그런 사회 속에서도 여전히 지속되는 자유와 진취력에 자부심을 가져야 한다.

처칠 자신의 업적이 그의 마지막 가르침이 되었다. 처칠은 시민으로서 기꺼이 위대함보다 정의의 우선순위를 받아들였다. 하지만 그는 우리의 고지대에서도 때로는 평범함과 군집 효과 이상의 것을 열망해야 한다는 것을 잘 알았다. 어쩌면 그것은 어쩔 수 없는 일이었다. 이 열망이 없다면 민주주의는 우리 본성을 이길 역량을 잃어버리거나 그 최상의 역량을 발휘하도록 영감을 주지 못한다. 아마도 민주적 개인을 잠에서 깨우기 위해서는 1861년이나 1940년°, 혹은 2001년 9월 11일의 사건과 같은 일련의 극심한 위기를 필요로 할지 모른다. 운이 지배하는 한, 민주적 정의의 질서는 스스로 보전을 위해 위대함을 필요로 하는 것이다. 그리고 그 위대함은 인간 가능성의 모든 범주를 상기시켜주기에 유익하다. 따라서 링컨과 처칠, 그리고 드골과 같은 정치인들의 사상과 업적을 연구하는 것은 민주주의를 살아가는 사람들의 시민적, 도덕적 건강을 위해 필수적인 것이다. 또한 이러한 연구는, 민주주의 정치라 할지라도, 정치가 원칙적으로 도달할 수 있는 높이를 이해하는 데에 꼭 필요하다.

동시에 덧붙여야 할 것은 바로 카리스마적 리더십이 가지고 있는 선동적 매력의 위험성에도 예의주시할 필요가 있다는 것이다. 우리는 헌정주의와 법치가 민주주의에 없어서는 안 될 자유롭고 문명화된 정치 질서의 기초, 혹은 정치사상가 토마스 L. 팽글Thomas L. Pangle의 표현을 빌리자면, '박공벽pediment'임을 결코 잊지 않아야 할 것이다.

• (역자 주) 각 미국 남북전쟁 발발과 2차 세계대전의 본격화 된 시기.

부록: 진짜 위대함과 가짜 위대함

지금까지 다룬 많은 영향력 있는 역사학자들과 정치이론가들이 토크빌이 말했던 민주적 역사의 신봉자라는 점을 소개했다. 그들은 조금이라도 엘리트주의적인 낌새가 보이면 의혹의 눈초리를 보내고, 역사의 흐름을 형성한 위대한 인물들의 역할을 경시하거나 심지어 조롱하기까지 한다. 폴 존슨Paul Johnson의 『영웅들의 세계사: 알렉산더 대왕과 율리우스 카이사르부터 처칠과 드골까지』 (2007)는 주목할 만한 예외다. 이는, 흠결이 있더라도, 인간의 위대함 속에 고유한 모호함을 탐구한 뛰어난 작품이다. 책의 부제만 보더라도 그 놀라운 범위를 알 수 있다.

존슨의 연구 대상 인물들은 알렉산더 대왕과 율리우스 카이사르 등 — 영웅적인 면모와 무모함, 그리고 초인적 용기와 무자비한 살의 사이를 오가는 — 전사 왕warrior-king과 정복자를 비롯해 드보라, 삼손, 다윗 등 궁지에 몰린 하나님의 백성들과 정의를 위해 교활함과 무력과 속임수를 쓰기에 주저하지 않았던 성경의 영웅들까지, 폭넓은 범위를 포괄한다. 존슨은 특히 기독교적이고 상무적인 덕목을 두루 갖추면서 공익의 요건들을 놓치지 않았던 헨리 5세 Henry V나 잔 다르크Jeanne d'Arc 같은 '모범적 영웅들'에 주목한다. 그는 또한 워싱턴과 넬슨Horatio Nelson, 웰링턴Arthur Wellington, Duke of 과 같이 자신의 병사들에게 존경을 받으면서, 자신의 야망이나 군사적 혹은 이데올로기적 폭정을 위해 병사들을 총알받이로 삼았던 나폴레옹적Napoleonic 유혹은 거부한 위대한 군사지도자들에게 높은 찬사를 보냈다. 존슨은 이들 영웅의 이야기를 상세하게 설명하며 기억할 만한 그들의 명언들도 기록한다.

존슨은 골Gaul 지역에서 자행된 카이사르의 비양심적인 유혈적 악행과 동양적 폭정oriental despotism이라고 불렸던 잔혹함과 무도함으로 서서히 전락한 알렉산더의 모습을 기록하면서도, 이들의 초인적인 기교를 예술적으로 잘 전달한다. 폭력으로 얼룩지고 우아함과 아름다움은 벗겨진 교활함으로 몰락해 영웅이라고 할 수 없는 성경의 위인들에 대해서도 존경심을 표현한다. 성경의 유대인들에 대해서는 "생존의 물리에는 취약하고 형이상학에 강하다"는 흥미로운 표현으로 정리한다. 존슨은 중세 왕들에 대해서도 전투 중에 죽고 각종 질병과 만성 위궤양 혹은 경쟁자에게 잔인하게 죽는 영국 왕실의 "벅찬 사망기록"을 추적하면서도 그들의 최상의 모습에 칭송을 보낸다.

나폴레옹에 대한 존슨의 증오는 매우 뚜렷한 반면, 워싱턴의 자기절제와 링컨이 소유했던 기품과 정의감, 그리고 신중한 야망의 비길 데 없는 조합을 높이 평가했다. 존슨은 위대한 인간들의 생애가 "경이로움과 존경심과 경의를, 그리고 때로는 동정심을 불러일으킬 수 있으면서" 동시에 도덕적으로 모호하고 심지어 때로는 괴물과 같을 수 있음을 보여준다. 이는 물론 알렉산더와 카이사르의 경우에 해당되고 또한 — 그 정도는 덜하지만 — 인류 역사상 대부분의 위인들에 해당된다. 존슨은 결코 평화주의자는 아니었지만, 그의 전임자 사무엘 존슨Samuel Johnson처럼, 살인기계보다 좀 나은 '위인'들에 대해서는 동정심을 가지지 않았다.

집으로 돌아갈 때를 알 만큼 고결했던 킨키나투스Lucius Quinctius Cincinnatus나 워싱턴* 같은 위인의 출현은 진정 드물다. 또한 "정치적 진실과 정의의 본질, 그리고 이를 추구하기엔 너무도 나약한 인간에 대해 그토록 깊게 숙고하여" 게티즈버그 연설과 2차 취임사와 같이 "기억에 단단히 남는" 지혜롭고 시적인 표현을 통해 사람들이 스스로 돌이키고 행동하도록 감동시켰던 링컨과 같은 인물도 정말 찾기 힘들다. 폴 존슨은 위대함과 선함을 둘 다 갖춘 이 명예의 반열에 16세기 영국 정치가 토마스 모어Thomas More를 올려놓는다. 모어의 생애와 죽음을 통해서 보여준 희귀한 고결함 때문에 존슨은 모어를 정치가, 위인, 순교자로 칭송한다. 세상의 이치를 잘 알았던 모어는, 미처 끝내지 못한 리처드 3세의 전기를 통해 드러내듯, 왕과 폭군의 차이를 알고 있었다. 존슨의 표현에 의하면 "폭군과 집어삼키는 늑대"가 되어 사람의 몸과 영혼을 위태롭게 한

• 킨키나투스는 자영농 출신 집정관으로서 로마를 외침으로부터 지킨 영웅이었지만 구국의 본분을 다하자 지휘권을 내려놓고 유유히 농장으로 돌아간 것으로 유명하다. 조지 워싱턴도 마찬가지로 독립전쟁 영웅이자 미국 초대 대통령으로서 두 번의 임기를 끝으로 자신의 버지니아 마운트버논 농장으로 돌아갔다.

왕을 그렸던 모어의 연구는 "헨리 8세와 모어 스스로의 갈등을 위한 이론적 준비이자 무대 연습"이었다. 모어는 폭군의 무법으로 오염되지 않은 기독교적 왕위의 이상을 지키기 위해 위엄을 가지고 죽음을 맞았다. 모어의 사상과 정치력에 대한 그의 존경심을 고려하면, 존슨이 모어의 『유토피아』를 이데올로기적 폭정의 청사진으로 착각한 것은 당혹스럽다. 이에 대해 최고의 학자들이 입증했듯이 모어의 저작은 고전 정치철학의 전통을 고수하는 작품이다. 모어가 표현한 갈등과 분열과 인간의 격정을 초월하는 '이상 사회'는 말 그대로 '어디에도 없는 곳ou topos'을 그린 것이었다.

처칠과 드골 올바로 이해하기

처칠과 드골에 대한 존슨의 책 『영웅들의 세계사』에서 "천재적 영웅과 영웅적 괴물"을 다룬 장章은** 이 책의 하이라이트가 될 수 있었다. 하지만 아쉽게도 존슨은 처칠의 위대한 전시 연설이나 정치 및 역사에 대한 통찰력 깊은 저작들에 대해 분석을 생략하고 있다. 존슨은 단지 처칠의 영웅적이고 관대한 성품, 그리고 종교에 대해 놀랍도록 피상적인 입장과(처칠은 뼛속 깊이 이교도였다) 영국 역사

** 국문번역본의 해당 장 제목은 "구시대를 뒤흔든 거물 정치인"으로 되어 있다.

및 헌정주의 제도에 대한 그의 깊은 경애에 대해서만 흥미로운 주장을 내놓는다.[•]

드골에 대한 존슨의 서술은 이보다 더 불만족스럽다. 존슨은 드골이 1940년과 1958년, 그의 사랑하는 조국 프랑스를 패배와 불명예로부터 각각 두 번에 걸쳐 구해 낸 것에 대해 그 기여를 인정한다. 또한 드골의 "역사 과정을 성찰하는 탁월한 재능"으로부터 우리가 배울 것이 많다는 것을 인정한다. 하지만 존슨은 이 권위적인 인물을 정치적 권위주의자이거나 폭군적 야심이 있는 것으로 오해하지는 않으면서도, 드골의 엄격함과 냉담함의 원인이 그의 "만성적인 입 냄새"라는 엉뚱한 평가를 내린다. 존슨의 이 주장은 오로지 말콤 머거리지Malcolm Muggeridge의 회고록『잃어버린 시간의 이야기』를 참고한 것인데, 머거리지는 이 회고록에서 전투 현장에서 막

• 존슨은 그의 명료하고 통찰력 있는 전기『윈스턴 처칠의 뜨거운 승리』(주영사, 2010)에서 이 공백을 메꾼다. 여기서 존슨은『영웅들의 세계사』에서 그린 처칠에 대한 다소 인상주의적 묘사를 발전시키면서 새로운 주제와 강조점을 소개한다. 존슨은 특히 처칠의『세계의 위기』에 실린 글들 및 연설들과 1940년 여름부터『취미로 그림 그리기(Painting as a Pastime)』에 기록된 위대하고 기억에 남는 전시 연설들을 잘 다뤘다. 존슨은 "한 남자로서, 그리고 정치가로서 처칠의 강점은, 결코 정치가 그의 모든 관심과 에너지를 사로잡지 않았다는 것"이라고 제대로 관찰하며, 작가와 역사학자로서, 그리고 (아마추어) 화가로써 처칠이 남긴 중대한 기여에 주목한다. 하지만 그럼에도 존슨은 처칠의 저작이나 연설들을 충분히 깊게 분석하지 못했다.『영웅들의 세계사』에서처럼, 처칠의 문학이나 역사서에 대한 존슨의 가장 긴 분석은 처칠의 6권짜리 전시회고록(『2차 세계대전』)의 구성방식에 대한 것이었을 뿐 그 작품의 주제나 통찰에 대한 논의가 아니었다.

나와 헝클어진 머리와 약간의 구취를 풍기는 드골의 모습을 여전히 진가를 가진 영웅으로 묘사했던 것이었다.

존슨은 드골을 따뜻함이나 애정이 없는 비인간적 "괴물"이라고 부른다. 하지만 존슨은 드골이 지적 장애가 있었고 1948년 20세의 나이로 죽은 딸 앤Anne에게 다정한 아버지였다는 사실은 언급하지 않는다. 존슨은 드골을 궁극적으로 사상을 사람 위에 놓는 "지식인"(존슨으로서는 경멸의 표현)이라고 표현하지만, 드골이 장엄함과 온건함을 분리했던 나폴레옹을 가혹히 비판했던 것이나, 독일제국의 군사·정치 엘리트들이 니체의 잘못된 '인간 위대함에 대한 숭배'에 굴복한 것을 비난한 것은 설명하지 못하고 있다. 드골은 독일의 엘리트들이 "인간 경험을 통해 증명된 인간의 한계나 상식, 그리고 법"을 무시했다고 말한 바 있다. 존슨이 드골의『적의 분열』이나『칼날』등 전쟁 이전 저작들을 연구했다면, '일의 자연적 질서'가 규정한 범위를 무시하는 모든 이데올로기적 프로젝트의 한계에 대해 강력한 통찰력을 발휘한 드골을 발견할 수 있었을 것이다.

존슨의 책 마지막 장에서는 공산주의를 무너뜨린 '영웅 3인방' — 로널드 레이건Ronald Reagan, 마가렛 대처Margaret Thatcher, 요한 바오로 2세 교황 — 에 집중하면서 이들에 대한 많은 예리한 내용도 포함한다. 하지만 이상하게도 존슨은 레이건이 특히 공산 전체주의와 사람들 삶에서의 정부의 역할에 대해 가히 초자연적으로 확고한 판단력을 가지고 있었다고 존경하면서도, 그를 대체로 학식이 부족하며 정치의 기본적인 현실에 대해서조차 무지한 인물로 그리고 있다. 존슨은 레이건이 사람들이 일컫는 바 '얼간이'보다는 훨씬 큰 인물임을 증명하는, 최근 공개된 많은 증거들 — 레이건의 1975년부터 1979년까지의 (대부분 그가 직접 쓴) 라디오 연설, 방대한 분량의 서신들, 그의 백악관 일지 — 를 모두 외면하고 있다. 존슨이 잘 알았던 대처에 대해서는 그녀의 평가되지 않은 부분, 즉 이 '철의 여인'이 공적 생활에서는 거의 알려지지 않은 개인적 관대함과 막대한 의지를 동원했다는 사실을 잘 강조했다. 공산주의라는 거수巨獸, behemoth를 무너뜨린 요한 바오로 2세의 역할에 대해서는 네 쪽 분량의 잘 구성된 분석에 담아냈다. 그는 요한 바오로가 "영웅과 성인의 경계"를 차지하고 있다고 결론지으며, 그의 성인 여부에 대해서는 또 다른 주제라고 말을 아낀다. 요한 바오로는 물론 영웅에 대한 어떠한 책에도 걸맞은 인물임에 틀림없다.

'일반 사상'의 필요성

『영웅들의 세계사』는 인간 위대함의 의미에 대한 보다 넓은 철학적 성찰로부터 거리를 두고 있다. 이것은 아마도 폴 존슨의 영국인다움Englishness에 기인하는 것으로 보인다. 토크빌은 영국인들이 '일반 사상'에 대해 흥미를 가지지 않는다고 관찰한 바 있다. 이것은 영국의 온건하고 자유로운 정치적 질서의 강점이지만, 애석하게도 동시에 이것은 그 지적 활력의 약점이 되기도 한다. 예를 들어 존슨의 책은 관대함에 대한 아리스토텔레스나 키케로Cicero의 주장들, 혹은 선함과 위대함 사이에 유지되는 긴장에 대해 전혀 언급이 없다. 존슨은 처칠과 드골뿐 아니라, 민주주의 시대의 위대함과 온건함에 대해 깊이 사유했던 여타 민주 정치가들—링컨 및 미국의 국부들—의 저작들도 스치듯 지나가거나 외면하고 있다. 이러한 논의를 위해서는 다른 책을 참고해야 한다. 최근 보스턴 칼리지의 정치 이론가 로버트 포크너Robert Faulkner가 쓴 주목할 만한 책 『위대함 옹호론: 명예로운 야망과 그에 대한 비평』은 좋은 시작이다.

포크너는 먼저 "자유로운 국가를 건국하고 수호하고 개혁"하기 위해 빠질 수 없는 위대한 정치가들을 인정하는 "신중한 시민들"과 "진가를 알아보는 역사학자들"이 있는 반면에 위대함과 선에 대해 회의론과 냉소, 그리고 교조적 평등주의에 굴복한 여타 이론가들 (존 롤스와 제자들을 포함)이 있고 이들 간에 "큰 분열"이 있다고 말한다. 스트라우스의 정신에 따라 포크너는 먼저 명예로운 야망에서 기회주의적 평범함, 그리고 "정의와 사랑, 고결함과 우정"이 결여된 약탈적인 야망을 상식적으로 구분해내는 것이 인간 문제의 그 어떤 합리적인 이해를 위해서 필수적임을 분명히 한다. 포크너는 야망과 그 한계에 대한 플라톤Platon, 크세노폰Xenophone, 아리스토텔레스의 통찰을 비롯해 동료 시민들의 존경에 합당코자 노력했던 링컨과 같은 고귀한 정치가의 야망, 서서히 '냉혹한 폭정'으로 흘러가버린 키루스 대왕Cyrus the Great이나 나폴레옹의 제국적 야망을 구분해낸다.

이와 달리 존슨의 『영웅들의 세계사』는 모범을 통해 교훈을 남기는 것에서 그친다. 존슨의 글은 워낙 탁월할 뿐만 아니라 역사의 가마솥에서 스스로 모습을 드러내는 인간 본성을 잘 이해하고 있기 때문에 그의 책을 읽는 데에는 큰 즐거움이 있다. 그의 친절한 목소리는, 때로는 빗나가기도 하지만, 용기와 진정한 영웅적 행위, 그리고 인간 존엄에 대한 존중 사이의 긴밀한 관련성을 결코 놓치지 않는다. 인간의 위대함에 내재된 모호함을 생생하고 구체적으로 묘사함으로써 그는 우리에게 마땅히 존경해야 할 것을 존경하도록 용기를 줌과 동시에 정의와 고결함을 상실한 가짜 위대함에 대해 경계심을 늦추지 않도록 도와준다.

04

문명과 그 불만에 대한
처칠의 성찰

윈스턴 처칠은 20세기 전반을 장식한 위대하고 끔찍한 드라마 속에서 가장 인상적이고 영감을 주는 인물 중 한 명이다. 하지만 앞서 다뤘듯이 처칠은 그의 업적뿐 아니라 그의 사상으로도 큰 족적을 남겼다. 처칠의 사망 45년 이후에도 그의 글들은 여전히 오늘날 문명의 위기와 그가 주저 없이 말했던 '자유주의 기독교 문명'을 선택할 만한 본질적 가치를 이해하도록 돕고 특별한 통찰을 제공한다.

대부분의 사람들은 나치의 위협에 홀로 맞선 영국 국민의 용기를 북돋우는 데 있어서 처칠의 전시 수사학이 발휘한 놀라운 역할을 인정한다. 더 나아가 처칠의 맹렬하고 감동적인 연설은 인간의 자유를 소중히 여기고 히틀러와 그 앞잡이들이 제시했던 '신세계

질서'의 '실효적 진리'를 분별하는 사람들 모두에게 영감을 주었다. 그렇다면 이사야 벌린 경Sir Isaiah Berlin이 "마지막 사자Last Lion," "우리 시대의 가장 큰 인간"이라고 불렀던 처칠의 웅변과 영웅적 행위에 여전히 경의를 표하는 것은 전적으로 우리의 마땅한 몫이다.

처칠의 정치가적 모범의 시대착오적인 면모를 강조하는 것에는 큰 오류가 있다. 그는 플루타르크적Plutarchian 미덕과 인간의 가능성에 대한 귀족적 감각으로 20세기 정치와 전쟁을 위대한 드라마로 장식했다. 그의 날카로운 역사적 상상력은 그로 하여금 20세기 전반을 지배했던 '30년 전쟁'에서 뛰어나고 유익한 역할을 할 수 있도록 확실히 준비시켰다. 하지만 많은 역사학자들과 평론가들이 경솔하게 평가한 것처럼, 처칠의 특성과 기질을 민주적 시대의 필요와 이해에는 상관없는 '낭만주의' 수준으로 축소하는 것은 심각한 오류다.

우선 그러한 접근법은 민주주의가 과거의 위대함으로부터 필연적인 영감을 받는 정치력을 필요로 하지 않는다고 가정하는 것이다. 마찬가지로 그것은 문명에 대해 열성적인 지지를 보낸 처칠의 사상을 경시하는 것이기 때문에 심히 부적절하다. 처칠은 오히려 민주주의의 정신과 사상을 불러일으키는 데 있어 매우 효과적이다. 그가 민주체제가 수반하고 있는 해악과 미덕을 깊이 이해하고 있었기 때문이다. 앨런 블룸Alan Bloom이 지적했듯이 처칠은 물론 그의 생각과 행동이 민주주의 이전의 서구전통에 뿌리내리고 있었기 때문에 제한적 의미에서는 시대착오적인 인물이었다고 할 수 있다. 하지만 그의 사상과 행동은 '민주주의의 문제'에 대한 예리한 통찰에서 비롯됐다. 처칠은 자유민주주의 체제를 대표해서 고결하게 행동했지만, 동시에 그는 그 체제가 가지고 있는, 일부 문제가 되는 경향과 전제로부터 보다 비판적인 거리를 유지했다. 그럼 이제부터 처칠의 사려 깊음과 기백이 가장 잘 드러나는 '최상의 시간' 연설의 마지막 부분을 들여다보자.

'최상의 시간' 연설

'최상의 시간Finest Hour' 연설은 샤를 드골이 프랑스 국민들에게 그 유명한 라디오 '호소Appeal'를 송출한 같은 날, 1940년 6월 18일에 전달되었다. 20세기의 위대한 두 명의 유럽 정치가들이 각각 전달한 놀라운 이 두 연설은 사실상 '프랑스 침공Battle of France'의 끝과 처칠이 말했던 영국의 싸움Battle of Britain의 시작을 장식한다. 영국 공중전은 영국이라는 독립 정체의 생존을 위한 투쟁보다 더 큰 것이었다. 처칠은 이 전투가 서구 문명의 생존과 유럽의 자유의 궁극적인 회복을 위한 필수적 전제 조건이라고 주장했다. 포로로 잡힌 전 유럽인의 자유와 독립이 궁극적으로 회복되는 것은 영국인들이 독일 공군의 공중폭격을 견뎌내고 독일군의 임박한 지상 침략을 물리치는 역량에 달려있었다.

6월 18일 처칠의 연설 끝 부분에서 그는 가공할 수사학적 능변을 동원해 자유인들의 영웅심을 불러일으켰을 뿐 아니라 히틀러주의와 영국 민주주의 간의 치명적 전쟁에 무엇이 달려있는지 명료하게 분석하였다. 처칠의 웅변은 그대로 인용할 충분한 가치가 있다.

웨이건드Weygand 장군이 말한 프랑스의 전투는 이제 끝이 났다. 이제 영국의 전투가 시작될 것이다. 이 전투에는 기독교 문명의 생존이 달려있다. 여기에 우리 영국의 일상이 달려있고, 우리 제도와 제국의 영속이 달려있다. 적의 모든 분노와 완력이 이제 곧 우리에게 향할 것이다. 히틀러는 이 섬에서 우리를 무너뜨리지 않으면 질 수밖에 없다는 사실을 알고 있다. 우리가 그를 상대로 맞선다면 전 유럽은 자유를 되찾고 세상의 삶은 광활하고 밝은 고지대로 전진하게 될 것이다. 하지만 만일 우리가 실패한다면, 미국을 포함한 모든 세계는 우리가 알고 소중히 여겨 온 모든 것들과 함께, 도착적倒錯的 과학으로 인해 더 사악해지고 더 깊은 새로운 암흑의 심연으로 가라앉을 것이다. 그러므로 이제 우리 임무를 위해 단단히 대비해야 한다. 그래서 만약 대영제국과 연방이 천 년을 더 간다면, 그때 우리의 후손들이 이렇게 말할 수 있도록 해야 한다. 바로 "이때가 그들의 최상의 시간이었다"라고.

이 비상한 연설의 결미에 대해 많은 이야기들이 오갔다. 최소 한 명 이상의 평론가들은 이 대목을 셰익스피어의 『헨리 5세』에 나오는 성 크리스핀 축일 연설St. Crispin's Day Speech과 비교하기도 했다. 이 비교는 적절하다. 하지만 셰익스피어는 단지 소수 '형제들'의 자부심에 호소하고 있는 반면 처칠은 전쟁이나 영웅적 미덕에 큰 감흥이 없는 자유인들의 아직은 미성숙한 고결함에 호소하고 있는 것이다. 처칠은 이들의 집단적 의지를 북돋워야 했다. 하지만 처칠의 민주적 명예를 위한 호소보다 더 인상적인 것은 바로 그 기초에 있는 지적 분석이다. 처칠은 문명과 새로운 전체주의 폭정 간의 매우 선명한 대조를 보여준다. 이 폭정은 공공의 자유를 폐지할 뿐만 아니라 문명의 근원을 파괴하는 것이었다. 처칠은 나치의 폭정이 단지 '암흑기'로의 격세유전적인 회귀보다 훨씬 더 큰 것임을 제대로 인지했다. 그것은 결정적인 면에서 사실상 현대 지성과 정치의 산물이었다. 늑대와 같은 제국주의와 과거 유럽의 유산에 대한 의도적인 등한시는 전통적으로 이해되는 '야만'과는 다른 것이었다. 1936년 12월 3일 '무기와 규약Arms and the Covenant'이라는 인상 깊은 연설에서 말했던 것처럼*, 나치즘은 그 "적수 된 형제frère-ennemi"인 공산주의와 같이 세속 종교였고, 그렇게 "신 없는 종교a non-God

---

* 여기서 '규약'은 국제연맹 규약을 의미한다. 이 연설은 영국에서 『무기와 규약』이라는 이름으로 1938년 출간된 처칠 연설집에 수록되었고, 같은 내용의 책이 미국에서 『영국이 잠든 사이』라는 이름으로 출간되었다.

religion"로서 "20세기의 무기로 전쟁을 일으킨" 것이었다. 20세기 들어 나타난 두 개의 전체주의적 '정치 종교'는 공통적으로 서구 문명의 도덕적 유산을 거부하고 "신을 악마로, 사랑을 증오로 대체"한 것이다.

처칠은 히틀러가 약간 지나치고 혐오스러운 방식으로 독일의 국익을 추구할 뿐이라는 자칭 '현실주의자'들의 환상에 굴복하지 않았다.* 그는 현대 전체주의가 이데올로기적 목적에 종속된 과학의 모든 자원을 동원해 인간의 영혼을 조작하려는 끔찍한 독창성을 꿰뚫어봤기 때문에 그런 오류를 피할 수 있었다. 더구나 처칠이 '문명의 위태로움'을 언급한 것은 단순한 수사학적 과장이 아니었다. 그는 그의 위대한 전시 연설들을 통해 주저 없이 자유민주주의와 기독교 윤리가 둘 다 나치 폭정에 대항할 수 있는 필수적인 도덕기반이라고 주장했다. 처칠이 강조하고자 했던 점은 자비와 정의의 신성한 요구, 그리고 자유로운 인간의 침범할 수 없는 권리와 존엄을 인정하는 서구 문명의 '영속성'에 있었다. 전체주의에 맞선 서구의 사투에 있어서는 서구 자유의 전통적 원천들과 현대 자유의 진정

---

* 하지만 레닌의 볼셰비키 체제가 문명세계에 가할 위험을 즉각 이해했던 이 평생의 반공주의자는, 2차 세계대전 당시 스탈린이 단순히 이데올로기적 가장을 한 러시아 차르일 뿐이라고 잘못 가정했다. 나치독일을 상대로 한 공동의 투쟁에서 처칠은 스탈린이, 비록 잘못된 방법이라 할지라도, 인민들의 야망과 이익을 대변한다고 믿고자했다. 그는 잠시 러시아와 소비에트를 혼동하는 유혹에 빠졌던 셈이다.

한 구현이라는 주장을 모두 확립해야만 했다. 이 때문에 처칠은 동지들에게 헤르만 라우슈닝Herman Rauschning이 말했던 "허무주의의 혁명"으로부터 자유주의와 기독교 문명을 지켜내야 한다고 당부했다. 떠오르는 독일과 자유주의 유럽 질서 간의 싸움에는 바로 자유주의와 기독교, 이 두 문명의 유산의 생존이 걸려 있었던 것이다.

2차 세계대전 직전 (1930년대 처칠의 소위 정치적 망명 시절 동안의) 그의 정치적 연설을 보면 그의 사상의 바탕에 깔린 정치와 문명, 그리고 현대 전체주의에 대한 지적 성찰의 일관성이 잘 드러난다. 처칠의 전시 정치수사학의 바탕에 있는 지적 토대를 온전히 감정하기 위해 그 시절 연설들을 들여다 볼 필요가 있다.

문명과 그 불만

문명의 의미에 대한 처칠의 가장 완전하고 만족스러운 성찰은 1938년 7월 2일 브리스톨Bristol 대학에서 그가 한 연설에서 찾을 수 있다. 처칠은 이 연설에서 문명이란 전사들과 폭군들이 민간의 권위에 종속되는 것으로 특정되며 결국 적법하고 평화로운 사회를 열망하는 것이라고 정의했다. 처칠의 휘그Whig '진보주의' — 그렇게 부를 수 있다면 — 는 문명적 자유를 각 세대마다 새로이 보호해야 하는 전통 혹은 유산으로 이해했다. 그는 진보를 위한 자유주의적 헌신을, 문명적 전통에서의 도덕적, 정치적으로 불가결하다고 하는 보수주의적 인정과 결합시켰다. 그는 문명의 원칙들이 헌정주의의 전통으로 완성된다고 정의했다.

> '문명'은 무엇을 의미하는가? 그것은 민간인들의 의견을 기반으로 한 사회를 의미한다. 그것은 폭력, 즉 전사와 폭군의 법, 야영지와 전쟁의 조건들, 그리고 폭동과 폭정이 법이 만들어지는 의회와 오랜 시간 동안 그 법들이 유지되어 온 독립 법정에 자리를 내어주는 것을 의미한다. 그것이 바로 자유와 안녕과 문화가 지속적으로 뿌리내려 자랄 수 있는 문명이다. 어느 나라에서든 문명이 지배한다면, 태반 이상의 사람들에게 보다 풍족하고 덜 시달리는 삶이 주어진다. 사람들의 전통은 소중히 여겨지고, 과거 현인들과 용감한 위인들을 통해 우리에게 남겨진 유산이 모두가 즐길 수 있는 풍부한 재산이 된다.
>
> 문명의 가장 주요한 원칙은 지배하는 권력이 사람들의 뿌리 깊은 관습과 헌법을 통해 표현된 그들의 의지에 종속되어야 한다는 것이다.

문명은 단 한 번의 성취이거나 운명의 불로소득이거나 혹은 역사적 필연의 전진으로 인한 당연한 산물이 아니다. 그것은 인간 본래의 야만적 유혹으로부터, 그리고 오늘날에는 처칠이 '최상의 시간' 연설에서 표현했던 "도착적 과학"으로부터 끊임없이 위협받는 유산이기 때문이다.

이상주의자들이 갖는 환상은 수천 년 동안 이어져 온 문명 생활 방식의 발전을 국제질서의 전면적인 평화공작과 혼동하는 것이다. 반면 현실주의자들의 오류는 "영국의 섬들과 제국에서 자유롭고 질서 있으며 관용적인 문명을 만들었던 같은 원칙들"이 더 큰 세상의 "구성에는 유용하지 않다"라고 가정한 것이었다. 처칠은 법의 지배가 점차 국가적 삶뿐 아니라 국제사회의 기초가 되는 국제질서를 꿈꾸었다. 하지만 이는 분쟁이 들끓는 불안정한 세상의 현실에 반영하기엔 한참 부족한 '지고至高의 희망'이었다. 이 희망은 오직 (처칠이 "무기와 규약"에서 표현했듯이) 세상의 자유인들이 그 목적을 위해 "국제연맹 아래 가장 많은 군사 강국을 소집"할 수 있을 때라야 현실이 될 가능성이 있는 것이다. 분명한 건 처칠도 국제연맹에 대한 환상을 가지고 있지 않았다는 것이다. 하지만 그는 국제법이 평화를 사랑하는 모든 국가들의 군사력으로 지탱된다면, 새로운 전체주의적 공격으로 위험에 빠진 세상에서 집단 안보를 위한 도덕적 적법성을 제공할 수 있다고 봤다.

처칠이 "세력균형balance of power"이라는 전통적인 개념을 거부한 것은 아니었다. 대신 그는 영국의 바로 그 외교적 기둥을 기초로 하여 변화를 추구했다. 처칠은 1936년 3월 하원의 보수당 평의원 외교위원회에서 했던 그 유명한 연설에서 "대륙의 어느 군주였든, 어떤 나라의 지도자였든, 그 군사적 폭군"에 맞서 싸웠던 영국의 400년 정책을 극찬했다. 유럽의 세력균형과 약소국들의 자유를 위한 영국의 바로 이 헌신이, 필립 2세와 루이 14세, 그리고 나폴레옹이 유럽의 지배자가 되는 것을 차례로 막아낸 것이다. 처칠은 부상하는 나치 독일의 군사력 앞에 침묵으로 일관하는 그의 정당을 흔들어 깨우기 위해 "영국 외교정책의 경이롭고 무의식적인 전통"을 한껏 상기시켰다. 처칠의 보수당 동료들은 대부분 독일에 대해서 과도하게 비판적인 입장을 취하기를 꺼려했고, 나머지 동료들은 히틀러보다 볼세비즘을 더 혐오했다. 여기서 처칠의 과제는 유럽 대륙에서 "가장 강력하고 가장 폭력적이며 가장 우세한 권력"에 대항하기를 주저하지 않는 외교정책의 전통을 사수할 보수당의 책임을 상기시키는 것이었다. 그는 그 어떤 "군사적이거나 정치적, 경제적 또는 과학적 사실"도 "우리 선조들이 기반으로 삼았던 정의와 지혜, 용기, 그리고 사리분별을" 바꾸지 않았다고 강조했다. 또한 그는 세력균형을 정치적 고려대상으로 삼는 것을 무효화시키는 그 어떤 일도 "인간 본성에 일어나지 않았다"라고 했다. 이는 유럽의 정치가 현실주의 전통을 고수하며 터득한 오래된 통찰력이었고, 당시 지나친 야심을 가지고 있는 혁명적 정부를 상대로 잘못된 유화책을 고집하는 이들이 외면하고 있는 것이었다.

처칠은 1936년 3월 연설에서 영국의 전통적 정책이 어떤 국가가 "유럽의 지배자적 지위를 추구"하는지에 대해 상관하지 않았음을 주목한다. 이 불분명한 전통은 체제와 이념 간의 충돌을 도외시 할 위험이 있었다. 그것은 "오로지 가장 강력하거나 잠재적으로 우세한 폭군이 누구인지에만 관심이 있었다." 한스 모겐소Hans J. Morgenthau와 헨리 키신저Henry Kissinger와 같은 저명한 권위자들은 그래서 처칠 또한 국가행위자의 의도와 행동을 분석함에 있어 그 체제가 갖고 있는 내적 성격을 고려하지 않았을 것이라고 결론짓는다. 그들이 이해하는 처칠은 국제관계의 시작과 끝이 세력균형의 계산임을 아는 (그런 용어가 있기 전부터) '현실주의자'였다. 하지만 모겐소나 키신저는 처칠의 연설의 정치적 맥락을 충분히 고려하지 않고 읽은 것이다. 더구나 그들은 연설 전체에서 나오는 주장 가운데 영국의 전통적 외교정책에 대한 도입 부분만 따로 떼어내었다. 보수당 평의원들에게 한 연설에서도 처칠은 영국과 프랑스의 "평화를 사랑하는," "의회정치의," "자유주의적" 성격을 강조했을 뿐 아니라 히틀러 체제의 전체주의적 성격을 조명했다. 영국의 전통적 외교정책과는 대조적으로, 처칠은 체제와 이념의 투쟁에 불가피하게 관심을 가지고 있었다. 그는 암시적으로나마 모든 행위자들이 게임의 법칙을 받아들이고 문명 질서의 공통된 원칙을 따르는 국제질서와 그리고 인류의 운명이 오로지 외교정책에만 달려 있는 국제질서를 구분했다. 보수주의적 민주주의에 반해, 독일은 국제질서의 진실성을 위협했다. 독일은 이제 '한 줌의 악당들'의 지배를 받아 자국민들의 자유나 국제법의 가장 기초적인 조건들도 존중하지 않는 국가가 되어 있었다.

그래서 연설 중간부터 처칠은 세력균형 전통을 그가 "규약과 무기"라고 부르는 숭고한 사상의 역사적 선행으로 조용히 탈바꿈해 도덕화moralize시킨다. 그는 "국제연맹을 육성하고 강화시키는 것"이 영국의 안보를 수호하기 위한 가장 좋은 방법이며, 그것이 "인내심 있는 논의"를 통해 분쟁을 해결하는 영국의 민주적 원칙과 헌신에 완벽히 일치한다고 강조했다. 추가적으로 처칠은 "이 이상들이 영국 민주주의에 가하는 압력"을 냉소적으로 과소평가하는 것에 대해 경계했다. 따라서 그는 무력 외교가 이제 새로운 역사적 맥락에서 작동하고 있으며 보다 적법한 국제질서를 향한 민주적 시민들의 도덕적 포부를 경시하지 않아야 함을 이야기했다. 하지만 법과 도덕만으로는 물론 불충분했다. 국제연맹의 계약이 분쟁이나 전쟁이 없는 세상에 대한 사탕발림한 선언이나 유토피아적 환상의 겉치레가 되지 않도록, 영국과 프랑스 민주주의는 필요한 정치적 리더십과 군사력을 제공해야 했다. 서유럽의 이 두 위대한 민주주의 국가는 새로운 국제질서의 틀에 필수불가결한 중심에 있었다. 이들은 그 틀이 완전히 무너지더라도 자유와 정의를 대신해 힘을 활용할 의지가 있어야 했다.

종합하면, 처칠은 의회민주주의가 "폭력적인 전쟁에 대한 막대한 억제력"을 가지고 있었지만, 동시에 평화를 유지하기 위해 군사력을 사용할 의지가 있어야 함을 완전히 이해하고 있었다. 그는 문명을 파괴하려는 이데올로기적 폭정에 맞서 외교의 모든 수단을 동원해 문명을 보전해야 한다고 조언했다. 처칠의 넓은 도덕 현실주의는 세력균형과 집단안보, 즉 강력한 해군력과 더불어 국제법의 활발한 구상을 포함했다.

또한 처칠은 1936년 3월 연설에서 민주적 외교정책을 수행하는 데 필수적인 도덕적 원칙을 무시하는 거짓 현실주의자들을 조심스럽게 비판한다. 1938년 '문명'이라고 명명된 연설에서 그는 취약한 문명의 성취를 당연한 것으로 받아들이는 그릇된 이상주의자들을 비판하기도 한다. 이 짧은 연설의 끝 셋째와 둘째 문단에서 그는 이상주의에 합당한 필수적 전제 조건들을 설명한다.

어느 한 국가나 국가들이 올바른 원칙을 그저 인식하거나 선언한다고 해서 그것이 어떤 가치가 있을 것이라고 상상하는 것은 허무한 일이다. 그것은 시민적 미덕이나 남자다운 용기와 같은 특질의 뒷받침을 필요로 하고, 또한 옳음과 이성의 수호를 위한 마지막 수단으로서 무력과 과학이라는 도구와 매개를 필요로 한다.

문명을 수호하기 위해 인류의 상당한 수가 함께 연합하여 야만적이고 격세유전적인 세력들이 놀랄 만한 경찰 무력을 보유하지 않는 한, 문명은 지속하지 못하고 자유는 생존하지 못할 것이며 평화는 유지될 수 없을 것이다.

이 강력한 표현들은 처칠의 『몰려오는 폭풍』을 읽은 독자들에게 더 큰 울림을 줄 것이다. 2차 세계대전의 그의 회고록 중 첫 번째 책인 『몰려오는 폭풍』에서 처칠은 사랑이 평화의 기반이 될 수 있다고 믿는 "한심한 믿음"을 통렬히 비판한다. 그의 매혹적인 이야기에서 처칠은 1933년 이후 반드시 갖추어야 했던 도덕적이고 정치적인 리더십을 제공하지 못한 영국 정치계급이 사실상 실패했음을 기록한다. 기독교의 윤리를 부정하고 국제법을 조롱하는 독재에 맞서, 민주주의는 반복되는 도발 앞에서 매번 얼버무려 넘겼고 결국은 독일로 하여금 체계적으로 재무장하여 유럽 대륙에서 정치 군사적 지배력을 확립하도록 허용하고 말았다. 처칠은 이 책의 주제를 다음과 같이 설정한 바 있다. "영국인들은 어떻게 그들의 무지와 부주의와 선량함으로 악의 재무장을 허용하게 되었나."

"불필요한 전쟁"이 어떻게 시작되었는지에 대한 처칠의 이 극적인 이야기는 히틀러와 나치의 무자비함에 대한 비판이면서 동시에 독일의 부상에 그토록 쉽게 침묵하고 묵인하는 민주주의 국민들에 대한 고발이었다. 정치와 정치사상에 있어 『몰려오는 폭풍』이 특별한 의미를 갖는 것은 바로 어떻게 "민주주의 국가들의 구조와 습성"이 "일반 대중에게 안보를 제공할 수 있는 지속성과 확신을 결여"하고 있는지에 대한 처칠의 예리한 분석이다. 처칠은 민주주의 질서에서 군림하고 있는 '여론'이, 국가적 자기보존이 존폐에 걸려있을 때조차, 불편한 진실에 좀처럼 귀 기울이지 않음을 관찰한다. 더 나아가 상업적인 사람들은 남자다운 용기의 요구보다는 인도주의적인 경보에 더 쉽게 반응한다고 지적한다. 처칠은 무기력에 빠진 동료들을 각성시키기 위해 고대의 전례를 상기시키면서 민주주의 국민들에게는 자못 생소하게 되어버린 서구의 역사적 경험들을 부각시킨다. "과거의 지혜"를 주목하자는 이 호소는 처칠의 1938년 10월 5일 의회연설에서 가장 잘 드러난다. 이 연설에서 처칠은 뮌헨에서 체임벌린Neville Chamberlain이 가지고 돌아온 도취감을 반박하며, 이를 영국과 프랑스의 항복 — "완전하고 순전한 패배" — 이라고 고발한다.

"예전처럼 자유를 위해 일어서서"

뮌헨 협정을 겨냥한 처칠의 연설은 그의 연설 중 특별히 뛰어난 것이다. 처칠은 뮌헨에서 항복한 민주주의에 대한 비판을, 유화정책 전반에 대한 고발의 큰 맥락에서 풀어낸다. 그는 중동부 유럽의 유일한 (그리고 국제연맹에 충실했던) 민주주의 국가인 체코슬로바키아를 포기한 것이 한심하게도 국방을 외면하고, 분명히 해롭다고 입증된 독일의 의도에 맞서 "최소 저항선"을 추구한 외교정책의 필연적 결과임을 보여준다. 영국 외교정책에 대한 처칠의 강력한 비판은 당시 의회와 언론, 그리고 국가 전반을 지배하고 있던 자축의 분위기에 찬물을 끼얹는 천둥번개와 같은 것이었다. 역설적으로 그것은 2차 세계대전의 초기 중대한 시점에서 처칠의 권위를 강화한 귀중한 도덕 자산을 제공한 것이었다. 뮌헨 협정에 대한 연설에서 그는 스스로 진정한 정치력의 특징이라고 여겼던 "여론의 흐름에 동요하지 않는 확고부동한 기개"를 보여주었다. 악에 대한 항복을, 국제 문제에서 평화적 해결책을 찾으려는 솔직하고도 인내심 있는 갈망과 혼동하고 있는 조국에 있어 그는 환영받지는 못하지만 진정 필요한 조언을 제공하려 했기 때문에 "정치적 인기를 얻으려는 시도"를 거부했던 것이다.

처칠은 연설 초반에서 체코슬로바키아를 포기하는 것이 민주주의가 유럽의 "평화를 지키기" 위해 지불해야 할 값이라는 주장이 얼마나 공허한 것인가를 드러냈다. 그는 전쟁의 발발을 절대적으로 막을 수 있는 보증은 결코 없다는 것을 인정했다. 하지만 사려 깊은 분별과 정의에 따라 민주주의 국가들이 독일의 침공 시 지원을 약속함으로써 체코슬로바키아 사람들에게 믿음을 주었어야 한다고 주장했다. 히틀러의 요구로 인한 목전의 전쟁과 항복 사이에 있는 이 "세 번째 대안"은 독일군 내부의 반反 나치 세력들로 하여금 행동을 개시하도록 자극했을 수 있다(『몰려오는 폭풍』을 통해 우리는 처칠이 독일군 내부에서 이러한 노력을 시도했던 프란츠 할더Franz Halder 장군에 대해 알고 있었음을 확인할 수 있다.). 그리고 이러한 조치는 유럽에서 전쟁이 발발할 때 그토록 간절히 필요로 했던 체코슬로바키아의 30개 전투사단을 확보하도록 했을 것이다. 대신 영국과 프랑스는 뮌헨에서의 영토 양보로 인해 이미 사기가 여지없이 꺾이고 분할된 체코슬로바키아에 (아무런 쓸모도 없는) 안보 보증을 제의했다. 의회 연설에서 처칠은 독립 체코슬로바키아의 임박한 종말을 정확하게 예측했다(1939년 3월 15일 독일군의 프라하 입성은 체코슬로바키아보다 훨씬 더 자체적으로 취약했던 폴란드에 영국과 프랑스가 지원 보증을 하게 했다.). 처칠은 민주주의 국가들의 비겁함이 유럽을 전쟁으로 몰아갈 것이고, 결국 진실의 순간이 도래했을 때 영국과 프랑스를 더 취약하게 할 것이라고 설득력 있게 주장했다.

더 나아가 민주주의 국가들은 히틀러가 뻔뻔스럽게도 민주주의의 "민족자결의 원칙"을 이용해 수백만의 주데텐Sudeten 독일인*들을 그들의 동의 없이 전체주의 국가로 합병시킬 명분을 주었다. 처칠의 분노는 어떤 대가를 치르더라도 무조건 평화를 추구하는 정책이 수반하게 되는 도덕적 부패를 향했다. "법의 앞에 견고히 서서" "불만들을 질서 있게 바로잡는" 대신, 민주주의 국가들은 평화와 자결이라는, 사실은 본질적으로 전체주의적인 해석을 받아들였다. 자유를 위해 싸울 의지가 결여된 선의good intentions가 낳은 결과였다. 그리고 나치 제국주의를 독일의 불만에 대한 합법적인 구제책과 동일시해버린 현실주의의 결과였다.

---

* 체코슬로바키아 서부지역에 다수 거주했던 보헤미아 독일인들을 일컫는다.

연설의 중간 부분에서 더욱 분명해지듯이 처칠은 유럽의 나치 지배를 받아들임으로써 영국이 갖고 있는 원칙과 삶의 방식에 급격히 불리한 환경을 조성하게 될 것을 두려워했다. 유럽 전체를 지배함으로써 나치 독일은 확실히 새롭고 더 급진적인 전체주의적 정치 단계로 진입할 것이었다. 보수주의자들과 자유주의자들, 민주주의자들과 애국자들, 기독교인들과 특히 유대인들에 대한 그들의 전쟁은 확실히 도를 더해갈 것이었다. 이 민족사회주의자(나치)들의 "신세계 질서"에 순응해야 한다는 영국에 대한 압력은 머지않아 저항할 수 없는 수준에 이를 것이었다. "책임 있는" 사람들은 독일 당국에 반하는 최소한의 어떤 말이나 행위를 삼가게 될 것이고, 자기검열은 일상이 될 것이었다.

처칠은 물론 민족사회주의에 대한 그 어떤 도덕적 항복도 완고히 거부했다. 그는 "영국 민주주의와 나치 세력 간에는 어떠한 친분도 있을 수 없다. 나치 세력은 기독교 윤리를 일축하는 권력이자 야만적인 이교주의의 전진에 환호하는 세력이고, 핍박을 가함으로써 힘과 변태적인 즐거움을 얻는 권력이자 우리가 이제껏 봐왔듯이 살인적인 무력으로 위협을 가하고 무자비한 만행을 저지르는 권력이다"라고 말했다.

그 어떤 값을 치르더라도 전쟁만은 피하려는 욕구로 특징지어지는 유화론자들의 처신은 처칠이 다른 곳에서 "재앙의 정곡bull's eye of disaster"이라고 표현했던 심각한 오류였다. 악에 대한 그러한 눈먼 묵인은 전쟁을 막는 데 실패할 뿐만 아니라 결국 영국인의 도덕적 진실성을 파괴할 것이었다.

처칠은 영국에 다른 길을 제시했다. 처칠은 그의 연설의 감동적인 결미에서 영국인들이 "예전처럼 자유를 위해 일어서서" "도덕적 건강과 상무정신을 최고조로 회복"할 것에 기대를 걸었다. 처칠은 성경의 선지자들과 고전 정치가들의 언어를 자유롭게 구사한 이 웅변술을 통해, 영국인들이 유산으로 받은 기백의 원천에서 스스로 강화하지 않는다면, 지금까지는 단지 "그들에게 주어질 쓴잔의 첫 모금"만 맛보았을 뿐일 것이라고 경고했다. 문명의 보전은 언제 어디서나 인간의 자유를 위해 필수불가결한 "시민적 미덕과 용맹과 같은 기질"에 의해서만 가능한 것이었다. 처칠은 연설 앞부분에서 10세기 『앵글로색슨 연대기』의 권위를 빌려 "모든 지혜가 새로운 지혜는 아니다"라는 사실을 상기시켰다. "알프레드 왕의 후손으로부터" 물려받은 "강한 입지"를 모두 탕진하고 영국을 데인 족Danes의 침략에 넙죽 엎드리게 했던 '에셀레드 미숙왕Ethelred the Unready'의 애석한 통치로부터 오늘날 영국인들은 교훈을 얻어야 할 것이라고 호소했다.

소결

처칠의 사상과 수사학은 민주주의 국민들을 그들의 '비몽사몽'으로부터 깨우기 위해 고대와 현대의 이론, 실천, 권력정치와 법치, 그리고 자유주의와 기독교 문명을 자유로이 넘나들며 참고한 것이었다. 평화를 사랑하는 처칠은 문명의 유산을 수호하기 위해 전쟁을 준비할 의지가 있었다. 처칠의 정치력은 문명의 성취와 깨지기 쉬운 그 특성을 깊이 인식한 것으로부터 기인했다. 그리고 그의 동시대인들이 쉽게 인정하지 않았던 전통적 도덕과 시민적 자원에 현대 민주주의가 의존하고 있다는 사실을 그는 너무도 잘 알고 있었기 때문에 가능했던 것이었다. 지금까지 관찰했듯이 "민주주의의 문제"에 대한 처칠의 신중한 인식은 1932년 출간된 『사상과 모험』에 수록된 그의 1925년 에세이 "현대 생활의 군집 효과"에 잘 드러나 있다. 이 인간적이고 반전체주의적인 정치가는 그의 사상과 행동을 통해 현대 민주주의 시민들에게 "인간의 권리"라는 현대 이데올로기보다 훨씬 더 깊고 넓은 문명의 전통으로부터 귀중한 시민적·영적 원천을 참고할 것을 권면하고 있다.

Ⅲ

'순수 민주주의'의
거짓 매력

05

1968년과
민주주의의 의미

1968년은 길거리와 대학캠퍼스에서 유례없는 불안상태를 초래했을 뿐만 아니라 당시 '신좌파'로 널리 알려진 형태로서 자유주의 문명에 전 세계적인 도전을 던졌다. 신좌파의 이론가들과 활동가들은 부르주아 자본주의와 관료적 민족사회주의를 고발하면서 억압적인 체계나 통제가 없는 새로운 문명을 꿈꿨다. 이 '68 정신'은 본질적으로 도덕률 폐기론antinomian이었고, 지난 40년 동안 서구세계 전반의 학계와 지적 토양을 결정적으로 변화시킨 "거부의 문화culture of repudiation"(로저 스크러턴의 표현)를 일으켰다. 정치적 프로젝트로서 1968년의 혁명은 적어도 당시에는 곧바로 성공을 거두진 못했지만(프랑스에서는 거의 성공했다), 새로운 문화 체제의 핵심 가치관인 '해방'과 '자율'이란 이름으로 권위적인 문화, 정치, 종교의 전통을 전복하거나 "해체"하는 대범한 문화적 프로젝트를 개시했다. 1968년 혁명은 동시에 유럽인들이 스스로 (처칠이나 드골과 같은 본질적인 보수주의자들이자 반전체주의 정치가들이 전시 연설에서 호소했던) "자유주의와 기독교 문명"의 수호자가 더 이상 아니라고 선언한 사건이었다. 포스트모던 서구는 점점 자유를 '동의'라는 단일 관념의 형식으로 정의하기 시작하면서 서구 자유의 고전적이고 기독교적인 특성을 무시하거나 묵살해 버렸다. 1968은 단순히 상징적인 중요성을 가지고 있는 것이 아니라 현대 민주주의가 보전되어야 할 소중한 유산이자 문명화된 자유라는 의식을 잃어버리는 전환점이었다.

1968은 세계적인 현상이었지만 그해 대표적으로 폭발적 열기를 드러낸 "5월의 사건들"은 프랑스의 중심부까지 뒤흔든 사건이었다. 2008년 5월 프랑스를 방문했을 때, 필자는 혁명적 젊음의 향수와 잃어버린 약속으로 가득한 그 5월 사건의 40주년 기념행사들을 목격할 기회를 얻었다. 파리의 서점들은 당시 5월 사건에 대한 방대한 문학 작품들을 진열했고, 모든 잡지는 세계를 바꿔놓았다는 당시 3~4주간의 기억을 무비판적으로 소환하는 글로 가득했다. 기득권 좌파의 대표 잡지인 「르 몽드 Le Monde」는 1968년 5월 당시의 표지를 매일 복제하여 출간하기까지 했다. 옛 지면들은 프랑스 정치사회질서의 내파內破 implosion에 대하여 유서 깊은 이 잡지가 가지고 있는 거의 의무적인 좌익주의의 입장과 "젊음"에 대한 탐닉을 고스란히 보여주었다. 모리스 뒤베르제Maurice Duverger의 한 기고문은 1968년의 분위기를 잘 드러낸다. 한때 유명했던 이 정치학자는 모든 시험의 폐지를 주장하는 학생운동을 유쾌하게 지지했다. 시험이 교수들의 소중한 과학적 연구시간을 빼앗고 젊은이들에게는 동시에 소외감을 조장한다는 이유였다. 어지럽고 축제 같은 당시 분위기 속에서 이런 기고문은 꽤 유의미한 분석으로 취급됐다.

오늘날 (적어도 지식층) 대부분의 프랑스인들은 좌우를 막론하고 1968년 5월의 전환점을 향수에 젖어 회상한다. 일부는 더 이상 젊지 않은 지나간 세대의 자기만족이다. 또 다른 일부는 혁명이, 비록 모방에 불과한 것이라도, 더 이상 진지한 옵션이 아니라고 마지못해 인정하는 좌파들의 보상심리다. 하지만 5월 사건의 40주년을 맞은 프랑스인들이 그것을 기념하는 성격은 당시 있었던 소요의 익살스런 면모를 모호하게 하며, 더 심각하게는 1968년이 지닌 실제 혁명적이고 이데올로기적인 측면마저 모호하게 한다. 아무 문제없는 "포스트모던 민주주의"의 산통일 뿐이라며 1968을 기념하는 것은 실제 그 사건의 본질에 대한 구체적인 사실성을 잃어버리게 한다.

세계적 현상

우리는 종종 1968년이 실제로 세계적인 현상이었다는 사실을 망각한다. 미국인들은 버클리와 컬럼비아를 기억하고, 유럽인들은 파리와 소르본을 기억한다. 하지만 그해에는 다카르와 멕시코시티, 그리고 도쿄를 비롯한 세계 곳곳에서 사회적 소요사태를 목격했고, 서구세계 전반에 혁명적 신좌파가 부상했으며, 소련 치하의 체코슬로바키아에서는 가히 기적적인 "프라하의 봄"이 일어났다. 일부 좌파들에게 프라하의 봄은 레닌·스탈린의 폭정이 "사람의 얼굴을 한 사회주의"로 변화할 수도 있겠다는 과한 희망을 주기도 했다.

1968년에는 일반적 원인과 특정한 원인이 동시에 작용했다. 1968년의 사건들은 사실 모든 서구세계를 변화시키는 과정에 있었던 사회문화적 발전에 깊은 뿌리가 있었다. 예를 들어 제2차 바티칸 공의회(1962~1965)에서 로마가톨릭교회는 자신들이 자초한 상처로 고통을 겪었다. 그 지루한 기관은 하루아침에 전통적 지혜의 권위 있는 수호자에서 자유 낙하하는 교회로 변화한 듯했다. 교회 내 진보 세력은 사회주의와 혁명, 그리고 세속적 인도주의 및 사회 전반에서 이루어지고 있는 모든 '민주적' 발전을 축하하며 "세상 앞에 무릎 꿇는 데에" 주저하지 않았다. 미국에서는 성경 기반의 종교로 떠받쳐지는, 자유와 평등이라는 미국적 원칙에 호소하는 시민권리 운동의 도덕적 기대가 '블랙 파워Black Power' 운동과 여타 정체성 정치identity politics의 표현으로 흡수되어 버렸다. 여성해방운동과 최근 개발된 경구피임약(1967년 프랑스에서 처음 도입되었다)이, 좋든 나쁘든, 성sexuality을 자연적 질서로부터 단절시켰고 개인의 자유를 큰 가족적, 사회적 맥락으로부터 단절시켰다. 프랑스에서는 교회나 보이스카웃과 같은 다양한 사회 조직들이 보다 덜 계층적인 "권력 구조"를 1968년 직전부터 서둘러 도입하기 시작했다. 해방의 이데올로기는 세계 곳곳에서 '절제'라는 기존 부르주아 정신에 도전장을 내밀었다. 1968년의 폭발은 예상하지 못했던 신세계의 출현이라기보다는 여러 중요한 측면에서 이미 상당 부분 진행되고 있던 극적인 과정의 일부분이었던 것이다.

1968년 5월

주요 사회문화적 변화에도 불구하고 1968년 5월 직전의 프랑스에서는 특별히 색다른 조짐이 보이지 않았다. 적어도 프랑스 대학체계의 조직에 대한 기존의 논쟁이 그토록 중대한 정치사회적 격변을 일으킬 것이라고는 아무도 예상하지 못했다. 다니엘 콘-벤디트Daniel Cohn-Bendit 등과 같은 무정부적 혁명주의자들이 이끄는 운동으로 불이 붙은 낭테르Nanterre 대학의 소요는 곧 소르본Sorbonne으로 번졌다. 5월 3일 이후 며칠 동안 이 명망 높은 대학은 급진주의자 학생들에 의해 거의 징발되었다. 그들은 — 일부 동조하는 교수들과 함께 — 국가와 사회의 전통적 구조에 대해 "논쟁"하는 동안에도 계속해서 경찰들과 충돌했다. 학생시위자들은 기존의 교육적 의무와 사회문화적 규제로부터의 해방을 자축하는 축제의 분위기 속에 폭력을 결합했다. 급격히 나빠지는 상황 속에서 (그리고 이들 학생 혁명가들에 대한 여론의 놀라운 방종 속에서) 조르주 퐁피두Georges Pompidou 총리의 정부는 초조해지기 시작했다.

5월 사건의 초기 '학생시위 단계'는 이내 최대 천만 노동자들의 전국적인 총파업으로 진화해 2주간 지속되며 나라의 경제 전반을 멈춰버렸다. 이 '경제적 단계' 이후로는 5월 27일부터 30일까지의 '정치적 단계'로 이어졌다. 1958년 샤를 드골에 의해 개시된 강력하고 자존감 넘치는 헌정질서는 학생혁명과 총파업, 그리고 쇄파 성치세력의 책동에 의해 최초로 붕괴될 지경에 놓인 듯했다. 공산당과 여타 인민전선 세력이 실제로 권력을 잡을 뻔했던 최초의 위기였다. 5월 30일이 돼서야 프랑스는 깊은 수렁으로부터 서서히 빠져나오기 시작했다.

초기 망설임 — 그리고 5월 24일 흐리멍덩한 텔레비전 연설 — 이후 드골 대통령은 1968년 5월 30일 진정으로 결정적인 라디오 연설을 통해 주도권을 잡았다. 그는 국회를 해산하고 총선을 치르겠다는 결단을 발표했다. 드골 대통령은 동시에 다양한 혁명적 세력이 자행하는 "협박과 도취와 폭압"을 강하게 비난하며 "전체주의적 기획"이 가하는 위협에 대해 고발했다. 그는 이 위협의 결과로 선생들이 가르치지 못하고 학생들이 배우지 못하며 노동자들이 일하지 못하게 되었다고 통탄했다. 그리고 "공화국은 책무를 거부하지 않을 것"이라고 프랑스 국민들을 안심시켰다. 드골의 라디오 방송에 수십만 명의 시민들이 샹젤리제 거리에 나와 공화국을 지지하는 대규모 집회를 열었다. 여론의 흐름이 완전히 바뀐 것이다. 급진주의 세력들의 총파업은 기력이 빠지기 시작했다.

이후 몇 주가 흐르고 나서야 (그리고 세 차례의 "바리케이드가 쳐진 밤"*을 보내고 나서야) 소르본과 세느 강 좌안Left Bank에 질서가 회복되었다. 6월 말 선거에서는 국회에서 드골파派가 처음으로 절대적 다수를 차지했다. 한 바퀴 돌아 제자리로 돌아온 것이다.

학생운동을 과격화하는 데에는 좌파 혁명가들(트로츠키파와 마오파의 여러 분파들)이 주요한 역할을 했다. 이 소집단groupuscules 세력은 공산당을 압도하고 자기들이 모든 젊은이들을 대변한다고 주장했다. 이중 일부 전투원들(그중 앙드레 글뤽스만André Glucksmann, 베르나르-앙리 레비Bernard-Henri Lévy, 그리고 언론에서 유명세를 탄 몇몇 '신 철학가들'이 떠오른다)은 훗날 혁명적 이데올로기와 결별하고 "인권"의 강경한 수호자가 되었다. 이 '68 세대'들은 자신들의 지적, 정치적 궤도로 당시 사건의 본질을 해석하는 경향을 가진다. 그들은 이제 중립적이거나 심지어 보수적인 입장을 견지하면서도 1968의 열렬한 지지자로 남아있다. 하지만 사실 이러한 1968의 자유지상주의적

---

* 5월 10일 밤부터 다음날 새벽까지 이어진 경찰의 대규모 진압, 체포 작전을 일컫는 표현으로, 12일 「르몽드」지의 헤드라인이었다.

인libertarian 해석에는 부정직함과 희망적 사고가 작용하고 있다. 이 1968의 소위 '자유지상주의'는 그 반反 권위주의적 분노를 거의 모두 부르주아 사회로 돌리면서 좌파의 전체주의에 대해서는 철저히 관대했다. 그해 매우 현저하게 드러났던 마르크스주의적 공감대에는 당시 실제 공산 전체주의적 본질에 대한 일체의 선명성이 반영되지 않은 것이었다. 이러한 성찰은 서구세계 어디에서보다 프랑스에서 가장 많은 파급력을 가졌던 솔제니친의 『수용소군도』 출간 이후에나 일어난 일이다.

아롱의 증언

돌아보면 5월 사건의 과정에서 분별력 있고 알 만한 사람들이 너무도 많이 본연의 책무를 거부했다는 사실을 잊기 쉽다. 그중 위대한 예외는 프랑스의 대표적인 정치철학자이자 사회학자이며 기자이기도 했던 레이몽 아롱이다. 그의 「르 피가로 Le Figaro」 칼럼들과 생동감, 설득력, 통찰력이 두루 담긴 『알 수 없는 혁명』은 당시 그가 표현한 "혁명적 사이코드라마" 속에서 시민적 용기와 명석함의 빛을 발했다. 아롱은 아무런 건설적인 대안을 내놓지 못하면서 혁명을 통해 부르주아 사회와 자유주의 대학을 파괴할 위험이 있는 학생들의 "모방적imitative" 성격과 지식인들의 거짓 꾸밈을 최초로 노출시킨 사람이었다. 그는 플로베르Gustave Flaubert와 토크빌이 1848년 혁명에 대해 강력하게 비판했던 것을 상기시키며, 개혁을 위한 진지한 노력보다 혁명을 일으키려 하는 프랑스인들의 특성을 조명했다. 놀랍도록 균형 있는 판단력의 소유자였던 아롱은 당시의 정신 착란을 저지해야 할 책임을 다하지 못한 이들의 무능과 무의지에 분노를 숨기지 않았다. 『알 수 없는 혁명』에서 그는 이 "혁명적 코미디"의 광대들을 "진지하게 받아들일 것"을 거부하는 그의 입장을 유창하게 변호한다.

나는 우리의 "장한 젊은이"들에게 갈채를 보내는 것을 거부한다. 너무 많은 어른들이 그들에게 갈채를 보냈다. 상징적으로는 의미 있어 보이는 바리케이드가 나에겐 어떤 지적, 도덕적 성취로도 여겨지지 않는다. 젊은이들이 바리케이드에 대해 어떤 고상한 기억을 가지고 있다면야 뭐 좋다. 하지만 늙은이들이 왜 그들 스스로 느끼지 못하는 거짓 감수성을 의무적으로 느껴야 하는가? 젊은이들이 C.R.S.(프랑스 폭동진압 경찰)의 잔혹함을 비판하면서 같은 입으로 자기들은 폭력을 예찬하고 가르친다면, 그 모순은 나에게 또 다른 파괴의 기술로밖에 보이지 않는다. 하지만 나의 세대와 이후의 세대들은 내가 집단광기라고 부르기로 고집하는 어떤 것에 휩쓸렸다고 느끼기 싫어한다. 그들은 그들 자신이 진정 정신이 나가 있었다는 사실을 인정하지 않는다.

아롱은 오랫동안 너무 중앙 집중화되고 과잉된 프랑스의 대학 체계를 비판했다. 그리고 결국 68년 5월 사건이 있기 몇 달 전에, 그의 표현에 의하면, "정떨어진" 소르본 대학의 교수직을 그만두었다. 그는 샤를 드골을 진정한 위인으로 존중했지만, 드골식의 거만함이 가진 한계를 인정했다. 유사군주제의 분위기를 풍기는 드골의 태도는 프랑스 5공화국의 풍조를 규정해버리고 말았다. 아롱은 또한 제5공화국의 지배층이 보이는 관료적 권위주의와 프랑스 외교정책의 유사중립적인 입장을 비판했다.

그럼에도 불구하고 제5공화국은 아롱에게 근본적인 정치적 자유와 개인적 자유를 존중하는 자유주의 질서였다. 단지 그 정부의 접근법이 과하게 냉담했고 과두 정치적이어서 그 성격상 충분히 "공화적"이지 못했던 것을 아롱은 인정했다. 5공화국은 제3공화국과 4공화국이 지독히도 갖추지 못했던 행정 권한을 마땅히 강화하는 과정에서 프랑스 사회의 과도한 비정치화를 초래한 것이다. 그럼에도 아롱은, 프랑스에 대한 드골의 비전을 무비판적으로 수용하지는 않았지만, 스스로가 "드골의 적들보다는 드골과 가깝게" 느껴졌다. 그는 무엇보다 1968이 "애국심을 급진적으로 부정하고, 저항의 영웅 샤를 드골의 자리에 체게바라Che Guevara의 이름을 넣은 것"으로 인해 "깊은 상처"를 입었다.

불행하게도 프랑스 5월 사건을 기념하는 자리에서 이러한 아롱의 목소리는 거의 찾을 수 없었다(단, 아롱이 1978년에 창립한 저명한 계간지 「꼬망떼르 *Commentaire*」 2008년 여름호에는 『알 수 없는 혁명』의 부분적 발췌와 '아롱적' 성찰을 담은 두 기고문을 실었다). 현대 논의에서 아롱의 시각이 비교적 부재하다는 것은 여러 문제들을 반영한다. 1968에 대한 아롱의 글들은 "과거의 기억과 신화에 집착"하여 당시 파리 길거리의 "폭동과 무질서"를 "프로메테우스적Promethean 위업"으로 착각하는 프랑스 여론의 경향을 바로잡는 강력한 효과가 있다. 또한 1968에 대한 그의 글은, 드골이 5월 30일 라디오 연설을 통해 프랑스의 침묵하는 다수들을 깨우기 전 혁명의 마지막 날에, 프랑스가 얼마나 많은 것을 잃어버릴 수 있는 위험천만한 순간이었는지 확실히 깨닫게 해준다.

당시 5공화국이 아닌 정치적 대안은 둘 뿐이었다. 하나는 5월 말 권력의 공백을 메꾸기 위해 부상하여 "민중정치"(공산당이 지배하는 좌파정치)를 만들고자 했던 "전체주의적 기획," 즉 공산당이 지배하는 것이었다. 두 번째 가능성은 프랑수아 미테랑François Mitterrand이나 피에르 망데스-프랑스Pierre Mendès-France와 같은 비공산당 좌파가 이끄는 제6공화국이었다. 하지만 이러한 공화국은 결과적으로 무법의 산물이었을 것이고, 자존감 넘치는 이 국민들과 국가에는 "실로 자격 없는" 정부였을 것이다. 앞서 언급했듯이, 아롱은 프랑스의 기성 정치권에 대해서는 입장이 모호했다. 하지만 그는 무엇보다 합법적인 정부의 연속성을 강력히 지지했다. 드골의 5공화국은 "보통선거에 의한 합법정부"였고 그 어떤 "근본적 자유"를 침해하지 않았다. 이 외의 어떠한 정치적 대안도 ─ 무법의 일반화, 공산당의 폭정, 혹은 반대정당의 권력놀이 등 ─ 받아들일 수 있는 것이 아니었다.

저명한 프랑스 역사학자 알랭 브장송Alain Besançon은 「꼬망떼르」 2008년 여름호에 1968년 5월에 대해 훌륭한 회고록을 썼다. 브장송은 당시 공산당이 실제로는 혁명을 원하지 않았다고 관찰한다. 공산당은 실제 혁명적 상황이 초래할 혼란을 두려워했다. 또 다른 한편으로는 그들의 소련 지도부가 드골의 독자적 외교정책에 만족하고 있었다. 프랑스의 질서를 유지하기 위해 드골파와 공산낭 간의 암묵적인 계약이 있었다는 것이다. 하지만 당시에는 이 계약이 지켜질 것이라는 보장이 없었다. 그리고 5월 27일 이후로는 이 묵약이 위험한 수준으로 약해져 있었다. 공산당은 당원들이 그르넬Grenelle 협정(퐁피두 정부가 총파업을 끝내기 위해 내민 제안)에 반대하는 것과 극좌 세력의 혁명적 소요사태를 지켜보면서 실제로 루비콘 강 ─ 혁명 ─ 을 건널 준비를 하고 있었다. 5월 30일 연설에서 드골은 과장한 것이 아니었다. 그는 실제로 공산당의 혁명이 임박한 가능성임을 직감했다. 5월 30일 연설이 있기 바로 전날, 아롱과 아니 크리겔 Annie Kriegel, 그리고 브장송과 같은 열혈 반공주의자들은 진지하게 망명을 고려할 정도였다. 따라서 1968을 드골의 권위주의와 위계질서의 숨 막히는 순응에 대한 합법적 민주시위로 보는 감상적 시각은 당시 프랑스가 처했던 정치적 위기의 심각성을 감추는 것이다.

1968은 오늘날 많은 분석가들이 이야기하는 민주적 "부드러움"과 시민사회의 동력에 의한 "사회적 분출" 그 이상의 훨씬 더 심각한 것이었다. 여전히 1968년 5월의 "혁명적 사이코드라마"는 무해한 토론대회 정도로 비치지만, 실제로는 프랑스를 실제 혁명의 불길에 휩싸이게 할 수 있었던 매우 위험천만한 것이었다.

68 사상

브장송은 1968년의 주도자들이 구사했던 자극적인 언어와 당시 사건의 결과가 보여준 "획일성" 간에 큰 격차가 있음을 제대로 지적한다. 이 격차를 이해하는 것은 1968년의 "미스테리"와 "모호성"을 해석하는 데 필수적이다. 5월의 사건들은 획일적인 단면을 가지고 있지 않았다. 당시 지극히 유치한 구호들 — "불가능을 요구하라," "금지하는 것을 금지하라," "당신의 욕망을 현실화하라" — 은 그 자체로 아무런 진지한 지적 흥미나 내용이 없었다. 하지만 그것은 1968의 배경에 자리 잡고 있었던 깊은 도덕률 폐기론의 대중적 표현이었다.

68운동에 어떤 일관적인 이념적 측면이 있었다면, 그것은 1960년대 프랑스 전반에 흐르고 있던 철학 — 구조주의, 권모술수, 모호함 — 과 마오Mao, 트로츠키Trotsky, 카스트로Castro를 따랐던 당시 만연한 좌파이념이 결합한 것이었다. 이 이념의 핵심에는 앞서 언급한 혁명적 "소집단 세력"이 있었고 이들은 대학과 공장에서 일어난 일련의 사건들을 급진화하는 데 결정적인 역할을 했다. 그 핵심의 바깥에는 대충 "좌파자유지상주의left-libertarian"적인 성향이라고 할 수 있는 반권위주의와 반계층주의가 자리 잡고 있었다. 이 두 강경세력과 연성세력의 결합을 통해 1968의 급진주의는 어떻게든 소련식 관료적 폭정으로는 귀결되지 않을 부르주아 사회의 혁명적 대안을 갈망했다(당시 그들에게 소련은 이미 극도로 무섭거나 경직된 존재였다).

1968의 지지자들은 산업화된 사회적 바탕에서 직접민주주의적인 비전에 매료되어 있었고, 유일한 합법적 통치 원칙으로서 교육, 사회, 경제, 정치 등 모든 제도권에서의 "참여" 혹은 "자주적 관리autogestion"를 호소했다. 모든 권위는 따라서 지배와 압제로 단순 동일시되었다. 이것은 가장 기초적인 사회적 현실과 필연성을 간과한 것이었다. 아롱은 파리 지식인들의 급진 평등주의 비전의 바탕에 깔려 있었던 이런 "기본 사실(기초적인 사회 현실)에 대한 경멸"을 잘 조명한다.

> 많은 지식인들은 믿기 힘들 정도로 사실을 경멸한다. "사실이란 없다"라는 공식은 파리 지식인 사회에서 갈채를 받는다. 물론 나는 이 공식이 어떤 측면에서는 철학적으로 옳다는 것을 안다. 역사학자에 의해 문헌적으로 뒷받침되지 않는다면, 사실은 없다. 나 자신

도 이러한 방식의 질문을 던지는 철학자로서 커리어를 시작했다. 하지만 모든 것을 고려해볼 때, 나는 모든 사회가 결국 사실의 제약에 종속된다고 본다. 생산과 조직과 기술적 계층의 필요성, 그리고 기술관료의 필요성 등의 사실 말이다. 프랑스 지식인들은 너무 명석해서 지극히 당연한 것들을 잊어버리곤 한다.

끊임없는 논쟁을 일으킨『68 사상』이라는 유명한 책에서 프랑스 철학자 뤽 페리Luc Ferry와 알랭 르노Alain Renault는 그해 혁명적 사건에 선행되어 영향을 미치고 또한 그 혁명으로 인해 소생하게 된, 어떤 반인본주의적 철학을 분석한다. 페리와 르노의 일부 비평가들은 푸코Foucault와 데리다Derrida, 그리고 라캉Lacan과 같은 사상가들이 5월 사건에 원인적 역할을 했다는 주장에 대해 큰 소리로 부정한다. 이들의 글이 일반 대중에 영향을 미치기에는 너무 추상적이었고, 특히 이들 중 일부(특히 푸코)는 학생들과 그들의 동기에 대해 초반에는 회의적이었다는 것이다. 하지만 이는 핵심에서 벗어난 반론이다. 페리와 르노는 반인본주의나 고상한 파리지앙들의 허무주의가 5월 사건들의 '원인'이었다고 주장하는 것이 아니었다. 그들의 주장은 1968년대 프랑스 철학이 68 정신에 자양분을 주고 그 주요 행위자들에게 영향력을 미쳤다는 제한적이고 합리적인 것이었다. 페리와 르노는 아롱이 이미『알 수 없는 혁명』에서 보여준 통찰력의 중요한 측면을 단지 발전시킨 것뿐이었다(실제 책의 주요한 부분에서 아롱을 수차례 인용한다).

당시 아롱이 지적했듯이 (일부를 제외한) 파리의 지식인들은 그들의 "비평적 기능"을 "사회에 대한 절대적 비난"으로 혼동함으로써 아주 유치한 형태의 허무주의에 굴복했다. 그들은 토크빌이 『회고』에서 비판했던 1848년 혁명의 "문필정치"를 답습했고 숙달했다. 너무 많은 이들이 계층이나 권위의 수직적 구조가 없는 찬란한 미래에 대한 모호한 비전 외에 그 어떠한 대안도 고려하지 않으면서 "순수 폭력의 숭배"를 가르치고 용납했다. 동시에 파리의 지식인들은 그들이 선혀 모르거나 조금 아는 먼 타지의 살인적인 폭군들──마오와 카스트로 등──에 대한 무한한 관용(과 매료됨)을 보여주었다.

한물 간 스탈린주의는 용케 포기했지만, 파리의 지식인들은 당시 유행하는 지적 허무주의에 섞인 극좌주의에 굴복했다. 그런 위기의 와중에 실존주의자 겸 마르크스주의자인 장 폴 사르트르Jean Paul Sartre가 말한 "행동 숭배"가 파리의 거리에 (일시적으로나마) 다시 등장했다. 아롱은 이렇게 쓰고 있다.

> 60년대 지식인들의 우상은 더 이상 전후postwar세대를 지배했던 사르트르가 아니라 레비-스트라우스Levi-Strauss, 푸코, 알튀세르Althusser, 그리고 라캉의 조합이었다. 약간씩 다른 방식이었지만 모두 구조주의자들이었다. 가장 고상한 지식인들이 고다르Godard의

영화를 보고 라캉을 이해하지 못한 채 그를 읽고 알튀세르의 과학성을 맹신했으며 레비-스트라우스의 구조주의를 극찬했다. 특이하게도 이들 전위파avant-garde 지식인들은 인종학이나 경제학에 있어서는 스스로 과학적이라고 주장했지만, 행동에 있어서는 마오주의자들이 되었다. 그해 5월에 그들의 과학성은 행동숭배와 문화혁명의 숭배에 빛을 잃었고 이 비과학성은 다양한 형태로 퍼져나갔다. 사르트르와 그의 『변증법적 이성』, "융화집단groupe en fusion"과 혁명 군중은 사회 구조에 복수극을 펼쳤다.

아롱이 거론한 지식인들은 문명 질서의 허약함에 대한 이해가 없었다. 그들은 모든 기존 권위에 대한 공격을 개인 자유와 진실성의 승리라고 찬양했다.

신좌파의 본질적인 특성은 그들이 자유를 해방으로 혼동한다는 것과 권위와 권위주의의 구분을 의도적으로 거부한다는 것이다. 이는 일시적인 현상이 아니다. 로저 킴벌Roger Kimball과 로저 스크러턴 등이 기록했듯이 5월 사건 이후로도 이 "68 사상"은 서구세계 전반의 대학 인문학의 공식 철학으로 자리 잡았다. 구조주의자들의 과학만능주의는 급진적 사회 구성주의와 전통적 지혜 및 기존 사회 제도를 "해체"하려는 무절제한 전복 시도에 길을 터주었다. 평등주의적 도덕주의는 진리라는 개념에 대한 광적인 거부와 공존했고, 도덕이나 정의가 언어적 범주 및 당시 사회 질서의 문화적 가정 외에는 아무런 근거가 없다는 교조적 주장과 함께했다. 해체이론의 학계 지지자들은 자유로운 인간이 책임의식과 상호존중의 정신으로 함께 살 수 있도록 하는 역량에 그토록 태평스러운 허무주의가 얼마나 큰 악영향을 미치는지, 과거 프랑스의 선조들보다도 오히려 사려 깊지 못했던 것이다. 기초가 없는 평등이나 정의는 불가능한 신기루에 불과하며, 그 나른한 꿈에 부응하지 못하는, 현실을 경멸하는 반쪽 지식인들의 구호에 지나지 않는다.

1968의 '사회적' 결과

1968의 유사혁명가들은 프랑스의 정치적 질서를 대체하는 데에는 실패했지만, 사회적으로는 매우 성공적이었다. 이 소요로 얻은 이익을 부정할 수는 없다. 가령 관습의 민주화, 가족과 교회와 정치질서 등 냉혹한 "가부장적" 권위의 약화, 고용주와 고용인, 지배자와 피지배자 간 협의의 요구 증가 등 이 모든 것은 현대 사회의 민주적 에너지를 활성화하는 데 기여했다. 하지만 기존의 전통적 사회 질서의 경직성을 개선하기 위한 제한되고 합리적인 이같은 발전은 1968년 이전부터 충분히 진행되고 있었다. 단지 그해 5월에는 이 발전이 두드러지게 폭력적인 양상으로 나타나게 된 것이다. 프랑스 철학자이자 문화비평가인 샹탈 델솔Chantal Delsol이 지적했듯이 5월 사건을 통해 흘러나온 (제한적인) 이익과 함께 "모든 종류의 지나침"이 흘러나왔다. "지구상에서 옛 사회의 모든 권위를 없애고 자신들의 권위를 새로 세우려고 하는" 새로운 이념들이 등장했다. 이 새로운 권위주의는 과거 인류 문명을 지지하고 있었던 습관과 관례, 판단에 대한 무제한적인 경멸을 나타내고 있었기 때문에 과거의 그 어떤 것보다 더 반자유주의적이었다.

브장송은 토크빌 사상의 넓은 틀에서 1968년의 깊은 의미를 도출한다. 브장송은 5월 사건이 사이코드라마의 요소를 가지고 있었음을 인정한다. 그 특징 중 일부는 실제로 "우연이었고 하찮은 것이었다." 하지만 그 깊은 의미는 나중에야 드러났다. 미국 혁명과 프랑스 혁명이 정치적 영역에서 민주주의를 세운 것이라면, "68은 민주주의를 사회 질서 전반으로 확장시킨 것"이었다. 브장송은 "혁명은 끝나지 않는다"라고 지적하며 토크빌의 정신에 어울리는 표현을 보여준다. 민주혁명은 끊임없이 변화시키고 모든 권위적 제도의 기반을 약화시키는 것이다. 진실을 포함해 모든 것은 이제 자율과 동의라는 법정 앞에 고개를 숙여야 했다. 1968은 민주주의가 스스로 인도주의적이고 탈정치적이라고 착각한, 그래서 서구 문명의 연속성에서 떨어져 나가는 순간이었다.

1968년 5월에 대한 가장 설득력 있는 해석은 아롱의 정치적 관점과 현대 민주혁명의 지속적인 효과에 대한 토크빌의 이해를 결합시킨 것이다. 아롱은 5월 소요 당시 그것을 "문명의 위기"라고 선언했던 앙드레 말로André Malraux의 해석을 곧장 지지하지는 않았다. 이런 분석은 아롱에게 지나치게 종말론적이었다. 하지만 10년 후 그의 『타락한 유럽의 변호』에서 아롱은 5월 사건이 자유롭고 문명적인 인간질서가 유지되기 위해 필요한 모든 권위적 제도(교회·군·대학)를 체계적으로 공격했던 "문명의 위기"였다고 주저 없이 이야기한다. 대신 아롱은 1968년 5월을 진짜 민주주의의 시작이 아니라 민주주의 원칙의 심각한 "부패"라고 규정한다.

이 의미심장한 주장의 주인공은 저명한 프랑스 사회학자이자 장기간 프랑스 헌법위원회의 회원이었던 도미니크 슈나페Dominique Schnapper였다(그녀는 아롱의 딸이기도 하다). 그녀는 서구사회에 만연하게 된 "무-구별의 철학philosophy of in-distinction"에 대해 이야기한다. 무-구별 (혹은 무-특색)의 철학이란, 토크빌이 예견했듯이 인간의 시민적 평등이라는 민주주의의 원칙이 '평등에 대한 격정'으로 급진화하여 "모든 구별distinction을 차별discriminatory로, 모든 차이difference를 불평등inegalitarian으로, 모든 다름inequality을 불공평inequitable으로" 인식한다는 것이다. 민주적 정치생활의 핵심에 있는 동등한 시민들의 관계가 '모든' 인간관계의 절대적인 모델이 된다. 나아가 다양한 문화권의 칭찬할 만한 성취가, 보편적 도덕 판단 및 보편적 인간 본성조차 거부하는 절대적 상대주의로 귀결된다. 이미 몽테스키외가 『법의 정신』 제8권에서 "급진적 평등"이라고 부른 이 현상은 1968년 5월 "민주적" 소요의 중심에 잠복해 있던 민주주의의 부패다.

계속되는 혁명

　오늘날 서구가 직면한 문제는 민주주의의 부패 혹은 급진화가 종종 민주주의 그 자체와 혼동된다는 것이다. 피에르 마낭은 그의 권위적인 저서 『토크빌과 민주주의의 본질』에서 민주주의 최악의 적은 민주주의의 "과격한 친구들immoderate friends"이라고 말한다. 이들은 민주주의의 도덕적 건강과 정치적 활력을 보전하기 위해 필요한 구분을 약화시키기 때문에 민주주의의 적이다. 오늘날 프랑스에서는 1968의 이념적 유산을 수호하기 위해 헌신하는 새로운 지적 산업들이 생겨났다. 이 "인도주의적 민주주의"의 열혈 지지자들은 1968과 그 유산을 비판하는 이들을 "반동주의자"로 비난한다. 그러면서도 그들은 어떤 구별할만한 "68 사상"이 있다고 인정하는 것도 아니다. 예를 들어 세르쥬 오디에Serge Audier가 2009년 출간한 책에서는 "반反 68 사상"에 대한 독한 모멸을 던지면서도 아롱을 "진보"의 진영으로 (마지못해) 포함시켜준다. 저자는 1968년을 권위주의적 관습을 해체해 사회의 원기를 해방하고 "참여"라는 새로운 이름의 시민성을 수호한, 민주주의 탄생의 "소중한 순간"으로 인정하는 것이 중요하다고 주장한다. "진보"와 "반동"으로 진영을 가르는 오래된 역사주의적 호소다. 단지 이제는 사회주의의 본고장인 소련에 대한 평가에 따라 입장이 갈리는 것이 아니라 대신 1968의 기억과 가치에 대한 헌신으로 진영이 구분되는 것이다. 결정적으로 그 어떤 '진보'도 찾을 수 없다.

1968의 이념적 수호자들이 그들의 도덕적 권위에 대한 그 어떤 비판에 대해서도 취하려 하는 검열적 반응은 당시 5월의 가장 두드러졌던 특징을 반영한다. 바로 서구 문명의 도덕적이고 지적인 연속성을 훼손하는 것이다. 1968의 열혈 지지자들은 유럽 민주주의 ― 인도주의적이고 개방적이며 탈국가적이고 탈종교적 ― 의 시초를 1960년대 후반 사회 격변 시기로 본다. 기독교든 공화정이든 혹은 자유주의든 모든 "옛 서구" 혹은 샤를 페귀Charles Péguy가 말하듯 사실상 "모든 옛 세상"은 "비난해야 할 과거"로 취급된다. 그 과거는 정확히 인간의 권리 이상의 가치가 중요함을 인정하는 것이고, 이제는 용납할 수 없는 전쟁, 식민주의, 사회적 온정주의, 종교적 권위주의를 상징하기 때문에 유죄인 것이다. 기껏해야 이 예전 자유주의와 기독교 서구는 자신감 넘치고 인도주의적인 세계 민주주의 "이전의 구시대 역사"로서만 의미가 있을 뿐이다.

1968이 남긴 현대 서구는 무엇보다 스스로 "민주적 가치"에의 집착으로 정의한다. 그러나 구체제와 신체제, 즉 정치적 민주주의와 예전의 도덕적 전통 및 확신은 오랫동안 큰 (실제적) 문제 없이 공존해왔다. 20세기의 큰 불행이었던 좌우의 비인간적 전체주의에 맞서 성직자들은 자유 헌정주의의 미덕을 발견했고 정치적 자유주의자들은 서구 문명의 중심에 자리한 도덕법을 재발견했다. 헌정주의와 도덕법, 그리고 변하지 않는 진리와 공동 인류에 대한 전체주의적 부정에 맞서, 자유주의자들과 보수주의자들은 근대와 전근대의 최상을 바탕으로 서구를 지지하기 위해 연합했다. 1968은 이 반전체주의적 공감대를 부수고 "포스트모던 민주주의"를 탄생시킨 것이다.

권위에 대한 끊임없는 공격은 빠르게 진행되고 있다. 이 과정은 너무도 규칙적이어서 이제는 실제로 그 공격이 가지고 있는 혁명적인 성격을 알아차리거나 식별하지 못한다. 우리의 정치 질서는 정치력을 상실했고, 가족은 과거 자신의 껍데기일 뿐이며, 교회 내 영향력 있는 흐름은 더 이상 기독교 자선의 숭고한 요구와 민주적 인도주의의 선동적 호소를 구분하지 못한다. 유럽인들은 점점 더 인권에 대한 합법적이고 유익한 염려를 "문명의 폭넓은 전통에 빚진 영토국가 속 자치정부"라는 정치적 맥락에서 끊어버리고 있다. 그들은 마냥이 말한 "순수 민주주의"를 원한다. 그들은 민주적 자치의 역사적, 문화적, 정치적 필수조건들에 대한 포용력이 전혀 없는 "민주주의의 관념"에만 점점 더 이끌린다. 1968은 포용력이 훨씬 더 넓은 자유의 전통을 '개인의 자율과 동의의 극대화'라는 단일 원칙에 충실한 민주주의 관념으로 축소시킨 원인이자 효과로서의 주된 역할을 감당했다. 따라서 1968년 5월의 계속되는 교훈은 바로 민주주의라는 관념이 결코 스스로 충분하지 못하다는 것이다. 순수한 추상이거나 이데올로기로서의 민주주의는 제대로 이해된 자치와 인간 자유 및 존엄에 치명적인 적이다.

06

보수주의와
민주주의와 외교정책

헝가리 정치철학자 아우렐 콜나이는 1949년 그의 예리한 에세이에서 이렇게 말했다. 우리 시대에 자유를 균형 있게 지켜내려면 "민주주의의 '일반인적인common man' 측면에서 입헌주의의 측면으로, 그리고 고대와 기독교계 및 어제의 반쯤 살아남은 자유주의 문화의 높은 전통과 함께 도덕적 연속성의 측면으로 바꾸는 것에 우리의 정신적 노력을 기울여야 한다." 민주주의의 도덕적 기초에 대한 콜나이의 깊은 보수주의적 이해는 "거부의 문화" ― 1968에서 영감 받아 흘러나오는 도덕률 폐기론적 정신 ― 에 저항하는 원칙적 입장과 문화전쟁에서 이기는 방법론을 제공한다. 또한 콜나이의 사상은 자유를 강력히 수호하는 것과 해외 민주주의를 교조적으로 지원하는 것을 혼동하지 않는, 원칙 있고 신중한 외교정책을 위한 영감을 제공한다. 초기부터 민족사회주의와 소련 공산주의를 비판했던 콜나이는 서구세계가 전체주의를 최고악summum malum, 즉 정치적 최악으로 여길 모든 근거가 있음을 알았다. 하지만 민주주의 시대에도 다양하고 합법적인 반전체주의적 정치 옵션은 존재한다. 외교정책에 있어서 지적 선택권은 문화적 상대주의와 정치문명의 허약성을 간과하는 민주적 진보주의로 국한되지 않는다.

소련 공산주의에 대한 서구의 승리는 단지 민주주의 — 특히 탈국가적이고 탈종교적인 현재 의미의 민주주의 — 의 승리라기보다 인간이 언젠가는 사유재산이나 종교나 국가나 정치가 없이 자유롭고 존엄한 삶을 살 수 있을 것이라는 유토피아적 환상을 상대로 이긴 것이었다. 소련 공산주의의 붕괴는 헤겔·마르크스주의 철학자였던 알렉상드르 코제브Alexandre Kojève가 말했던 "보편적 동질의 상태"를 결정적으로 거부한 사건이었다. 코제브는 20세기 중반에 인류의 선구자avant-garde들이 "역사의 종언"을 이루어 세계를 바꾸는 모든 정치적 혹은 이념적 논쟁을 마쳤다고 주장했다. 따라서 더이상 정치는 없고 오직 공산주의 인민위원이나 유럽 관료들에 의한 행정만 남을 뿐이라는 것이다. 그것이 역사의 피할 수 없는 귀결이라는 것이다. 이 환상은 그 놀라운 1989년 이전에 이루어졌어야 했다.

하지만 이것이 정치인들과 이론가들을, 이념적 성향을 막론하고, 냉전 종식에 대한 "진보주의적" 해석에 굴복하게 한 역사주의의 견지다. 마르크스주의자들의 주장과 놀라울 정도로 유사하게 평생 반공주의자였던 사람들이 이제는 냉전에서의 서구의 승리가 필연적인 것이었고, 공산주의는 "역사의 잘못된 편"에 서있기 때문에 붕괴할 운명이었다고 말한다. 1982년 로널드 레이건은 영국 의회에서 한 연설에서 "소련은… 자국 시민들의 자유와 인간 존엄을 거부함으로써 역사의 파도를 역행하고 있다"라고 말했다. 물론 공산주의가 "자연적 일의 질서natural order of things"에 대한 근본적인 공격이라고 했던 이 훌륭한 정치인의 주장은 옳은 것이었다. 하지만 "역사"가 민주적 이상의 보편적 승리를 편들었다고 이야기하는 것은 또 다른 문제다. 하기야 서구세계에서 고전 및 기독교 교육이 체계적으로 무너지고 있는 까닭에 소위 역사의 움직임이 선하다고 규정하기를 거부하는 옛 지혜를 분명히 이야기할 수 있는 사람은 적을 것이다.

1989년 「내셔널 인터레스트 National Interest」에 실린 프랜시스 후쿠야마Francis Fukuyama의 "역사의 종언?"이라는 글(과 곧이어 나온 책)이 출간되면서 세계는 공산주의의 몰락에 대해 고상한 신마르크스주의적인 해석을 갖게 되었다. 후쿠야마에 의하면 냉전의 종식은 실로 어떤 "보편적 동질의 상태"를 낳았다는 것이다. 하지만 사회이론가들이 애용하는 변증법적 영리함에 따르면, 민주적 자본주의는 이제 독자적으로 진정한 "사람의 상호인정recognition of man by man"*을 유형화한 것일 뿐이다. 헤겔 스스로가 말한 "이성의 간지Ruse of

Reason***"에 따르면, 이미 150년의 진보주의 사상이 예견한 부르주아 질서의 불운을 역사가 입증한 것이다.

후쿠야마의 논지는 "제2차 신보수주의(second neoconservatism 네오콘)"라고 할 수 있는 강력한 추진력을 낳았다. 제2차 신보수주의란, 공산주의의 좌절을 계기로 미국이 군사적, 정치적 권력을 통해 "국제 민주주의 혁명"을 강력히 지원하고자 했던 지적 흐름을 말한다. 이와 구분되는 제1차 신보수주의는 지향점이 민주주의적이라기보다는 반전체주의적이었고, 매우 다루기 힘든 문화와 문명의 차이를 고려할 의지가 충분했다.*** 지적 계보가 어떻든지 간에 새로운 신보수주의는 레오 스트라우스보다는 알렉산드르 코제브로부터 더 많은 영향을 받았다. 스트라우스는 적어도 그 어떤 형태의 "보편적 동질의 상태"에도 변함없이 비판을 가했기 때문이다. 그럼에도 새로운 신보수주의는 완전히 민주화된 정체와 문화가 가지는 치명적인 영적, 문화적 효과에 대한 염려, 또는 외교정책상 인권을 교조적으로 지지하는 것에 대한 주저함 등의 일부 구 신보수주의의 입장을 공유하기도 했다.****

•   헤겔은 『정신현상학』에서, 모든 인간은 기본적으로 서로의 인정을 추구하는 존재이며 '상호인정의 투쟁'의 반복을 통해 역사가 진전한다고 보았다.

••   '이성의 교지' 혹은 '이성의 간계'로도 번역되는 이 헤겔의 역사철학 개념은, 역사의 우연과 필연이 결국 이념의 자기실현 과정이라는 생각이다.

••• 앞서 1장에서 언급된 1950년대 러셀 커크 등이 주축이 된 지적흐름이다.

후쿠야마의 고발

후쿠야마는 『기로에 선 미국: 민주주의와 권력과 네오콘의 유산』(2006)*에서 자신이 "제2차 신보수주의"의 시작점에서 한 역할을 모른 체한다. 중요한 국면에서 오늘날 "강경한 윌슨주의"의 열혈 지지자들은 후쿠야마의 "역사의 종언"과 제지받지 않는 자유민주주의 이념의 지도권을 기본적으로 전제하고 있다. 후쿠야마가 이제는 크게 비중을 두지 않는 군사적 효험을 그들은 강조하지만 말이다. 현재의 후쿠야마 입장은 예컨대 윌리엄 크리스톨William Kristol이 레닌이라면 자신은 마르크스(혹은 훗날의 멘셰비키)와 같다. 후쿠야마는 국제 민주화가 바람직하고 궁극적으로는 불가피하다고 말하면서도 그 과정을 경솔하게 밀어붙이는 것을 비판한다. 후쿠야마는 자기자신을, 대규모 사회개조와 사회적 행동이 의도하지 못한 결과들을 낳을 수 있음을 걱정하는, 원조 신보수주의에 충실한 진정한 네오콘으로 여긴다. 후쿠야마는 『기로에 선 미국』과 2006년 판 『역사의 종언』 후기에서 코제브보다는 토크빌이나 베버

•••• 이러한 입장들은 1970년 어빙 크리스톨(Irving Kristol)의 에세이들과, 1979년 「Commentary」에 실린 진 커크패트릭(Jeane Kirkpatrick)의 에세이 "독재와 이중 표준(Dictatorships and Double Standards)"에 그 논지가 확연하다.

• 한국어판 제목은 『기로에 선 미국: 딜레마에 빠진 네오콘과 미국, 세계는 어떻게 달라질 것인가』이다.

Weber의 영향을 받은, 비교적 덜 논쟁적인 버전의 근대화 이론을 옹호한다. 그는 자신이 "개발의 경직된 단계나 경제적 결정론과 같은 근대화 이론의 강한 버전을 주장한 바가 없다"라고 말하며 "우연과 리더십, 그리고 아이디어는 언제나 커다란 좌절을 가능하게 하는 복잡한 역할을 가지고 있다"라고 덧붙인다.

　그의 말에도 일리는 있다. 제2차 신보수주의는 냉전 이후 세계의 본질에 대한 후쿠야마의 처음 고찰보다 더 적극적이다. 하지만 레닌의 주의주의voluntarism ── 그 궁극적 목표지점으로 역사를 떠미는 혁명적 노력 ── 가 마르크스가 주장한 역사철학의 자연적 결과였듯이, 자유민주주의의 이념적 승리에 대한 후쿠야마의 선언도 결국은 두 번째 신보수주의를 위한 영감이 되었다. 후쿠야마는 공산주의의 몰락을 본질적으로 진보주의적이고 역사주의적인 시각에서 해석하게 한 결정적인 역할을 한 것이고 그 책임을 피할 수 없는 것이다. 또한 만약 후쿠야마가 애초부터 근대화이론의 비교적 무해한 버전을 생각하고 있었다면 왜 굳이 헤겔과 코제브의 모호한 혼합물에 의존했으며 "역사의 종언"이라는 수사학을 구사했는지 이해하기 어렵다. 결국 토크빌주의자로 다시 태어난 후쿠야마는 이제 정치적 자유가 (실제로 "거부할 수 없는" 측면이 있는) 경제, 사회적 근대화와 역사나 사회의 과정으로 단순히 보장될 수 없다는 것을 인정한다. 하지만 이러한 입장은 근대화를 "역사의 종언"과 동일시할 수 없다는 것을 인정하는 것이 된다. 그것은 정치적 문제가 원칙적으로 해결 불가능하다고 말했던 토크빌과 고전의 입장, 그리고 역사는 결코 "이성과 행동을 공동으로 두는" 인간의 의무를 대체할 수 없다고 말했던 아리스토텔레스의 지혜를 재확인하는 것이었다.

이처럼 자신의 논리에도 충실하지 못한 것을 넘어서, 후쿠야마가 부시 행정부와 현대 네오콘을 실제로, 혹은 은유로라도, 레닌주의자로 몰았던 것은 매우 부당하고 무책임한 것이다. 이는 이론적 논의를 흐리는 것이고, 동시에 오늘날의 시민들과 정치인들이 마주한 현실적 대안을 이해하는 데 아무런 도움이 안 된다. 레닌주의는 '새로운 인간'과 '새로운 사회'를 만들기 위한 혁명적 프로젝트를 빌미로 도덕법을 자의식적으로 폐기하는 것이었다. 그것은 에드먼드 버크가 (다른 역사적 배경에서) "형이상학적 광기"라고 부르기를 주저하지 않았던 비인간적인 이념적 충동의 발현이었다. 레닌주의는 목적이 자연에 반하는 것이었고, 또 전례 없는 수준의 폭정과 공포를 위한 이념적 정당성을 제공했기 때문에 필연적으로 전체주의를 등장시켰다. 윌리엄 크리스톨과 같은 네오콘들은 "민주주의"가 가진 보편적 매력과 민주주의를 세계에 확장시키는 데 있어서 미국 군사력의 역할이 중요하다고 과장하기도 한다. 이는 물론 논쟁거리가 된다. 하지만 그들은 결코 유토피아적 목적을 위해 도덕적 고려를 유예하자고 주장한 적이 없는 온당한 사람들이다.

더구나 네오콘들은 2001년 9월 11일 테러리스트들의 공격으로 인해 더욱 긴급해진 실제 문제들, 즉 사회적 침체와 정치적 권위주의로 인해 다양한 방법으로 아랍 이슬람권 세계에서 광신주의를 강화하려는 시도들과 씨름하고 있었다. 그리고 네오콘들이 아무리 강경한 외교정책을 취했다 하더라도 그들은 군사력의 무차별적인 사용을 지지하거나 민주주의를 총구로 들이밀 수 있다는 환상에 빠져 있지 않았다. 네오콘을 그렇게 인식하는 것은 미국 외교정책의 심각한 혹은 잘못되었을 수도 있는 접근법을 거칠게 희화하는 것에 불과하다. 특히 존 그레이John Gray는 「아메리칸 인터레스트 *American Interest*」 2006년 여름호에서 네오콘주의는 마르크스·레닌주의 프로젝트의 연장선상에 있으며 결국은 공산주의와 같은 비극적 결말을 맺을 것이라고 주장하는데, 이는 참으로 터무니없는 것이다. 정치학자보다 이데올로그에 걸맞은 이러한 급진적인 해석은 현실주의자들 및 고古 보수주의자들이 동조하지 않았다면 쉽게 일축해 버릴 수 있는 것이었다. 하지만 이들은 네오콘과 특히 부시 외교정책을 비난하기 위해 걱정스러울 정도로 반복하여 위와 같은 해석을 내놓았다. 부시 대통령은 그렇게 보수 지식인들로부터 "자코뱅" 혹은 "레닌주의자"로 종종 혹평을 받은 첫 번째 보수주의 대통령이 되었다. 역설적으로 이러한 비판은 실제로 논쟁 대상이 될 만한 장단점이 있었던 부시 독트린을 단순한 광신주의로 몰아 그 진정한 취약성을 모호하게 하는 결과를 낳았다.

네오콘 외교정책?

비평가들은 부시 행정부의 정책들이 사전에 네오콘 지식인들에 의해 수립된 행동계획을 따른 것이라고 가정하는 경향이 있다. 이렇게 본다면 부시 대통령은 전직 좌파 유태인 지식인들 도당과 레오 스트라우스의 제자들, 그리고 윌리엄 크리스톨의 「위클리 스탠다드 *Weekly Standard*」 주변의 작가들과 사상가들에 의해 사로잡혀 조종당했다는 셈이 된다. 하지만 이는 부시 행정부 내각의 주요 인사 중에 체니Dick Cheney 부통령을 제외하고는 네오콘이 한 넝도 없었다는 사실을 편리하게도 망각하는 것이다. 체니 부통령은 1990년대 미국기업연구소American Enterprise Institute 소속으로 있던 시절 네오콘의 입장에 가까워졌다. 군사행동에 적극적인 신新 윌슨주의적 neo-Wilsonian 외교정책을 지지했던 네오콘들은 2000년 공화당 경선에서 사실 조지 W. 부시를 경계했고, 대신 국제주의자인 존 맥케인 John McCain을 지지했다. 부시 후보자는 반복적으로 외국에 대한 인도주의적 개입에 의구심을 표현했고 미국 외교정책을 수행함에 있어 더욱 "겸손함"이 필요하다고 이야기했다. 실제 부시 행정부의 첫 8개월은 교육개혁과 "종교기반 프로젝트"* 등 "동정적 보수주

---

* 연방정부의 복지예산을 종교단체와 지역 기반 기관에 풀어 정부의 복지사업을 담당하게 하는 이니셔티브.

의”로 대표되는 국내 어젠다에 초점이 맞춰져 있었다. 부시의 초기 외교정책 기조는 ─ 그는 9·11 전 어떤 체계적인 독트린이나 대전략을 구체화하지 않았다 ─ 물론 일방적이었지만 결코 지나친 개입주의는 아니었다. 적어도 이런 측면에서는 9·11 사건이 “모든 것을 바꿔버린” 것은 사실이다.

부시 스스로는 네오콘이 아니었지만, ─ 그는 어떤 지적 서클에 가담하기에는 너무 직관적인 판단에 의존했다 ─ 보다 더 강압적인 외교정책을 위한 이론적 논리를 제공해준 이들과 전술적 동맹을 맺었다. 소위 부시 독트린은 “테러리스트들과 그 교사자들, 구체적으로는 모든 ‘국제적 영향력이 있는 테러조직’을 지원하고 부추기고 혹은 단순히 용인하는 체제에 대해 선제적 전쟁을 포함한 공격적인 작전을 주문했다.” 테러를 지원하는 “불량국”에 대한 선제적 행동(꼭 군사적인 것이 아니더라도)은 새로운 전략 독트린의 우선적인 무기가 되었고, 민주적 “정권교체”의 촉진은 부도덕하고 허무주의적인 적과 싸우기 위한 도덕적 나침반을 제공했다. 그 지지자들은 이제 중동의 민주적 변화를, 어떤 추상적이고 유토피아적인 고려에 의한 이념적 운동이 아니라, 새로운 종류의 현실주의라며 강력히 지지했다. 이 프로젝트는 강력한 현실주의적 고려와 적지 않은 대담함, 그리고 도덕적 고결함을 통해 힘을 얻었다. 미국은 너무 오랫동안 석유나 전략적 이익을 이유로 중동의 부패하고 독재적인 정권들을 감싸주었다. 이 새로운 접근은 9·11 이후 세계를 항해하는 포괄적인 틀을 제공했고, 자국 영토의 기습 공격으로 잠에서 깨어난 미국에 사명감을 주었다. 부시 대통령은 의심의 여지 없이 아랍 이슬람권 내 폭정과 테러의 원점을 공격하는 아이디어에 영감을 받았다. 하지만 그의 체면과 인류에 대한 존중, 그리고 민주주의 정치인으로서 무시할 수 없는 미덕은, 부시로 하여금 세속 정부와 종교적 권위주의가 국민들을 볼모로 치열하게 경쟁하고 있는 아랍 이슬람권 국가에서 자치정부가 쉽게 가능할 것이라는 오판을 하게 만들었다. 게다가 부시 대통령은 정치적 악과 확실히 맞서는 것을 즐기는 도덕주의자였다. 그는 자치가 중요한 역사적, 도덕적, 문화적, 영적 전제 조건이 선행되어야 한다는 인식을 하기보다는 "상대주의"적 인식으로 교조적 보편주의를 서둘러 선택하려는 경향을 보였다.

9·11 이후 외교정책의 강점과 한계

부시 행정부가 지하드 급진주의와 20세기 정치종교 사이에 중요한 유사점을 인지한 것은 잘못된 것이 아니었다. 이슬람 국가들과 20세기 무신론 폭정이 보였던 "독실한 잔혹함" 사이에 어떤 차이가 있든지 간에, 이 두 개의 이념적 흐름은 부르주아 민주주의를 거부했고, 표면적으로 더 숭고하다고 여기는 열망과 목적을 위해 도덕법을 부인했다. 하지만 후쿠야마는 『기로에 선 민주주의』에서 이슬람이 서구 문명에 공산주의나 나치와 같은 종류의 "실존적 위협"을 가하고 있는지 질문한다. 합리성과 시민사회, 그리고 일반 도덕을 공개적으로 경멸하며 자신들보다 덜 유독有毒한 이슬람을 업신여기는 지하드 극단주의자들은, 사회 비주류나 낙오자들, 그리고 세계화의 소용돌이로 인해 터전을 잃은 자들에게 한껏 매력을 발산한다. 하지만 지하드는 공산주의가 20세기 전반에 긴 시간 사회 위기를 초래할 때 그러했던 것처럼 결코 서구 지식인들의 동정을 이끌지는 못한다. 서구는 인류 전체를 "이슬람의 집"에 강제로 살게 하려는 광신 국제주의 운동과 장기전을 펼칠 준비를 해야 한다. 이러한 운동과는 협상이나 타협책이 있을 수 없다. 그럼에도 이러한 투쟁으로 인해 서구의 존재 자체 — 자유민주주의의 도덕적 타당성 — 가 위기에 처했다고 주장하기에는 무리가 있다.

테러 위협에 대한 적절한 대응은 시민적, 상무적 용기와 더불어 오늘날 유사평화주의 유럽인들이 선호하는 맥 빠진 경찰 조치를 훨씬 뛰어넘는 정치적 기민함을 요구한다. 하지만 제약이 없는 (그리고 끝이 없는) "테러와의 전쟁"을 둘러싼 부정확한 논조는 예측 가능한 미래의 국제적 상황을 특징지을 전쟁과 평화 사이의 불안정한 회색 지대에 대해 충분히 경고하지 못한다. 그렇다고 민주주의가, 특히 선거민주주의가 이슬람 바이러스의 해독제를 제공한다는 것도 자명한 것이 아니었다.

9·11 이후 부시 행정부는, 뚜렷한 반전체주의 기조를, 폭정에 대해 원칙을 가진 저항과 면밀히 조절된 신중의 정치를 결합한 구 신보수주의의 모델 위에 세울 기회를 놓쳐버렸다. 대신 부시 대통령은 점점 더 국제정치적 대안을 민주주의와 폭정 간의 이원론적 선택으로 규정했다. 현대 세계에 대한 그의 이해는 인간 자유와 번영을 위해 단 한 개의 길만 인정하는 교조적인 정치과학에 의존하고 있었다. 이는 사실 부시의 긍정적인 면의 약점이기도 했다. 선과 악에 대한 부시의 분명한 인식은 정치인으로서 그의 원칙을 가진 강인함의 주요 원천이었다. 인류의 영석 연합을 섬섬 더 낭언한 것으로 간주하려는 민주적 세계 속에서 적을 단도직입적으로 규정할 수 있는(그리고 서구는 계속해서 치명적인 적들을 마주할 것이라는 사실을 인지할 수 있는) 그의 기량은 칭찬받아 마땅하다.* 하지만 이 투쟁의 도덕적 측면에 대한 그의 명료함은 또한 그로 하여금 국정운영의 기술을 요하는 회색 중간 지대를 너무 성급히 일축하게 하게 하는 결과도 낳

---

* 부시 재임 중반에 이르러 행정부의 고위급 관계자들은 "테러와의 전쟁"을 "테러와의 국제전" 혹은 어색하고 더 불명확한 "폭력적 극단주의에 대한 국제적 투쟁"이라는 표현으로 대체해 구사하려고 시도했다. (그럼에도 지하디즘 이나 정치적 이슬람에 대해서 직접적으로 언급하는 것은 계속 꺼려하는 것을 주목하라.) 오바마 행정부는 여기서 더 나아가 관료들이 폭력적 극단주의에 대한 계속되는 "투쟁"이라는 표현을 삼가도록 하고 대신 미지근하고 오웰적인 느낌의 "해외 우발 작전(Overseas Contingency Operations)"이라는 표현을 사용했다. 9·11 이후 미국이 맞선 상황을 제대로 정의하지 못한 초기 실패는, 이렇게 지적·도덕적 명확성의 체계적인 침식을 가져왔다.

았다. 부시와 그의 네오콘 동맹은 역설적이게도 그들이 제대로 혹평했던 반정치적 유럽과 미국 좌파 지식인들의 인도주의를 상당 부분 공유하고 있던 것이다.

그럼에도 부시 행정부의 직관과 정책이 실제로는 그들의 공식 레토릭과 독트린이 시사하는 것보다 훨씬 더 신중했음을 지적할 필요가 있다. 부시 행정부는 이라크의 안정을 도모하고 부족 간 갈등 및 종파적 갈등으로 파멸에 이른 나라에 합법 정부를 세우는 것이 얼마나 어려운 일인가를 경험을 통해 그 잘못을 뼈저리게 깨달아야 했다. 부시 행정부는 쓰디쓴 경험을 통해 다른 나라 국민들, 특히 폭정으로 인해 깊은 상처가 있고 안정된 국가적 의식이 부재한 국민들에게 자치정부를 세워준다는 것이 얼마나 어려운 일인지 인정하게 된 것이다. 특히 서구가 역사적으로 경험한 것과는 판이하게 다른 정신적 토양에 깊이 뿌리박힌 국가를 다루는 것이 매우 힘들다는 것을 냉정하게 받아들이게 되었다. 다소 격양된 비평가들이 주장하는 바와 달리, 부시 행정부는 국제 민주적 절대권을 추구

• 반면 오바마 대통령은 국제분쟁을 오해나 소통오류의 불행한 결과로 취급하거나, 전임자의 강경 정책에 대한 당연한 반응으로 취급했다. 부시 대통령이 이원론적인 관점에 치우쳤다면, 오바마 대통령은 국제분쟁의 원인을 분석함에 있어 너무 성급하게 서구 (특히 미국) 의 "유죄"를 가정했다. 하지만 그럼에도 2009년 12월 10일 오바마의 노벨 평화상 수락 연설에서 그는 "정의로운 전쟁"의 개념을 변호하며 "때로는 국가들이―독자적으로나 연합해서―무력을 사용하는 것은 필연적일뿐 아니라 도덕적으로 정당하다"고 인정했다.

하거나 마음대로 새로운 전쟁을 일으킬 욕구는 없었다. 부시 행정부는 계속해서 선거민주주의의 중요성을 너무 강조하는 듯했지만, 동시에 이슬람 광신주의는 반대하면서 그나마 정치적 안정과 점진적 자유화를 위해 가장 가능성이 있는 권위주의 동맹들과 함께 일할 줄도 알았다.

보수주의와 민주주의의 수사학

하지만 부시 행정부의 공식 레토릭은 여전히 현대 민주주의를 마땅히 그리고 반드시 필요한 것, 심지어 "자연에 따른" 체제로 취급하는 경향 때문에 계속 비난을 자초했다. 비교적 친절한 비평가 중 하나였던 파리드 자카리아Fareed Zakaria가 지적하듯이, 부시 행정부와 그의 네오콘 동지들은 중동의 무슬림형제단이나 하마스 등의 이슬람 정당들, 그리고 베네수엘라의 휴고 차베스Hugo Chavez 같은 좌파 권위주의 지도자가 다름 아닌 선거를 통해 국민들에게 선택받는 것을 목격하면서도, 선거민주주의에 내재한 전제적 성향을 너무 과소평가했다. 그들이 정말 고민해보아야 할 것은 자카리아가 "헌정주의적 자유주의"라고 불렀던 법치와 헌정주의, 연방주의, 그리고 대의정체를 어떻게 합리적으로 융합시킬 것인가 하는 것이었지만, 그들은 의례적으로 "민주주의"라는 말만 반복했다. 그들의 편집증적인 민주적 열의는 서구 자유가 현대 민주주의보다 넓고 깊은 지적, 영적 원천에서 나온다는 옛 보수주의 전통에서 벗어난다. 인간 영혼의 자유와 다수표를 통한 자유의 표현에 집착하고 지나치게 강조하는 민주주의 교리 속에는 헌정주의와 대의정체라는 언어가 설 자리가 없다.

부시 대통령이나 토니 블레어Tony Blair 영국 총리는 민주적 자치 정부에 필요한 문화적 전제 조건이라는 충분히 합리적이고 필요한 질문을 던지는 비평가들을 문화적 상대주의자, 심지어 인종차별주의자라고 단숨에 일축했다. 그들은 장애물이 제거되면 민주주의가 자동으로 세워질 것처럼 여겼다. 국제 민주주의의 열혈 지지자들 역시 그들은 전체주의가 권위주의 정권이 아닌 취약하고 미성숙한 "민주주의"에서 부상한다는 역사적 증거들 — 1917년 러시아, 1922년 이탈리아, 1933년 독일 — 을 외면했다.* 지난 2세기 동안 있었던 최고의 보수주의 사상가들은 바로 인간 자유의 보전에 대해 깊이 살피면서 대중 민주주의와 현대 전체주의 간에 강력한 연관성을 알아차렸기 때문에 순수한 민주주의에 대해 염려했다. 주베넬이 한때 "그 자체로의 주권sovereignty in itself"이라고 불렀던, 즉 인간의 의지가 도덕 및 정치의 세계에서 작용하는 최종 결정요소라는 환상 속에는 언제나 전체주의적인 경향이 내재해 있는 것이다.

• 1946년 6월 16일 샤를 드골의 "배이외(Bayeux) 연설"의 핵심 요점이 이것이었다.

우리는 부시 행정부를 통해서 원칙과 분별력 있는 침착한 한도 내에서 작동하는 외교정책을 마주하긴 했지만, 동시에 그것은 자기패배적인 레토릭을 구사함으로써 과욕을 부르고 결국 스스로 과격한 비판에 취약하게 만들었다. 부시 행정부가 파키스탄의 페르베즈 무샤라프Pervez Musharraf와 같은 친미 독재자와 협력할 때는 불가피하게 위선적이라고 비난받았다. 또 한편으로는 이라크와 아프가니스탄에서 ― 합법적이고 대표성 있는 제도를 강화하는 데 있어 좀 더 겸손하게 말하기보다 ― '민주주의'를 구축해야 할 필요성에 대해 지나친 압박을 가하면서 비합리적인 기대치를 주었고 결국은 실망을 안길 수밖에 없었다. 민주주의에 대한 이런 수사학은 또한 종교적 극단주의(예를 들어 샤리아법의 도입)라도 선거절차를 통해 정당화될 수 있다는 메시지를 주어 극단주의 세력에 대해 당연히 품을 수 있는 우려를 무력화시켰다. '누가 감히 민주적 국민의 주권에 도전하겠는가?' 하지만 보다 세심히 조절한 레토릭, 즉 폭정으로 황폐화하거나 부패 및 권위주의로 괴롭힘을 당한 나라들에 먼저 합법적이고 비전제적인 정치 질서를 점진적으로 소개한다는 것은 훨씬 덜 극적이고 덜 고무적이다. 이라크와 아프가니스탄과 같은 나라에서 실제 미국의 정책을 작동하게 함에 있어서는 좀 더 수수하고 때로는 이상보다는 현실에 입각한 기대를 표현하는 것이 훨씬 더 나았을 것이다.

민주주의에 대한 지나치게 교조주의적인 레토릭은 또한 블라디미르 푸틴Vladimir Putin과 드미트리 메드베데프Dmitri Medvedev의 러시아처럼 비전체주의 정권에도 불필요한 압력을 가한다. 러시아의 "자유화"는 미국의 합당한 국익과는 상관이 없으며 오로지 서구식 자유민주주의가 우리 시대 정치 발달에서 유일하게 합법적인 모델이라는 입장을 내세우는 것이 된다. 이러한 의도치 않은 메시지는 결국 부시 행정부를 곤경에 처하게 했다. 체니 부통령은 2006년 5월 4일 리투아니아 빌뉴스Vilnius에서 한 연설에서 러시아가 더 민주적인 방향으로 나아가지 않으면 또 다른 "색깔 혁명"을 맞을 것이라고 은연중에 위협했다. 그리고는 바로 카자흐스탄과 키르기스스탄에 가서 현지 폭군들과 비즈니스를 했다. 이러한 뻔뻔스럽고 표리부동한 언행은 이미 미국의 "보편주의"가 국가적 이기주의와 권력의지를 위한 눈가림일 뿐이라고 믿는 회의론자들의 의심에 확신을 주었다. 9·11 이후 폭정에 대해 강하게 저항했던 부시 행정부의 레토릭은 현지 사정에 대한 더 큰 이해를 가지고, 현지에 자치정부를 세울 수 있는 적절한 조건에 대해 미국이 판단하거나 지시할 수 있는 역량이 충분한지, 겸손하게 보완되었어야 한다. 이런 측면에서 오바마 행정부는, 물론 이란의 반미 신정주의자들을 상대로 재기하는 시민사회를 지원하는 데 너무 인색했지만, 특히 러시아에 대한 정책에서만큼은 상당히 신중했다. 러시아에서 비교적 자유주의 정권이라고도 할 수 있는 푸틴의 적당한 권위주의는 만일 그게 아니라면 그 자리에 가장 고약하고 서구 자유주의와는 거리가 먼

"민족 볼셰비즘"이 들어설지도 모른다.

당시 네오콘과 고 보수주의자들 간, 그리고 외교 "현실주의자"들과 "이상주의자"들 간의 독설 섞인 논쟁은 '신중의 정치'에 합당한 명료성에 전혀 도움이 되지 못했다. 미국 보수주의 지식인들과 정치인들은 국가적 자기주장이 너무 강하거나 약할 때 비롯되는 위험성을 알고 활력과 절제력, 그리고 처칠과 같은 용기와 분별력 있는 자기절제를 현명하게 융합하는 방법을 배울 필요가 있다. 오바마 행정부의 지나치게 '미안해하는' 외교정책과 같은 잘못은 부시 시절 외교정책의 실수로부터 교훈을 얻지 못하는 것을 정당화하지 못한다.

조지 부시의 2차 취임사: 자연과 역사와 인간의 영혼

2005년 1월 21일 부시 대통령은 2차 취임식 연설에서 부시 독트린의 민주주의적 보편주의를 특별히 명료하게 표현했다. 이 연설은 부시 대통령의 외교정책 바탕에 있는 도덕적이고 철학적인 전제들을 가장 잘 표현하고 있는 연설이다. 하지만 동시에 이 연설은 "궁극적으로 우리 세계에서 폭정을 끝내기 위해 모든 국가와 문화에서 민주적 운동과 그 제도의 성장을 모색하고 지원하려는" 부시 정책의 심각한 문제 있는 가정도 드러낸다. 부시는 당시 이 일이 "여러 세대가 전념해야 할" 일인 것을 인정하면서도, 의기양양한 이 목표가 충분히 현실 가능한 이상인 것처럼 말했다. 점진주의에 대한 형식적인 인정은 "자유의 궁극적 승리"에 대한 부시 대통령의 "완전한 확신"이나 민주주의만이 인간 본성과 필요에 완전히 일치하는 체제라는 신념을 전혀 합리화하지 못한다. 부시 대통령에게 있어서는 인간 영혼과 "자유의 창조자"이신 섭리적 하나님이 민주주의를 지지하고 있었다.

2차 취임 연설에서 부시 대통령은 민주주의가 다양한 현지 혹은 문화의 표현을 취할 수 있음을 인정한다. 그는 미국이 "원하지 않는 이들에게 미국식의 정부를 강요"하는 것에 관심이 없다고 말한다. 그러면서도 부시는 민주주의 정치형태를 절대적인 자치정부와 동일시한다. 시민과 정치인이 마땅히 해야 할 일은 특정한 역사적 또는 문화적 환경 내에서 인권과 인간의 존엄성을 보호할 민주주의에 대한 것이었다. 부시는 암묵적으로 전 인류가 결국 자유민주적 체제에 살아야 하고 살게 될 것을 확언했다. 그렇다면 부시와 그의 연설문 작성자들은 적어도 "인간에 대한 인간의 상호 인정"이 결국 "보편적 동질의 상태"로 귀결될 것이라는 코제브·후쿠야마식의 전제를 공유하고 있는 것이다.

부시는 이 연설에서 "자유에 대한 국제적 호소"를 과장해서 이야기하며 자유에 대한 지지와 (다소 불분명한) "민주주의"의 진흥을 전혀 구분하지 않는다. 부시는 근대화가 다양한 "민주적 독재"와 양립한다는 현대 역사의 모든 경험을 단순히 무시하거나 외면하는 것이다. 공산주의의 패배는 "모든 마음과 영혼에는 자유를 향한 외침"이 있기 때문에 "세계가 자유를 향해 움직이고 있다"라는 결정적 증거로 해석되었다.

헝가리 혁명 50주년을 맞아 2006년 6월 22일 헝가리 국민들을 대상으로 한 연설에서 부시 대통령은 "창조주에 의해서 자유가 지구상에 있는 모든 남녀와 아이들에게 새겨졌기 때문에, 자유에 대한 열망은 보편적이다"라는 비슷한 주장을 했다. 이 연설에서 부시는 1956년 헝가리 국민들의 숭고한 투쟁에 대해 감동적인 찬사를 보내면서도 이념적 "거짓말"에 대한 집단적 반란, 즉 (레이몽 아롱이 당시 말했던) "반전체주의 혁명"을 "독재에 대한 민주주의의 필연적인 승리의 증거로 여겼다. 하지만 그는 이런 발언을 통해 역사를 또다시 휘그식으로 해석함으로써 그 위대한 행사를 진부한 것으로 만들어 버리는 위험을 떠안았다. 역사의 휘그식 버전Whig version of history이란, 과거의 모든 사건들이 서구식 헌정주의의 발전과 보급을 위한 준비였다는 관점이다. 이런 관점으로는 공산 전체주의의 특이성, 헝가리 국민의 기독교적이고 유럽적인 특성, 그리고 민족의 독립과 진정한 말words의 의미를 되찾으려는 헝가리인 자신들의 주도권은 모두 간과해버리게 된다. 헝가리 혁명은 언제 어디서나 필연적인 민주주의의 승리를 위한 소재일 뿐인 것이다.

권고적 차원의 레토릭으로서 부시 대통령의 말은 의심할 여지없이 감동적이고 심지어 그에게 기품을 입히기까지 한다. 하지만 정치적 고찰로서는 인간을 움직이는 복잡한 열정과 관심과 동기들에 대해 매우 얕은 이해를 가지고 있다는 점이 드러난다. 부시 대통령은 자유를 사랑하는 것이 인간 영혼의 우세하고도 지배적인 동기라고 섣불리 가정하고 있다. 그는 질서 있는 자유나 자치정부의 문화적 전제 조건들을 경시하고 뿐만 아니라 모든 각 영혼 안에 존재하는 선과 악의 영원한 드라마를 추상화한다. 그의 미흡한 보편주의는 폭정에 대한 혐오가 자동적으로 자유를 위한 사랑이나 자치정부를 위한 안정되고 조절된 역량을 의미하지는 않는다는 사실을 간과하게 한다. 그것은 『앙시앵 레짐과 프랑스 혁명』에서 선명하게 표현된 토크빌의 놀라운 통찰이었다. 바로 자유에 대한 순수한 사랑 — 정치적 자유와 "오직 하나님과 법의 정부"를 위한 열정 — 이 소수의 영혼에만 주어진 "숭고한 맛"이며 보통사람들은 형언하지 못한다는 것이다.

부시는 간혹 최상의 보수주의적 지혜를 구사하면서 자치정부가 필연적으로 "스스로에 대한 통치"를 수반한다는 사실을 인정한다. 그는 인권도 "섬김과 자비를 통해서 고결해진다"라고 주장한다. 하지만 그는 사유하고 행동하는 인간의 자유에 대한 사랑이 그 어떤 논쟁의 여지도 없다는 과장된 주장을 던진다. 당시 찰스 케슬러 Charles Kesler가 관찰했듯이, 부시는 "'세계 모든 사람들이 노예제보다 자유를 선호함'에도 불구하고 세계 곳곳의 많은 사람들은 언제나 다른 사람의 노예제를 통해 얻는 자유와 이익을 꽤 즐거이 누려 왔다"라는 명백한 사실을 외면했다. 자치정부는 타인에 의해 압제 당하기를 거부하는 영혼에서 강력한 지지를 얻지만, 그 둘은 같은 것이 아니다. 폭정이 도덕법을 위반하고 인간 영혼의 원천을 훼손한다는 부시의 주장은 틀리지 않는다. 하지만 그는 너무 성급하게 인간 본성을 하나의 지배적인 충동이나 욕구로 규정하고, 너무 멀리 나아가 섭리의 길과 민주적 자유의 제국을 혼동한 것이다.

2차 취임 연설의 마지막 부분을 보면 부시는 이러한 비판을 예상하는 듯하다. 그는 계속해서 "자유의 궁극적 승리에 대한 완전한 확신"을 표현하면서도 역사적 필연성에 대한 주장으로부터는 스스로 거리를 두려고 노력한다. '역사' 그 자체는 아무것도 결정하지 않는다. 대신 자유의 보편적 승리에 대한 우리의 확신은 자유가 "인간의 영원한 희망"이자 가장 강력한 "영혼의 갈망"이라는 사실에 뿌리내려야 한다고 말한다. 이러한 시적인 호소는 결정적으로 인간 본성이 갖는 혼합적인 성격을 충분히 고려하지 않는다. 부시 대통령에게 물론 정치철학자의 엄밀함을 기대할 수는 없다. 하지만 깊은 기독교적 신념에 찬 이 대통령은 역설적이게도 역사의 비극적 측면이나 개인과 집단생활에 있어서 원죄가 미치는 치명적이고 영구적인 영향력을 충분히 인정하지 않았다.

인도주의적 민주주의 대 미합중국

부시 행정부와 미국은 또한 정치적인 문제를 글로벌 차원의 민주주의 진흥이라는 지상명령으로 축소함으로써 민주주의를 전통적 문화, 도덕 그리고 심지어 정치적인 규제로부터 해방시키는 것으로 동일시하는 좌익들의 공격에 취약해졌다. "포스트모던" 혹은 "인도주의적" 민주주의의 열혈 지지자들에게 미국은 민주주의적 이상에 한참 못 미친 나라다. 최근 피에르 마낭이 주장했듯이, 유럽의 엘리트들은 전통과 종교, 특히 민족 국가의 정치적 틀과 같은 "다른 모든 특성으로부터 민주적 미덕을 분리시키려" 하고 있었다. 그들은 소위 "탈정치적 유혹"에 굴복했다. 동시에 "미국인들은 그 어느 때보다— 부시 행정부의 지지층에 국한되지 않고 전반적으로— 그들의 모든 행동과 정체성을 민주주의로 규정하고자 했다." 이렇게 되면 사실상 인도주의적 민주주의의 열혈 지지자들이 자치정부에서 전통적 바탕의 중요성을 여전히 인정하는 자치 국민들의 민주적 진의를 인정할 수밖에 없어진다. 부시 독트린은 민주주의를 우리 시대 정치의 시작과 끝으로 인증해버림으로써, 미국의 정당성을

• 2009년 6월 4일 카이로에서 전 세계 무슬림 인구를 대상으로 한 연설에서 이러한 유럽의 경향을 반영하며, 미국이 그 어떤 형태로든 "기독교 국가"가 아니라고 단호히 부정했다. 그렇게 함을 통해 암묵적으로 그는 미국이 아무런 실질적인 역사적, 문화적 혹은 영적 뿌리가 없는 순수 민주체제라고 규정했다.

제거하려는 극단적이고 "일관된" 세력의 공격에 취약하게 만들었다. 어쨌든 보편 도덕과 정치적 진실을 인간화化하는 것은 다른 모든 나라에 보편에 대한 일방적 정의를 제공하는 것을 의미하지는 않는다. 미국 실험의 고결한 시인·정치가였던 에이브러햄 링컨은 미국인들을 "거의 선택된 민족almost-chosen people"이라고 불렀을 때 이 긴장을 아름답게 포착했다. 미국(그리고 서구 일반)은 스스로가 가진 원칙의 보편성을 부정한다면 더 이상 스스로 진실하지 못할 것이다. 하지만 미국은 그 위대함의 상당 부분이 또한 — 오레스티스 브라운슨이 미국인의 "섭리적 헌법"이라고 불렀던 — 그 국가석 특성에 기인하고 있다. 그렇지 않다면 미국은 원칙적으로 "세계"와 구분이 없는 연합 인류의 표준이고 결국 인류 전체의 민주적 열망을 더 완전히 유형화한 국제 제국에 삼켜질 운명인 것이다.

부시 대통령은 좁은 정치적 의미로나 이념적 의미로나 네오콘은 아니었을 것이다. 하지만 그의 2차 취임식 연설은 두 번째 신보수주의의 중심에 있는 모순을 완벽하게 반영했다. 부시와 마찬가지로 네오콘들은 자유롭고 독립적이며 자치 국민공동체로서 갖는 미국의 특권을 자랑스럽게 수호하고자 한다. 동시에 그들은 마낭의 표현대로 "미국 민주주의를 보편적인 것으로 규정"하기를 거절하는 다른 어떤 국가의 주장에 대해서 좀처럼 인정하기 힘들어하며 깊은 의구심을 가지고 있다. 수사적인 차원에서 적어도 이 두 번째 신보수주의자들과 유럽 인도주의적 민주주의의 지지자들(그리고 국제

여론에 집착하는 부시의 후임자)은 그 목적보다 수단에 있어서 궁극적인 차이가 있다. 그들은 결국 "보편적 동질의 상태"라는 같은 목적지를 가고 있지만 다른 길을 걷고 있는 '적수 된 형제'다.

민주주의에 대해 네오콘이 갖고 있는, 한편으로 치우친 주장은 실제 그 열과 성을 반영한다기보다는 수사학적 발판에 불과할 수도 있다. 하지만 이 민주적 편집증은 애국심과 선의, 그리고 자유를 위한 헌신에 의심의 여지가 없는 사상적 흐름의 일관성을 침식하는 산성으로 작용한다. 이는 우리 시대가 필요로 하는 신중의 정치를 위한 기반을 제공하지 못한다. 진정한 보수주의는 모든 형태의 "인본 종교"에 의구심을 견지할 의무가 있다.

IV

전체주의와 테러
– 현대의 어두운 이면

07

현대의 전체주의적 전복
– 인간의 자기 신격화와 현대 위기의 근원에 관한 솔제니친의 성찰

알렉산드르 솔제니친이 한때 "20세기의 발명"이라고 불렀던 전체주의를 몸서리치게 경험한 인류는 안이하고 순진했던 모든 진보주의에 종언을 고해야 마땅했다. 하지만 앞 장에서 보았듯, 서구의 너무 많은 사람이 중동부 유럽과 소비에트 연방의 공산주의의 몰락을 "순전히 민주주의적 희열의 넘치는 승리"로 잘못 단정했다. 솔제니친(1918~2008)의 저술은 전체주의의 해악뿐만 아니라 민주적 도취가 가진 한계를 이해하는 데 독특한 통찰력을 제공한다. 솔제니친은 공산주의 프로젝트의 도덕적 정당성에 치명적으로 손상을 입힘으로써 역사의 흐름을 형성하는 데 일조한 용감한 도덕적 증인이었고 타고난 천재적인 작가였지만, 사실 그 이상이었다. 그는 또한 역사학자이자 (러시아 전통의 핵심에 있는 폭넓고 비학문적인 의미에서의) 철학자로서 민주적 현대성을 위협하고 전복할 위험이 있는 전체주의적 유혹에 대해 많은 가르침을 주고 있다.

하지만 우리는 지난 35년간 솔제니친이 권위주의적이었다는 거짓말에 익숙해졌다. 이 러시아 노벨문학상 수상자는 제정 러시아의 전제 군주제를 갈망한다거나 "정교회Orthodox" 국가의 건국, 심지어는 본질적으로 전제적인 러시아 민족사상을 위한 새로운 수용소 군도를 추구하는 인물로 별 근거도 없이 오해받고 있다. 그러나 이 20세기 최고의 빈전체주의 작가에 대한 오해를 뒷받침하는 증거는 거의 없다. 이러한 중상모략은 1970년대 초 그의 저작들, 『1914년 8월』(1972)과 『돌무더기 밑에서』(1974), 『소련 지도자들에게 보내는 편지』(1973)가 출간되면서 혼란에 빠진 좌파자유주의 지식인들의 성난 반응에서 비롯된 것이다.

『1914년 8월』은 러시아 구체제의 경직된 성격, 그리고 현대 환경에 분별력을 가지고 적응하지 못하는 외눈박이 관료 및 신하들을 향한 통렬한 비판이었다. 이는 동시에 솔제니친이 허무주의에 추파를 던지고 테러리즘을 변명하며 러시아 최상의 영적, 문화적 전통을 멸시하는 좌파자유주의자들에 대해 일말의 호의도 가지고 있지 않다는 사실을 잘 보여주었다. 솔제니친과 그의 동료들은 『돌무더기 밑에서』에서 이념적 폭정의 악으로부터 해방된 러시아의 미래를 그리고 있다. 동시에 과학만능주의와 상대주의, 서구 전통의 고전적이고 기독교적인 원천을 거부하는 서구 현대 민주주의의 나쁜 면모를 고발하고 그것을 맹목적으로 따라하는 것이 얼마나 위험한지 경고한다.

상기한 세 저작 중에서도 『소련 지도자들에게 보내는 편지』는 가장 오해가 많은 작품이다. 소련 지도자들에게 그들의 통치를 유일하게 정당화하는 이데올로기를 버리면서도 권력을 붙잡고 있으라는 이 심오한 편지들은 사실 전체주의 당과 국가에 자살을 주문하는 초대장이었다. 이 『편지』에서 나타나는 마르크스주의 이론과 실제에 대한 솔제니친의 날카로운 해체와 시민적, 지적 생활에 있어서 개방정책glasnost에 대한 그의 변호, 집단화에 대한 맹렬한 고발, 그리고 종교인들의 (특권은 없는) 자유에 대한 그의 절묘한 아우구스티누스적 옹호 등은 이후 따라온 논쟁에 묻혀 모두 잊혀 버리고 말았다. 전체주의 독재에서 이제 막 벗어난 '전환기' 동안 비非이념적 권위주의가 당분간 조건부로 필요하다는 솔제니친의 주장은 권위주의적 통치에 대한 그의 '이론적' 지지로 널리 오해되었다.

1973년 『편지』의 기초가 되는 수사학적 전략에 대한 솔제니친의 수많은 설명과 1990년대 『러시아 재건』, 1998년 『붕괴 속의 러시아』와 같은 작품에서 지방 자치정부("작은 공간의 민주주의")와 법의 지배를 옹호한 것은 그의 비평가들을 달래기에는 부족했다. 그 결과 솔제니친의 정치사상은 서구에서 (그리고 러시아 내 '서구화되어가는' 그의 비평가들에게) 근본적으로 잘못 이해되었다. 솔제니친이 1978년 6월

하버드 연설에서 서구의 일부 면모에 대해 우호적이면서도 강한 비판을 할 때, 비평가들은 이미 그에 대해 편향적인 해석 틀을 통해 색안경을 끼고 있었다. 솔제니친에 대한 오해는 지난 30년 동안 거의 변하지 않았다.

현대 자유의 취약성

솔제니친은 그럼에도, 항상 그랬던 것처럼, 자유와 인간 존엄의 설득력 있고 원칙 있는 수호자였다.* 하지만 그는 현대 자유의 체제를 뒷받침하는 계몽주의 원칙의 취약성을 예리하게 인식하고 있었다. 그는 시대의 지배적인 흐름과 달리 '다원주의'를, 불완전한 인간이 종종 흐릿하게 인식하는 진리를 추구하기 위한 본질적 수단이 아닌 '자율적 원리'로 보는 것, 즉 그 자체의 목적으로 여기는 사상을 거부한다. 진리의 질서로부터 자유를 끊어내기를 거부함으로써 솔제니친의 사상은 인간 자유에 대한 모든 급진적 현대 인식과 구별된다. 동시에 그는 자유를 모든 자연적 또는 신적 한계를 거부하는 것으로 규정하는 사람들에게서 의혹의 눈초리를 받는다. 『제

---

* 저명한 러시아학자 존 던롭(John Dunlop)은 『수용소 군도』를 두고, 현실의 이념적 변형 앞에 굴복하지 않았던 개인 인격과 양심의 얼굴을 기리는 "개인의 축제"라는 시사적 표현으로 묘사한다.

1원』, 『수용소 군도』와 같은 작품들이 말하는 것이 당장은 인간과 사회를 일격에 재창조하려는 이념적 체제의 영혼 파괴적 음모였지만, 궁극적으로 이 작품들은 계몽주의 철학과 그 중심에 있는 세속적 인간중심주의의 한계를 보다 근본적으로 지적하고 있다.

솔제니친은 독일 소설가 다니엘 켈만Daniel Kehlmann과의 인터뷰(「르 피가로」, 2006년 12월 1일)에서 20세기 인간중심주의가 가지고 온 "전 지구적인 파멸의 결과"가 아직 완전히 모습을 드러내지 않았다고 말했다. 그는 네 편의 대표적인 텍스트(1978년 하버드 연설, 1979년 BBC 재니스 새피에츠Janis Sapiets와의 인터뷰, 2000년 12월 프랑스 도덕 정치과학 아카데미 대상 수락 연설, 그리고 여러 권으로 구성된 걸작 『붉은 수레바퀴』의 주요 장)에서 그가 "합리주의적 인본주의rationalistic humanism" 혹은 "인간 중심성anthropocentricity"이라고 부르는 정치사회적 교리에 대한 암시적 비판을 제공했다. 그는 또한 이론적 현대성의 원칙이 버젓이 작동하고 있는 정치 질서를 내부로부터는 도덕적, 정치적, 문화적 전복으로, 외부로부터는 적대 세력에 취약하게 만들어 버린 구체적인 방식에 대해 설명한다. 솔제니친의 분석은 현대 세계에 대한 그의 고의적 거부 혹은 정치적 자유에 대한 신념 부족의 증거라고 오해받았다. 그러나 정치 이론가 델바 윈스롭Delba Winthrop이 거의 30년 전에 쓴 획기적인 글에서 지적했듯이, 솔제니친의 하버드 연설에서 그는 자신도 공유했던 미국의 "자유에 대한 사랑"을 비판한 것이 아니라, "물질주의로부터" 자유를 점점 더 수호하지 못하는 미국의 무능을 비판한 것이었다. 윈스롭은 솔제니친의 입장을 다음과 같이 정확하게 요약했다. "물질주의로부터 자유를 수호하기 위해서는 자유가 물질적 안녕을 넘어서는 그 이상의 의미와 목적이 있어야 한다." 그리고 윈스롭은 이렇게 덧붙인다. "우리가 이 사실을 알아차리지 못했기 때문에 솔제니친이 현대성의 근본 원칙을 비판한 것이다."

'인간중심적 인본주의'의 한계

솔제니친은 하버드 연설에서 인간중심적 인본주의를 "그보다 높은 어떤 힘으로부터 '분리'를 선언하고 시도한 인간의 자율성"이라고 정의한다. "인간중심성"에 대한 솔제니친의 진정한 대안은 신정체제와는 아무런 관련이 없다. 실제로 같은 연설에서 솔제니친은 "영적인 것을 위해 인간의 육체적 본성에 견딜 수 없는 전제적 억압을 가함으로써 중세시대는 피로에 의해 자연적 종말을 맞이했다"라고 지적한다. 그는 어떤 경우에도 무효하고 바람직하지 않은 과거로의 회귀가 아니라 중세시대처럼 우리의 육체적 본성이 억압받지 않으면서도 현대 시대에서 우리의 영적 존재가 짓밟히지 않는, "인류학적 다음 단계"로의 "승격ascension"을 주문한다.

19세기의 토크빌이나 프랑수아 기조François Guizot와 같은 보수자유주의자들의 뒤를 이어, 그리고 20세기 최고의 반전체주의적 고찰에 걸맞게 솔제니친은 '인간 의지'라는 문제적 토대 위에 세워진 모든 정치적 프로젝트의 한계에 대해 새로운 인식과 평가를 요구한다. 솔제니친은 그의 전임자들과 마찬가지로 "인간의 자기주권"을 노골적으로 거부한다. 현대성을 인간중심성으로 축소하는 듯한 그의 주장은 너무 개괄적이 아니냐는 비판을 받는다. 하지만 피에르 마낭이 1993년 "기독교와 민주주의"라는 에세이에서 지적했듯이 "마키아벨리부터 니체에 이르기까지 현대 철학의 역사는 '인간' 의지라는 개념의 상술에 의해 지향되고 활력을 얻어왔다." 가장 급진적인 형태가 바로 "인간 의지의 무제한적 확언"이 "기독교에 대한 무제한적 논박"과 결합하는 것이다. 베이컨Bacon과 데카르트Decartes와 같은 근대 철학의 설계자들은 인간을 '자연의 주인이자 소유자'로 만드는 것을 철학의 과업으로 과감히 규정했다. 토마스 홉스는 『리바이어던』(1651)에서 인간 의지보다 우선하는 정의의 원칙이 있다는 것을 명시적으로 부정했다. 확실히 솔제니친은 미국의 국부들을 포함한 일부 일부 정치가들이, 현대성이 '인간중심'에 역점을 두기 이전에, 더 오래되고 풍부한 종교적, 철학적 전통을 따랐다는 것을 알고 있었다. 이것은 현대 자유주의 체제에 활력을 주는 훌륭한 원천이었다. 그러나 "인간 권리"에 대한 현대적 확언의 핵심은 폭정에 대항한 투쟁에, 그것이 아무리 유익하다 할지라도, 자연과 신의 주권, 그리고 인간 의지 밖의 모든 권위에 대한 묵시적 거부가 있다는 것이다.

인간중심적 인본주의는 진정한 자유가 아닌 인간의 기괴한 자기 신성화, 그리고 "우리의 격정과 무책임을 억제"하는 "최고의 완전한 존재Supreme Complete Entity"를 고의적으로 부인하는 데서 절정을 이룬다. '주어진 것'에 대한 감사가 결여된 인본주의는 "인간에 내재한 악의 존재"를 부정하는 경향이 있으며 "인간과 그의 물질적 필요를 숭배하는 위험한 경향"에 굴복하게 할 것이라고 솔제니친은 경고한다. 현대 고의성에 대한 솔제니친의 대안은 앞서 보았듯이 강압적 권위주의로의 회귀가 아니다. 오히려 그는 "자발적 자기 제한制限"을 주문한다. 그러한 '자기 제한'은 급진적 현대성의 특징인 "자비와 희생이 풍부한 기독교 전통의 도덕적 유산"으로부터의 "완전한 해방"을 거부한다. 그러한 해방이 인간의 영혼을 거칠게 할 뿐만 아니라 최악의 경우 급진적 악의 승리를 초래할 수 있다는 사실을 망각한 급진적 현대성의 환상은 20세기에 결국 폭발한 슬픈 특권이었다.

현대 위기와 '뜻밖의 유대관계'

솔제니친은 레오 스트라우스와 에릭 푀겔린Eric Voegelin과 같은 보수주의적 정치 철학자들의 독자들에게 익숙한 방식으로 전근대 세계가 갖고 있던 도덕 자본이 침식된 결과가 "가혹한 영적 위기와 정치적 교착 상태"를 초래했다고 주장한다. 그는 하버드 연설에서 "우주 정복을 포함한 모든 고명한 기술 진보는 19세기까지만 해도 누구도 상상할 수 없었던 20세기의 도덕적 빈곤을 구제하지 못한다"라고 말한다. 솔제니친에 따르면 이 "위기"의 원천이자 발현은 온건한 형태의 인본주의와 보다 급진적이고 일관된 형태의 현대 유물론 사이에 나타난 "뜻밖의 유대관계"다. 자유주의 ─ 그리고 사회주의 ─ 가 "종교와 종교적 책임으로부터의 자유," 즉 인간중심성의 필연적인 실제적 결과에 굴복한 이상, 그들은 "가장 좌측의 물질주의적 흐름"에 취약해졌다. 이 물질주의적 흐름은 "가장 일관되고 항상 더 강하고 더 매력적이며 의기양양한" 것이었다. 솔제니친은 현대 인본주의의 여러 형태 사이에 존재하는 근본적인 "유대관계"가 공산주의의 범죄를 부정하고 정당화하거나 변명해버린 "수많은 서구 지식인"들이 왜 그토록 공산주의에 "열렬한 지지"를 보냈는지 설명할 수 있다고 여겼다. 솔제니친은 연설에서 그들이 "유대감을 느낌으로써" 공산주의의 약탈에 단호히 저항할 역량을 상실했다고 말했다.

솔제니친은 2000년 12월 프랑스 도덕 정치과학 아카데미에서 전한 연설에서 이 내용을 더 신랄하게 표현한다.

> 1920년대와 30년대로 가본다. 유럽 최고의 사상가들은 공산 전체

주의에 대한 감탄을 금치 못했다. 그들은 공산 전체주의에 대해 아 낌없는 찬사를 보냈고 기쁘게 조력했으며 이름과 서명을 제공하고 집회에 참석했다. 어떻게 이런 일이 일어날 수 있었을까? 이 현자 들은 볼셰비키 선전의 공격적인 물결을 꿰뚫어 봤어야 하지 않나? 그동안 볼셰비키는 "우리 공산주의자는 유일하고 진정한 인본주 의자"라고 큰 소리로 외쳤다. 아니다. 이 저명한 지식인들은 장님 이 아니었다. 그들은 공산주의 사상에 공통의 유전적 유대감을 느 끼고 인식했기 때문에 그 목소리에 사로잡힌 것이다. 자유주의와 사회주의, 그리고 공산주의의 공통된 뿌리는 계몽주의 시대로 거 슬러 올라간다. 그렇기 때문에 사회주의자들은 모든 나라에서 예 외 없이 공산주의자들을 대할 때 확고한 태도를 보여주지 못했다. 그들이 서로를 "첫 사촌" 혹은 적어도 "둘째 사촌"으로 여겼던 데 에는 그만한 이유가 있는 것이다. 자유주의자들도 마찬가지로 공 산주의에 맞서는 데 항상 자신감이 없는 모습을 보여 왔다. 그들 또 한 공산주의와 공통된 이념적이고 세속적인 뿌리를 가지고 있다.

솔제니친이 과장된 주장을 하는 것일 수도 있다. 계몽주의는 그 가 이야기하는 것보다 다양했고 그 모든 흐름이 무신론적 광신주 의에 굴복한 것도 아니었다. 보다 온건한 영미권의 흐름에서 계몽 주의는 도덕법에 대해 남아있는 진정한 존중, 그리고 제퍼슨이 "수 도승적인 무지와 미신"이라고 부른 것으로부터의 "해방"이라는 보다 급진적인 추구 사이에서 갈팡질팡했다. 또한 전체주의의 악의와 범죄에 맞서는 명예로운 자유주의자들과 사회주의자들도 물론 있었다. 조지 오웰George Orwell과 시드니 훅Sydney Hook과 같이 진실과 품위의 횃불이 되었던 인물들이 떠오른다. 하지만 그럼에도 많은 좌파 지식인들이 전체주의적 유혹에 저항할 원칙적인 근거가 없었기 때문에 그 유혹에 굴복하고 말았다는 솔제니친의 주장은 확실히 옳다. 그들은 서구 전통의 도덕적 유산으로부터 완전한 해방을 꿈꾸는 것에 더해 공산주의가 지향하는 수많은 열망과 목표를 공유하면서 표면적으로 "진보적인" 목적 또는 목표에 기여하는 악행에 눈을 감았던 셈이 되었다. 그들은 현대 지식인의 가장 큰 도덕적 약점, 즉 "좌파에게는 적이 없다"라는 환상에 굴복했다. 이 이야기는 폴 홀랜더Paul Hollander의 『정치적 순례자』(1980)에서 유능하게 (어쩌면 우울하게) 기록되었으며 레이몽 아롱의 1955년 고전 작품인 『지식인의 아편』에서 강력하고 정확하게 분석되었다.

참과 거짓 자유주의자

경성 전체주의적인 좌파에 대한 러시아 자유주의자들과 사회주의자들의 "자기 약화와 항복"(솔제니친이 1979년 BBC 인터뷰에서 말했듯이)에 대한 분석도 『붉은 수레바퀴』의 주요 주제 중 하나다. 여러 권으로 구성된 이 저작은 1917년 볼셰비키 혁명에 이르기까지 일어난 사건에 대한 솔제니친의 권위 있는 문학·역사적 기록이다. 오늘날 러시아와 서구 대부분의 자유주의자와 달리 솔제니친은 1917년 2월 혁명을, 유감스럽게도 짧았던 러시아 민주주의의 여명이 아닌, 완전한 재앙으로 봤다. 1917년에 일어난 첫 번째 러시아 혁명은 합법적인 입헌 정부로 점진적으로 발전하면서 공고해질 수 있는 전망을 완전히 무너뜨렸다. 1906년부터 1911년까지 러시아의 수상이자 구체제의 마지막 위대한 정치가였던 표트르 스톨리핀Pyotr Stolypin이 확고한 시민-소유자citizen-proprietors 계급을 만들려고 했던 단호한 노력은 1917년 시골 지역을 휩쓴 토지 압류와 무정부 상태, 그리고 화재로 인해 무산됐다. 1917년 1차 러시아 혁명의 결과로 집권한 자유주의 정치가들은 (그들이 경멸했던) 스톨리핀을 비롯한 차르의 장관들보다 자신들이 우월하다고 확신했다. 그러나 솔제니친이 1979년 재니스 새피에츠에게 말했듯이 "그들은 볼셰비즘으로 빠르게 흘러가는 상황을 지켜보기만 했던 척추 없는 평범한 사람들의 집합체임이 밝혀졌다."

첫날부터 제정 러시아 의회의 옛 좌파 야당 지도자들이 만든 임시 정부는 통치 불능이었다. 솔제니친은 인터뷰에서 이렇게 말했다. "임시 정부는 수학적으로 말하자면 마이너스 2일 동안 실제로 존재했다. 시작하기 이미 이틀 전부터 완전히 통제력을 잃었다는 말이다." 솔제니친은 자신도 혁명가들의 시민적 정치적 자유에 대한 열망에 공감하고 있었고 그에 반대했던 것이 아니었다. 그러나 그가 『1916년 11월』의 7장 "카데트의 기원"에서 보여주듯이 러시아 자유주의의 지배적인 흐름은 결국 그다지 자유주의적이지 않았다. 러시아 자유주의의 대표주자들은 국가와 러시아 사회 사이에서 정직한 중개 역할을 거부했다. 그들은 국가의 합리적인 제안을 거부하고 혁명적 급진주의와 테러리즘에 대해 뻔뻔한 방종을 보여주었다. 대중적으로 "카데트Kadet"라고 불렸던 러시아의 입헌민주당은 1905년 혁명 직전 시기 지역 의회의 지방자치회zemstvo 운동에서 발전한 것이다. 하지만 그들은 다층적인 헌법 질서 내에서의 자문 역할에 안주하지 않고 서구식 헌법의 즉각적 승인을 위해 선동했다. 그리고 1905년 10월에 헌법 질서가 수립되자 이번에는 철저한 혁명 개조라는 명분으로 헌법 질서를 전복시키기 위해 전력을 다했다.

보수적인 지방자치회 지도자 시포프D. M. Shipov가 당시에 말했듯이 그들은 "권리와 보장"을 모든 것의 기초로 삼았고, "사람들의 마음에 여전히 남아있던 종교적이고 도덕적인 사상을 산산이 부숴버렸다." 솔제니친은 혁명적이고 허무주의적인 좌파에 의해 흡수되기에 취약한 그런 "거짓 자유주의자들"에 대해 몇 가지 일반적인 결론을 내린다. 이에 대해 『1916년 11월』 7장에 나온 그의 통찰은 길게 인용할 가치가 있다.

코리올리 효과가 이 지구 표면 전체에 걸쳐 일정하게 작용하고 홍

수가 왼쪽으로 흘러가는 동안 강의 흐름이 편향되어 항상 오른쪽 제방이 침식되어 무너지는 것과 같이, 지구상 모든 형태의 민주적 자유주의도 마찬가지로 항상 오른쪽을 공격하고 왼쪽을 애무한다. 그들의 동정은 항상 좌파에게 향하고, 그들의 발은 왼발질만 할 수 있으며, 그들의 머리는 좌파의 말에 바쁘게 움직인다. 하지만 우익의 말을 듣거나 한 발짝이라도 내딛으면 수치심을 느낀다.

솔제니친이 "카데트 자유주의Kadet liberalism"라고 부르는 이것은 "자신의 확고한 노선조차도 따를" 수 없는 "거짓 자유주의"다. 전통과 권위에 대한 그들의 경멸, 종교에 대한 무관심과 멸시, 좌파에게 휘둘릴 것에 대한 두려움은 좌파의 혁명과 우파의 반동에 맞서 "사회발전의 중심"을 지켜내지 못한다는 것을 의미한다. 솔제니친은 스톨리핀과 가상의 보로틴체프Vorotyntsev와 같은 사람들을 위해 "진정한 자유주의자"라는 호칭을 남겨두었다. 그들은 전통과 현대성을 융합하려 하고, 질서와 자유는 불가분의 관계임을 알며, 권위를 신중하게 행사할 줄 알고, 호전적 좌파의 분노를 불러일으키는 것을 두려워하지 않는 이들이다. 반면 좌파는 건설적이거나 어떤 내구성 있는 것을 세우기보다는 파괴하는 것만 안다.

폭로적 에피소드

솔제니친은 『1917년 4월』의 강력한 27장 "상이군인의 시위"에서 러시아의 자유주의 세력이 어떻게 볼셰비키 앞에서 무기력하게 움츠려 무한한 방종을 내보이고, 결국 1917년 10월에 볼셰비키가 아무런 어려움 없이 권력을 잡도록 허용했는지 잘 보여주는 사례를 폭로한다. 어느 상이군인 무리가 상트페테르부르크의 타우리데 궁전에 몰려와서 레닌의 러시아 귀환과 독일에 대한 적대 행위를 즉각 중단하라는 명령에 항의한다. 러시아의 새로운 지도자들은 시위대를 정중하게 맞이하면서 레닌에 대한 그들의 맹렬한 비난을 꾸짖는다. "동지들이여, 이것은 올바른 방법이 아니다. 우리는 그의 입장에도 관대해야 한다. 모든 사람은 자신이 하고 싶은 말을 할 자유가 있어야 한다." 상이군인들은 레닌이 도발자 혹은 독일의 대의를 돕는다 하더라도 관용할 필요가 있다는 말을 듣는다. 그는 결국 반혁명주의자는 아니기 때문에 그 사실만으로도 새로운 러시아 자유주의 질서의 적이 될 수 없다는 것이다. 한편 레닌의 지지자들은 병상으로 돌아갈 준비를 하는 이 상이군인들을 모욕하고 괴롭히기 시작한다. 1917년 봄에 이르러서는 러시아 사회의 붕괴가 너무 빨랐기 때문에 이런 무법적이고 혁명적 폭력으로부터 러시아의 상이군인을 보호하는 것과 같은 아주 작은 임무에도 힘을 쓸 수 없었다. 이 장은 볼셰비키가 완전한 권력 장악을 준비하는 동안에도 우익만을 적으로 보고 대항했던 온건 좌파의 "자기 약화와 항복"을 완벽하게 보여준다.

소결

솔제니친은 2월 혁명의 교훈이 오늘날 러시아와 서구에도 적용이 된다고 이야기한다. 1917년 2월에 일어난 급격한 자유로의 도약은 (자유수의자들이 오늘날 계속 생각하는 것처럼) 러시아의 민주주의를 준비시킨 것이 아니라 비인간적인 전체주의의 70년을 준비시킨 것이다. 1990년대 일어난 러시아의 무정부적 자유에 러시아인들이 취약했던 것은 오랜 소비에트의 통치 기간 러시아인들이 2월 혁명의 의미를 제대로 직시하지 못했기 때문이다. 이 자유는 도덕과 법치, 그리고 진정한 자치와는 단절된 것이었다. "거짓 자유주의자"들은 자유의 도덕적 토대, 그리고 권위와 자유 사이의 긴밀한 관계를 다시 한번 망각했다. 러시아인들은 당분간 이러한 도덕적, 지적 퇴락의 결과를 안고 살아가게 될 것이다.

보다 깊은 철학적 측면에서 솔제니친은 이러한 진행이 인간중심적 인본주의가 초래한 보다 깊은 위기의 다면적 표현으로 이해한다. 20세기 들어서 온건한 형태의 세속적 인본주의는 공산주의적 전체주의라는 세속종교에 맞서지 못하는 현저한 무능력을 보여주었다. 오늘날 솔제니친은 "합리주의적 인본주의"가 "계몽된 자기 이익"을 사적 및 공적 생활을 위한 유일하고 확실한 지침으로 삼을 수 있다고 제안한다. 하지만 이와 더불어 "자기 제한"이라는 "황금 열쇠"에 대한 존경심을 회복하지 않는다면, 혹은 "우주의 조물주"에 대한 진정한 경외심이 없다면, 그러한 인본주의는 "경사스럽고 유망한 글로벌리즘"의 기초라기보다는 새로운 형태의 권위주의와 조작을 부르는 것일 뿐이다.* 교훈은 분명하다. 현대 세계의 진정한 약속은 이론적 현대성의 성립할 수 없는 원칙에 기초해서는 실현될 수 없다는 것이다.

• 여기서 필자는 솔제니친이 2000년 12월 13일 프랑스 도덕 정치 과학 아카데미에서 한 연설에서 자유롭게 발췌했다. 당시 솔제니친이 제안한 "자발적 자기제한"이라는 현명한 권고는, 경제 세계화의 세력에 의해 조장되었다고 주장되는 "권위적이고 보편적인 경제 전체주의"라는 과장된 표현으로 인해 빛을 잃었다. 그러나 솔제니친조차도 "여기저기서 경제적 '도약'을 관리했다"고 인정한다. 그러한. 국가에 대만이나 한국 같은 활기찬 민주주의 국가와 중국 및 인도 같은 신흥 경제 강국이 포함되어 있다면, "국제적 약속의 인본주의를 방향성 통제에 의한 인본주의로"의 변화로 이야기하는 것은 물론 빗나간 것이다. 그럼에도 불구하고, 경제적 기준을 자신의 영역 내에서는 비록 정당하더라도 도덕적, 정치적 통제로부터 서서히 이탈시키는 것에 대한 솔제니친의 경고는 절대적으로 합당하다.

08

'도덕적 정신병'과 '도덕적 불결'
– 정치적·문화적 현상으로서의 테러리즘

솔제니친은 좌파 지식인들이 전체주의에 대해 느꼈던 자기 파괴적인 "유대성kinship"을 조명한다. 그는 작가적 천재성과 역사가 및 도덕철학자의 통찰력을 가지고 현대 사회의 가장 당혹스럽고 혼란스러운 현상 중 하나를 분석한다. 학문적 담론과 공적 담론의 사이에 있는 영국 역사가 마이클 벌리Michael Burleigh는 현대 지식인이 우리 시대의 폭정과 테러를 정당화하고 동력까지 주는 비인간적인 추상에 굴복하고 마는 경향에 대해 상당히 보완적인 성찰을 제공한다. 벌리의 작품은 엄청난 학습을 바탕으로 하면서도, 동시에 역사 및 정치에 관한 거의 모든 학술적 저술과 구별되는 위트와 명료함, 그리고 활력으로 쓰였다. 독일 역사 전문가인 그는 최근 몇 년 동안 전체주의 이데올로기와 현대 정치운동에 의한 "인간의 종교적 감성에 대한 악의적 착취"(20세기 초 이탈리아 가톨릭 정치가이자 정치사상가인 루이지 스투르초Luigi Sturzo의 표현)를 기록하는 데 관심을 쏟았다.

벌리의 『피와 분노: 테러리즘의 문화사 Blood and Rage: A Cultural History of Terrorism』는 그의 『제3제국 The Third Reich』의 "새로운 역사"나 『세속 권력 Earthly Powers』 및 『신성한 대의 Sacred Causes』에서 탐구한 메시아적 "정치 종교"처럼 현대 허무주의와 정치적 폭력의 "피의 교차로bloody crossroads"를 정면으로 다룬다. 그의 이전 저작들은 현대 이데올로기적 국가(자코뱅 이후)가 현시대에서 벌어지는 "대부분의 치명적인 테러리즘의 원인이 되고 있는지" 그 다양한 방식을 조명한다. 『피와 분노』에서는 지난 한 세기 반 동안 "자신들이 정당한 정치 권력을 갖지 못한 것을 보상하기 위해 심리적인 공포 분위기를 조성"하려 했던 테러 조직과 운동들을 연구하고 있다. 이 풍부하고 도발적인 "테러리즘의 문화사文化史"는 오늘날 벌어지고 있는 테러리즘에 대한 초점을 잃지 않으면서 우리의 역사적 기억을 확장하고 있다. 또한 현대 테러리즘에 그 운명이 걸려 있는 도덕적이고 정치적인 문제에 대한 깊은 이해를 돕는다. 이 책의 가장 중요한 공헌 중 하나는 현대 테러리즘의 이론과 실천을 결정적으로 형성한 세 개의 19세기 정치 운동 ― 아일랜드 페니언Fenian, 러시아 "대중주의"와 허무주의, 그리고 무정부주의 ― 을 조명한 것이다.

벌리는 사상과 이데올로기의 중요성을 간과하지 않으면서 "직업, 문화, 삶의 방식으로서의 테러리즘"에 중점을 둔다. 그에게 이 데올로기는 "기존의 혼합물을 폭발시킬 수 있는 기폭 장치"의 역할을 하는 것이다. 벌리는 "폭력으로 세상을 바꾸려는 사람들을 은밀히 흠모하는" 사람들에게 시간을 허비하지 않는다. 그는 죄의 대가를 치르지 않고 살인을 일삼는 사람들의 변명이나 정당화에 귀 기울이기를 거절한다. 대신 그가 강조하는 것은 바로 테러리즘을 삶의 방식으로 선택한 사람들의 "도덕적 정신병moral insanity"과 "도덕적 불결moral squalor"에 대한 것이다. (이미 『세속 권력』과 『신성한 대의』에서 뛰어난 효과를 발휘한 것처럼) 벌리는 노스토예쁘스키Dostoevsky와 조셉 콘래드Joseph Conrad의 통찰력을 충분히 활용하여 인간이 "추상적 불만"을 "히스테리적인 분노"로 바꿀 때 어떤 일이 일어나는지 잘 보여준다. 그것은 바로 불완전하긴 해도 개선과 변화를 위한 다양한 가능성이 있는 세상을 그저 있는 그대로 파괴하려는 충동에 길을 열어주는 것이다.

페니언들과 IRA의 뿌리

『피와 분노』는 이어지는 모든 논의의 무대를 설정하는 세 개의 장, "녹색Green," "적색Red," "흑색Black"으로 시작한다(각 장의 이름은 앞서 언급한 세 개의 혁명적 운동의 깃발 색상에 따라 명명되었다). 첫 번째는

"녹색" 형태의 테러리즘으로, 19세기의 마지막 수십 년 동안 아일랜드에서 일반 봉기를 일으키려고 시도한 "페니언 다이너마이터 Fenian Dynamiters"들이다. 대중적인 지지가 부족했던 이 페니언들은 영국 전역에서 테러 캠페인을 벌였다. 벌리는 아일랜드인들을 영국 당국에 대한 무장 반란으로 몰아붙인 영국의 불의와 억압이 있었음을 충분히 인정한다. 하지만 일부 아일랜드 민족주의자들이 점점 더 무차별적인 테러 행위로 전환하게 된 시기는 찰스 스튜어트 파넬Charles Stewart Parnell을 비롯한 아일랜드 옹호자들이 영국 의회에서 충분히 활동하면서 많은 영국 정치인들이 아일랜드 자치Home Rule의 필요성을 점차 인정하고 있던 때였다. 1850년대의 크림전쟁에서나 1914년에서 1918년 사이의 "세계대전"에서 수많은 아일랜드 가톨릭 신자들은 영국과 함께 공통의 대의를 위해 놀랍도록 용맹하게 싸웠다. 그러나 급진적인 민족주의자들은 "대영제국에 닥친 어려움을 아일랜드의 기회로 바꾸는 일"에 전념했다. 그들은 자유의 적이기도 했던 영국의 적들과 기꺼이 협력했다(이 패턴은 리비아, 쿠바, 팔레스타인 해방 기구PLO, 바스크 ETA*, 체코슬로바키아의 공산 독재와 같은 부도덕한 정권 및 운동과 아일랜드공화국군IRA이 적극적으로 협력하고 서로 지원하면서 1970년대와 1980년대까지 계속된다.).

---

* 　바스크어 Euskadi Ta Askatasuna의 약어로 '바스크 조국과 자유'라는 뜻이다. 1959년부터 2010년까지도 활동한 민족주의-분리주의-사회주의 테러조직이다.

벌리는 페니언들이 재정 지원과 군사적 전문성에서 미국과 영국에 사는 아일랜드 이민자들에게 거의 전적으로 의존하고 있었다는 점을 지적한다. 그러면서 그는 테러리스트 활동에 필요한 자금을 공개적으로 모집하는 것을 단속하지 않는 미국 정부에 대해 "페니언 테러리즘에 대해 무책임하게 관대했다"라고 비판한다(그는 또한 이런 못 본 체하는 행태가 "이후 백 년 동안" 계속되었다고 씁쓸히 한탄한다). 영국 정부가 논쟁의 여지없이 명백한 유죄를 선고받은 테러리스트들을 사형으로 위협했을 때, "찰스 브래드로Charles Bradlaugh, 존 스튜어트 밀John Stuart Mill, 칼 마르크스Karl Marx와 같은 진보적 유명인사들"은 사형 집행 유예를 요구하는 청원에 서명했다. 이것 또한 서구 세계 전역에서 이후 백 년 동안 반복된 잘못된 동정의 패턴이다. 벌리가 관찰하듯이 페니언들은 너무나 많은 아일랜드 해외 이민자들의 무분별한 자금 지원에 의존할 수 있었을 뿐만 아니라, 그 야비한 폭력 수단 자체가 아예 목적이 되어버린 테러리스트를 낭만적으로 묘사하는 중산층 지식인들의 철없는 편견의 후원도 받을 수 있었다.

벌리는 페니언이 "아일랜드공화국군IRA의 역사적 핵심이자 그들이 신화화한 모델"이라고 말한다. 페니언과 마찬가지로 IRA 역시 "대영제국의 불행을 기회로 삼기" 위해 모든 노력을 기울였고, 1916년 부활절 봉기였던 "피의 희생"의 "연출"을 통해 사실상 "광적 가톨릭 종파주의"에 불과했던 아일랜드 민족운동의 신화를 만드는 데 크게 성공했다. 벌리의 비평가 중 일부는『피와 분노』와 『신성한 대의』에서 "아일랜드 문제"에 대한 그의 서술이 아일랜드 가 가진 대의에 대한 특정한 적대감에 의한 것이라고 공격한다. 하 지만 영국의 로마 가톨릭 신자였던 벌리는 "통합론주의자"와 아일 랜드 공화당원 모두의 뻔뻔한 신화를 함께 비난한다.『피와 분노』 의 뒷장 "작은 국가 테러"에서 그는 공화파와 통합파 양쪽 모두에 존재하는 테러리스트들과 그것을 지지하는 자들의 노골적인 가학 성과 범죄성을 고발한다.

벌리가 용납하지 않았던 것은 지적인 사람들로 하여금 공상가들 과 흉악범들을 동정하도록 이끄는, 역사적으로 근거가 없는 신화 들이다. 그는 1998년 부활절 성금요일 협정에 이은 광범위한 종파 간 폭력의 종식을 환영하면서도, 그 결과로 혹독한 대가를 치렀다 고 주장한다. 이제는 얼스터Ulster의 사실상 종파 분할을 승인한 급 진주의 정치 운동의 "공동주권" 하에 북아일랜드가 지배받게 된 것이다. 평화협정은 많은 "공화당 지역에서 법치와 경찰의 통제를 사실상 제거해버렸다." 잠시나마 북아일랜드를 구성하는 얼스터의 6개 구가 홉스식 자연상태를 벗어난 것은 진심으로 환영할 일이었 다. 하지만 현재의 제도가 결과적으로 정상적인 민주적 사회를 만 들게 될 법치주의의 승리라고 여기는 것은 심각한 착각이다.

무정부적 망상

　벌리는 책의 두 번째 장을 "흑색" 테러리즘, 즉 아나키즘의 이론과 실천에 할애한다. 무정부주의자들은 "행동을 통한 선전"의 실천자들이었다. 19세기 후반과 20세기 초반, 왕과 대통령, 그리고 상류사회 구성원 모두에 대한 그들의 무자비한 테러와 암살 캠페인은 문명 질서의 기초 자체를 훼손하려는 "보편적 음모"에 대한 거의 병적인 공포를 불러일으켰다. 러시아 왕자 크로포트킨Kropotkin과 같은 일부 무정부주의 이론가들은 "식당과 극장에 폭탄이나 던지는, 아무 생각 없는 테러"는 삼갔다. 동시에 그들은, 벌리가 지적하듯이 모순되게도, "어느 한 악행"이 "다른 악행으로 되돌아오는" 폭력의 "승수 효과"를 환영했다. 그들은 이것이 "가장 억압적인 정부를 훼손할 폭력의 소용돌이"로 이어지길 바랐다. 그들의 분노는 부르주아 사회의 "구조적 폭력"에 대한 것이지, 위계질서나 강제 없이 사회 질서를 수립하고자 하는 사람들의 테러 행위가 아니었다.

　무정부주의의 다른 이론가들은 테러 자체를 그 목적으로서 대놓고 옹호했다. 독일의 카를 하인젠Karl Heinzen은 1852년에 "살인"이라는 오싹한 에세이를 썼는데, 여기서 그는 동료 혁명가들에게 살인을 그들의 가장 중요한 "모토"이자 "해답", "필요"이자 "논증," 그리고 "반박"으로 여기도록 촉구했다. 벌리가 지적하듯이 하인젠은 1848년의 혁명가들이 효과적이지도 못하고 진정으로 혁명적이기에는 너무 "의지가 약하다"라고 믿었다. 하인젠의 말에 따르면 "세계를 지배하고 황폐하게 만드는 폭력과 살인 체계의 모든 대표자"를 죽이려면 보다 새롭고 대담한 유형의 혁명가가 필요했다. 무정부주의자들에게 있어 인류 역사상 진정으로 합법적인 정치 질서 따위는 없었다. 사회 질서 자체가 곧 일반 개인의 권리와 존엄성을 훼손하려는 성직자들과 군주의 음모였다. 러시아 허무주의자와 가장 광적인 자코뱅 혁명가를 연상케 하는 하인젠은 "인류로 가는 길은 잔혹함의 최고봉 너머에 있다"라고 단언했다. 정치적, 사회적 해방의 도구로서 무제한적인 폭력을 옹호했던 다른 많은 이론가들처럼, 하인젠은 도덕적, 사회적 완벽주의와 "무차별적인 테러리즘"이라는 허무주의적 탐닉을 결합했다. 그러나 이 사납고도 "풍부한 상상력"을 가진 하인젠 본인은 정작 파리 한 마리도 해치지 않았다. 그는 1860년 미국으로 건너가 보스턴에서 매력적인 목가적 생활에 정착했다.

또 다른 무정부주의자들은 "행동을 좌절시키는 이론에 방해받지 않기" 위해 삶의 방식으로서의 폭력에 끌렸다. 벌리는 "행동을 통한 선전propaganda by deeds"을 계속해서 옹호하여 비평가들에게 "붐붐 장군General Boom Boom"이라고 조롱당했던 독일의 무정부주의자-테러리스트 요한 모스트Johann Most를 주목한다. 가장 기억에 남고 기겁할 만한 모스트의 말은 아나키스트의 임무가 "쏘고,

태우고, 찌르고, 독살하고, 폭탄을 던지는 것"이라는 것이다. 마찬가지로 모스트도 결국 미국으로 건너가 에마 골드만Emma Goldman˙의 연인이 되기도 했고, 급진주의 순회 연사로서 군중을 선동했으며, 다이너마이트 폭탄 테러 전문 이론가˙˙가 되었다. 모스트와 같은 무정부주의자들은 1880년대 미국에서 대규모 노동자 소요사태를 조장하고 급진화를 시도하는 데에 적극 참여했다. 그들의 선동은 충분히 사실적이었고, 벌리가 책에서 잘 보여주듯이 그 선동에 넘어간 사람들의 삶은 종종 비극적으로 끝났다.

"부르주아 문명"을 박멸할 목적으로 봉사한 느슨한 "흑색 인터내셔널Black International"도 있었다. 이는 일부 학자들이 주장하는 것처럼 "열광적 부르주아 상상력의 산물"이 아닌 실제 운동이었다. 하지만 이 느슨하고 분산된 무정부주의 운동은 권위 있는 위치에 있는 많은 사람들에 의해 방대하고 신비한 "단일 음모"로 여겨졌다. 알 카에다가 때로 지역 자체 혹은 단독적인 테러 행위에 대해 엉뚱하게 비난을 받거나 기회주의적으로 "스스로 자신들의 소행이라고 거짓 시인하는" 것처럼, 많은 사람이 대부분의 잔혹한 테러 행위에 대해 이들을 비난했다.

˙ 1869~1940년 무정부주의 활동가이자 작가.

˙˙ 모스트의 가장 잘 알려진 책자는 『혁명전쟁의 과학: 나이트로글리세린, 다이너마이트, 면화약, 뇌홍, 폭약, 퓨즈, 독약 등의 제조 및 활용 매뉴얼』(1885)이다.

벌리의 흑색 테러에 대한 논의에는 주목할 만한 경고가 있다. 프랑스, 스페인, 이탈리아, 영국, 미국의 무정부주의자들은 무작위로 폭력을 행사했으며, 각종 카페, 정부 청사, 오페라 극장 등을 폭파하고 런던의 그리니치 공원에도 공격을 감행했다. 1894년과 1901년 사이에는 여러 명의 국가 원수(스페인 수상, 이탈리아 국왕, 윌리엄 매킨리William McKinley*** 등)에 대해 암살을 자행해 당시는 "현대사에서 통치자들에게 가장 치명적인 기간"으로 회자됐다. 그러나 이러한 무정부주의적 폭력의 끔찍한 과시에도 불구하고 합법 국가의 권위를 축출하거나 문명 질서의 토대를 뿌리 뽑기에는 한참 못 미쳤다. 그럼에도 서서히 조여 오는 무정부주의자들의 포위가 두려워 지도자들과 사람들은 두려움에 떨었다. 시카고 시市는 "도심에 요새화된 대규모 무기고"를 건설했고 무정부주의자들을 막기 위해 30마일 떨어진 곳에 정규군 사단도 배치할 것을 주장했다. 시어도어 루즈벨트Theodore Roosevelt 대통령은 무정부주의자들의 만행을 강하게 비난했고 (실제 또는 상상의) 무정부주의자들을 국토에서 내쫓기 위해 새로운 이민법을 실시했다. 무정부주의자들의 테러에 대한 철저한 경계는 필요했고 현명한 것이었다. 하지만 그 위협을 균형 있게 파악하여 이러한 허무주의적 살인 만행의 결과로 (9·11 테러 이후 종종 주장되었던 것처럼) "모든 것"이 바뀌어 버릴 것이라는 종말론

••• 미국 25대 대통령.

적 환상에 굴복하지 않는 것도 필요했다.

　바로 그것이 벌리가 폴란드 태생의 위대한 영국 소설가 조셉 콘래드의 작품에서 도출한 교훈이다. 1907년 콘래드의 걸작 『비밀 요원 *The Secret Agent*』에서 묘사된 무정부주의자들은 대충 미하일 바쿠닌Mikhail Bakunin, 요한 모스트, 그리고 당시 주요 페니언 다이나마이터들과 같이 허무주의적이고 무정부주의적인 테러리스트들을 모델로 한 것이었다. 콘래드는 그들의 "거창한 묵시록적 수사학 이면"에 "도덕적 불결함"으로 가득한 하찮고 초라한 사내들을 생생하게 묘사한다. 모든 것을 파괴하고자 하는 그들의 충동은 그들에게 "권력과 개인적 명성"을 가진 것 같은 망상적 느낌을 주었다. 사적 초라함과 과대한 자만심, 그리고 파괴를 향한 허무주의적 충동의 결합은 벌리가 그의 책에서 묘사한 테러리스트들의 주요 특징이다. (1972년 뮌헨 올림픽에서 이스라엘 선수단에 가한 잔혹한 공격으로 대표되는) "검은 9월단" 팔레스타인 테러리스트들과 1970년대와 1980년대의 바더-마인호프Baader-Meinhof 갱단, 그리고 끔찍한 9·11 테러 공격을 계획하고 감행한 사우디와 이집트의 현대 테러리스트들은 모두 콘래드가 그린 "도덕적으로 불결한" 인물들과 그 특징들이 대부분 부합된다. 벌리는 이렇게 그들의 행동 양식을 이해한다고 해서 『비밀 요원』에서의 미치광이 교수가 표현한 대로 "존재하는 것의 파괴"에 자신을 바치는 자들에 대해 확실한 대응책을 마련할 수 있는 것은 아니라는 것을 알고 있다. 그럼에도 이러한 성찰은

"지옥의 교리"를 통해 "도덕적 불결함"에 "도덕적 정신병"까지 더한 테러리스트들을 낭만적으로 바라보거나 동정하거나 어떤 식으로든 비호하려는 유혹에 예방접종을 제공한다.

허무주의의 유혹

『피와 분노』 2장에서 마이클 벌리는 『세속 권력』과 『신성한 대의』의 또 다른 중심 주제, 즉 러시아 지식인 일부가 혁명적 허무주의에 빠지게 된 것에 대한 관찰로 돌아간다. 벌리의 지적대로, 러시아 지식인에 속한다는 것은 교육을 받거나 전문 계급의 일원이 되는 것과는 아무런 관련이 없다. 오히려 지식인은 "무신론, 사회주의, 혁명과 같은 소위 진보적 사상에 순응된" 것으로 특징지어지는, 교육받은 계급의 하위 집단이었다. 카데트Kadet나 입헌민주당에 속해 있던 러시아 지식인들은 물론 심지어 서구적 자유주의자들도 좌익을 경계하거나 테러리즘을 규탄하지 않았다. 그들은 일반 러시아인의 삶에 아무리 유익하더라도 개혁을 완강히 반대했던 러시아의 정치세력에 대해 한없이 관대했다. 1860년대와 1870년대의 "대중주의" 테러리스트들은 노예제를 폐지하고 법원과 군대를 현대화하며 배심원 재판을 도입하고 러시아 지방마다 자치회 또는 의회를 설립했으며, 러시아 대학에 자율성을 도입한 '해방자 차르' 알렉산

더 2세의 입지를 약하게 만들었다. 1881년 "인민의 의지당"* 테러리스트들에 의해 알렉산더 2세가 암살당했을 때, 그는 선출된 시민 사회 대표를 포함한 자문 위원회를 도입해 거의 러시아를 입헌 통치에 가깝게 만들기 직전이었다. 그의 암살은 오히려 반동주의자들을 과감하게 만들었고 25년 동안 강력한 독재 통치가 이어지게 되었다.

도스토예프스키는 허무주의가 인간 역사에서 전례가 없는 형태의 억압으로 이어질 것이라고 예측하면서 허무주의를 가장 기민하고 심오하게 비판한 인물이있다. 벌리는 도스토예프스키의 걸작 『악령 The Possessed』에 나오는 허무주의자 쉬갈료프의 섬뜩한 예지적 표현을 인용하며 아래와 같이 말한다.

> "나는 내 자신의 정보에 당황스럽다. 내 결론은 내가 애초에 시작했던 생각과 곧바로 충돌한다. 무한한 자유로 시작했지만 절대적 폭정에 이르렀다. 사회적 문제의 해결은 나 스스로 외에는 없다." 그는 유토피아를 실현하기 위해 "억만"의 죽음을 예측한다. 그 유토피아는 사적 영역을 제거하기 위해 고안된 완전한 감시를 포함한다. 인간 평등을 달성하기 위해 "키케로는 혀가 잘릴 것이고, 코

---

* 'Narodnaya Volya(나로드나야 볼야).' 1879년부터 1887년까지 활동한 극좌 혁명 조직이다.

페르니쿠스는 눈이 뽑힐 것이고, 셰익스피어는 돌에 맞을 것이다."

상류 사회는, 최고의 러시아 문화와 영적 전통을 입헌주의 및 법치와 융합시키려는 신중한 시도 대신, 러시아의 혁명적 "악령"이 제공하는 "형이상학적 광기"(버크의 표현)를 보고도 못 본 체했다. 1877년 1월 대중주의 혁명가였던 (한때 마르크스의 특파원 역할을 했던) 베라 자술리치Vera Zasulich가 대낮에 상트페테르부르크의 경찰서장에게 총을 쏴 부상을 입혔을 때, 배심원단은 그녀에게 무죄를 선고할 정도로 무모했다. 좌익 테러리즘에 대한 이러한 방종은 1905년 10월 러시아에 헌정질서(및 선출된 의회)가 도입된 후에도 계속되었다. "인민 의지" 테러 운동과 동맹들은 그 요란함과 분노에도 불구하고 100명 미만의 사람들(물론 그중에는 한 명의 차르가 포함되어 있지만)을 죽였다. 그러나 1906년부터 러시아를 공포에 떨게 한 사회혁명당과 마르크스주의 급진주의자들은 노골적인 도적 행위를 자행하면서 무고한 민간인들을 포함해 수천 명을 살해했다.

그들은 비범한 지성과 결단력을 지닌 정치가이자 1906년에서 1911년까지 러시아 총리를 지낸 표트르 스톨리핀Pyotr Stolypin에게서 진정한 상대를 만났다. 스톨리핀은 혁명적 테러를 완전히 분쇄하고 러시아 농민을 진정한 시민-소유자로 만들어 강하고 자유로운 국가를 건설하기 위해 전념했다. 허무주의적 혁명 대신 영리한 개혁의 길을 선택하는 러시아의 마지막 최선의 희망이었던 스톨리핀은 1911년 8월 키예프 오페라 극장에서 비밀경찰과 사회혁명당의 이중간첩이었던 드미트리 보그로프Dmitri Borgrov의 총격으로 암살당했다. 장기간의 세계대전으로 약해진 러시아가 1917년 2월의 혁명적 폭풍우에 굴복하자, 가장 자신감 있고 조직적이며 음모적인 러시아의 혁명 분파가 집권할 길이 열렸다. 국가 테러리즘을 아예 정책으로 삼았던 볼셰비키(그들의 목표는 레닌이 1918년 1월 스스로 썼듯이 "모든 해로운 곤충 — 인민의 적 — 을 러시아에서 박멸"하는 것이었다)는 이제 옛 악령의 폭력적인 습성과 재능을 자유롭게 답습했다.

리시아의 자유주의자들은 독재적 우파와 혁명적 좌파 사이의 투쟁에서 그저 "선량한 사람들"이 아니었다. 벌리가 말하듯이 사실 "'자유주의'는 끔찍한 폭력적 테러에 대해 너그러운 관용을 베풀었던 혁명적 카데트로 대표되었다." 이들은 1917년 2월 혁명 이후 몇 달 동안 러시아를 통치했고 그해 10월 혁명 시기 볼셰비키가 집권할 수 있는 길을 터준 바로 그 너그러운 자유주의자들이었다. 전체주의와 혁명적 테러리즘에 대한 이런 좌파자유주의적인 방종 또는 최소한의 무지의 행태는 1960년대와 1970년대 서유럽에서 현저히 반복된다. 1972년 노벨상 수락 연설에서 알렉산드르 솔제니친은 러시아 지식계급의 일종이 서유럽 엘리트 지식인 사이에서 다시 태어나는 과정에 있다고 언급했다. 이 우아한 엘리트들은 도스토예프스키가 "진보적인 작은 관념 따위"라고 표현했던 것의 노예가 되었다. 100년 전 그들의 이념적 선조들처럼 이 좌파자유주의 지식인들은 좌측에 적이 있음을 인정하지 않았다. 매우 흥미로운 "유죄의 백인 아이들: 붉은 여단과 적군파"라는 장에서 벌리는 이러한 판단을 뒷받침하는 많은 증거를 제공한다. 그러면서 그는 우리가 그 위험을 무시하고 잊고 있었던 유럽 민주주의 역사의 한 순간을 생생하게 상기시킨다.

'이데올로기 중독' 혹은 서유럽 테러의 시작

1960년대와 1970년대 서유럽의 지적 풍토를 논할 때 벌리는 "이데올로기에 중독된" 준지식인들을 언급한다. 15년 동안 이탈리아는 좌익 테러리스트들 — 주로 붉은 여단이었지만 프리마 리네아 Prima Linea*와 같은 여러 파생·경쟁 "무장종파세력" — 에 의해 갈기갈기 찢어져 있었다. 1969년부터 1987년까지 무려 1만 4,591건의 테러가 발생하여 419명이 사망하고 1,182명이 부상을 당했다. 극우의 일부 무장 세력도 이탈리아 정치 주류에 진입하려는 네오파시스트 이탈리아 사회 운동의 노력에 환멸을 느끼고 "권위주의 국가 형성"이 필요하다고 주장하면서 193명의 목숨을 앗아간 수차례의

•   전선(前線)이라는 뜻으로, 70년대 후반에서 80년대 초반까지 이탈리아에서 활약한 마르크스레닌주의 테러조직.

대규모 폭탄 공격을 가했다. 하지만 붉은 여단은 더 실존적인 위협을 가했다. 그들은 이탈리아 국가와 사법부의 대표, 유능한 사업가, 그리고 그들의 사악한 행위를 비판할 용기를 가진 학계와 지식인들을 마음껏 표적으로 삼았다.

이 시대는 부르주아 사회에 대한 일방적인 경멸과 라틴 아메리카와 동남아시아에서 일어나고 있는 "원격 분쟁"에 대한 분노에서 비롯된 (벌리가 적절하게 표현한) "도덕화하는 본능적 열정"과 "순응주의적 실험"으로 특징지어진다. 그는 대학들이 "거의 20년 동안 적색 테러의 연료를 제공한 광신주의 집단"이라고 직었다. 이탈리아에서는 테러리스트들과 그들을 지적으로 옹호하는 자들이, 로마 가톨릭교 및 이탈리아 공산당의 반체제 인사들로부터 나왔다. 세속적이고 종교적인 진보주의자들은 기존 질서의 급진적인 메시아적 변혁을 지지하기 위해 함께 모였다. 그들은 서유럽 전역 어디에서나 "파시즘"을 찾는 경향을 보였다. 특히 이탈리아와 독일의 지식인들은 권위주의와 권위 있는 제도를 구별할 능력을 상실했다. 이탈리아의 붉은 여단과 서독 적군파의 대원들 및 그들에 대한 이념적 동조자들은 자유민주주의(비록 불완전하고 산만하더라도)와 무장 전체주의 국가 간의 차이를 구분하지 못했다.

독일에서는 급진적인 변호사들이 법체계를 조작하여 유죄 판결을 받은 테러리스트에게 메시지를 전달하고 물질적 지원을 제공했다. 일부는 그들 스스로 테러리스트가 되기도 했다. 좌파자유주의 활동가들은 뻔뻔스럽게도 이 철부지 테러범들의 운명을 아우슈비츠 수용소의 유태인의 운명과 비교했다. 이탈리아에서는 급진적 이념가인 안토니오 네그리Antonio Negri가 잠시의 망설임도 없이 좌파 가톨릭에서 좌파 혁명 테러리즘으로 입장을 갈아탔다. 이내 그는 테러 활동에 연루되어 의원 면책특권이 박탈될 즈음에 프랑스로 도피했다. 수년 후 이탈리아로 돌아와 감옥에서 6년을 보낸 네그리는 유명 지식인 대우를 받으며 전 세계를 여행했다. 네그리가 듀크 대학 교수 마이클 하트Michael Hardt와 공동 저술한 자본주의 국제화 비판서 『제국』(2000)은 도통 읽을 가치가 없는 책이지만, "문화 연구cultural studies"로 알려진 학계의 좌파 생태계에서는 중요한 지적 참고서적으로 남아 있다. 혁명적 폭정과 테러에 대해 지칠 줄 모르는 변호인인 장 폴 사르트르는 투옥된 독일 테러리스트 안드레아스 바더Andreas Baader를 방문하여 그의 "혹독한" 옥중 환경에 대한 근거 없는 불만을 지지하기도 했다. 사르트르는 개인적으로는 바더에게 혐오감을 느꼈고 동료들에게 그를 가리켜 "재수 없는 놈"이라고 말했다고 한다. 자칭 "자유의 철학자"라고 하는 자의 '선의'가 어떤 것인지 엿볼 수 있다.

　　대부분의 서유럽 지식인들은 혁명적 허무주의를 지지하는 데 있어 네그리나 사르트르만큼 멀리 가지는 않았다. 그러나 이 시기의 서유럽 역사에는 자유 문명의 혜택을 톡톡히 누리는 자들 사이에서 급진적 감수성과 기괴한 자기 증오가 폭발적으로 나타난 것이 사실이다. 이러한 점은 1860년대부터 러시아를 지배한 지적, 문화적 분위기와 유사하다. 벌리가 지적했듯이 1960년대 후반에 들어서 급진 좌파는 더 이상 소비에트 사회주의의 해방적 성질을 믿지 않았다. 소비에트의 정권은 이미 유토피아적 희망의 대상이 되기에는 너무 관료적이었고 경직되었다. 앞서 5장에서 논의한 바와 같이, 서유럽의 지식인들은 이제 소비에트 대신 그들이 거의 또는 전혀 알지 못하는 먼 나라의 정권과 지도자들, 즉 쿠바의 카스트로와 체게바라, 중국의 마오쩌둥毛澤東과 저우언라이周恩來를 바라보기 시작했다. 보다 일반적으로 말하자면, 시유럽의 지식인들은 그들이 궁극적 악으로 본 것, 즉 부르주아 사회의 "억압적 관용"을 부정하는 것을 혁명으로 보고 지지했으며 그러한 혁명적 부정으로부터 어떻게든 자유롭고 인간적인 미래가 나타날 것이라고 상상했다. 이는 확실히 "도덕적 정신병"에 해당한다.

다행스럽게도 여론은 대체로 보수적이었고, 급진주의자들을 반대하는 중도우파와 중도좌파 정당 및 정부를 일관되게 지지했다. 시간이 지나면서 서방 정부는 전향한 테러리스트들의 결정적인 고백과 증언들을 얻어냈고, 무장 메시아적 운동은 고갈되고 자멸했다. 그리고 이 20년간의 이데올로기적 광기를 끝내기 위해 점차 더 효과적인 대테러 조치를 취했다. 여전히 남아있는 의문점은 왜 영향력 있는 유럽 엘리트의 일부가 이데올로기적 추상화에 중독되어, 현대 민주주의 산업화 사회에서 할 수 있는 실제적인 정치적 선택을 무시하는 무장 혁명가들에게 동정을 표했느냐 하는 것이다. 한편 벌리는 1960년대와 1970년대의 테러 운동과는 달리 급진적 이슬람주의자의 이념적 목표에 진보적 지식인들이 공감하는 것은 불가능하다고 주장한다. 소위 급진주의자들이 이슬람 칼리프와 엄격한 샤리아 법의 범지구적 확립에 가질 수 있는 희망이 무엇이 있겠는가? 그러나 옛 혁명적 허무주의의 잔재는 오늘날에도 여전히 진보적인 지식인들 사이에 남아 있다. 그들에게 서구는 여전히 본질적으로 "비난받아 마땅한" 문명으로 간주된다. 많은 지식인과 준지식인은 서구에 저지르는 가장 광적인 범죄를 기꺼이 비호하거나 최소한 상대화한다. 한편, 유럽의 엘리트들은 이탈리아나 독일의 자생적 국내 테러리즘에 대처하는 데 마침내 성공한 (혹은 바스크 ETA나 IRA와 싸우기 위한 주요 수단이었던) 법 집행 조치가, 알 카에다와 기타 이슬람 극단주의자들이 새롭게 제기하는 세계적인 위협에도, 충분한 효과를 발휘할 것이라고 쉽게 단정 짓는 경향이 있다. 안타깝게도 이런 낙관적인 판단을 뒷받침할 근거는 거의 없다.

이슬람과 이슬람주의: 종교와 정치적 종교

벌리의 『피와 분노』에서 가장 많은 분량을 할애하는 "세계적 분노: 이슬람 테러리즘"에서 그는 『신성한 대의』의 마지막 장 "큐브와 돔, 그리고 죽음 숭배: 9·11 이후 유럽"에서 이미 다룬 이슬람 분석을 반복한다. 벌리는 우선 2001년 9월 11일 테러 공격에 이르기까지 있었던 사건을 상세히 설명한다. 그는 '무슬림형제단'에 영감을 준 반서구 이념가인 사이드 쿠틉Sayyid Qutb부터 (모든 악의 뿌리를 서구로 보는) "옥시덴탈리즘," 반유대주의, 그리고 오사마 빈 라덴과 그의 알 카에다 네트워크의 몰 양심적인 국제 테러리즘까지 이슬람 극단주의의 지적 뿌리를 철저히 탐구한다. 아쉽게도 벌리는 『신성한 대의』에서 이슬람 테러리즘이 "현대 서구 사회에서 발생한 사상과 운동의 '표지 버전'""이라고 선불리 과장해서 표현했다. 결과적으로 그는 "이슬람 파시즘"이나 "이슬람 볼셰비즘"과 같은 용어를 사용함으로써 문제를 명확히 하기보다는 혼란스럽게 만든 셈이 되었다.

벌리는 『신성한 대의』에서 우리 시대에 너무 만연한 "심각한 단순화"를 피하려고 주의를 기울였다. 이는 일부 역사적 특수성(예를 들어 파시즘)을 갖는 이데올로기적 운동을, 모든 억압적이고 권위주의적이며 폭력적인 것의 광범위한 상징으로 묻어버린다. 파시즘은 특별히 사나운 이빨 자국을 남긴 것이 틀림없지만(무솔리니는 그의 전체주의적 열망을 과시하기도 했다), 사실 20세기에 등장한 여러 정치종교

•　표지 버전(cover version)'이란, 원곡 가수가 아닌 다른 가수가 그 노래를 부르는 것을 통칭하는 음악용어이다.

중에서 그나마 가벼운 상처에 속한다. 확실히 하자면 이슬람주의의 흐름은, 대규모 도시산업 사회의 사람들을 본래 터전에서 쫓아내는 특성deracination characteristic을 보이는바, 대한 서구 전체주의적 혐오에 어느 정도 기인하는 것은 사실이다. 그렇다고 하더라도 이를 20세기 유럽 전체주의의 "리메이크," 즉 지역 단위의 종교적 변형 정도로 여기는 것은 잘못된 것이다.

벌리는 『피와 분노』에서 이 실수를 만회한다. 그는 이제 "이슬람 파시즘"이나 "이슬람 볼셰비즘"과 같은 용어에 보다 회의적이다. 두 표현 모두 부정확할 뿐만 아니라 이슬람 전체를 "고발"하는 위험이 있기 때문이다. 또한 모든 형태의 이슬람 근본주의를 극단적 테러리즘과 혼동할 위험도 있다. 벌리는 대신 이교도 및 소위 가짜 무슬림들을 상대로 "성전"을 벌이는 '살라피 지하디즘'에 대해 이야기한다. 이슬람의 과거 영광을 회복하고자 갈망하는 이들은 범지구적 이슬람 칼리프의 수립을 지지하고 "폭력적인 변혁을 통해 이슬람 사회를 이슬람 국가로 바꾸려고 한다." 살라피 성직자들과 이론가들은 모든 무슬림들이 "무함마드를 둘러싼 현명한 창시자들"로 다시 헌신하는 유토피아를 꿈꾼다. 그러나 이 꿈은 사실 가장 나쁜 형태의 역사 수정주의다. 이슬람은 ─ 어느 학자가 "황제 없는 제국"이라고 묘사했듯이 ─ 무함마드 사후 고질적으로 분열하는 경향을 보여 왔기 때문이다.

벌리가 살라피 지하드 이슬람을 이슬람 전체와 구별한 것은 옳다. 하지만 도덕률과 인간 고유의 존엄성을 거부하는 급신주의사들의 "고의성"은 사실상 역사적 이슬람 자체의 강력한 흐름에서 비롯된다. 이 문제는 오늘날 무슬림들에게 온건한 방향을 설정하기 위해 전념하는 모든 사람들이 직면한 딜레마다. 스스로 이성과 선함에도 굴하지 않는 알라신의 주의주의主意主義나 인류를 "복종의 집"과 "전쟁의 집"으로 구분하는 세계관, 다른 "책의 사람들peoples of the book"*을 "디미튜드dhimmitude"**혹은 그 이하로 격하하는 전통, 알라의 것과 카이사르의 것 사이에 근본적인 구별이 전혀 없다는 것 등—이 모든 이슬람 급진주의의 특성은 사실상 역사적 이슬람 자체에 어느 정도 뿌리를 두고 있다—이 그 예다(이 내용은 교황 베네딕토 16세의 2006년 9월 레겐스부르크 연설에서 언급되었고 많은 오해를 불러일으켰지만 상당히 정확하고 통찰력이 있다.). 급진주의자들의 주장은 일방적이고 전체 이슬람 전통 내에 있는 온건한 부분을 무시한다. 하지만 요점을 회피해선 안 된다. 바로 이슬람주의자들이 이미 불안정한 혼합이 있는 것에 더해 현대의 이데올로기적 요소들을—현대 기술에 대한 실용주의적 태도와 함께—창의적으로 추가했다는 것이다.

- 이슬람에서 이교도를 통칭하는 표현이다. 여기서 "book"은 본래 유대경전, 즉 모세오경을 의미한다.
- 디미튜드란 이슬람 치하에 놓인 이교도들을 의미한다. '2등 시민'이라는 의미가 함축되어 있다.

소결

벌리는 책의 말미에서 서방 정부가 "물라mullah의 일방적 지시를 달가워하지 않는" 수억 명의 중동 무슬림에게 공공 외교와 문화적 교류 활동을 지속해야 한다고 촉구한다. 그는 특히 영국과 네덜란드와 같은 나라에서 급진 이슬람의 위협에 대처하려는 노력을 수년 동안 저해한 다문화적 망상과 나약한 정치적 올바름에 대해 비판적이다. 그는 "라인홀드 니버Reinhold Niebuhr와 폴 틸리히Paul Tillich 같은 강인한 신학자들이 무기력한 애매함을 버리고 악에 대처할 줄 알았던" 시대를 그리워한다. 스스로 "보수주의적 현실주의자"라고 칭하는 벌리는 네오콘의 지나침이나 '테러와의 투쟁을 치안이나 법 집행의 문제 정도로 축소하려는 유럽의 경향'을 모두 거부한다. 그의 실제적인 제안은 대부분 냉철하고 합리적이며, 서방 세계가 "테러와의 전쟁"에 (여전히 문제가 남아있는 용어임에도 불구하고) 참여하고 있음을 부인하는 자들을 자극할 것이다. 한편 그의 책이 다른 저작들에서 쉽사리 볼 수 없는 진정한 유익은 따로 있다. 『피와 분노』는 특히 우리의 지나간 역사의 어두운 면을 기억나게 하고 보다 성숙한 도덕적, 정치적 판단을 형성하게 하는 힘이 있다. 다양한 형태의 폭정과 테러에 대해 현대 지식인들이 보이는 이상한 관대함을 밝히는 것 외에도, 벌리의 책은 이슬람주의가 문명적 가치에 가하는 위협에 맞서는 데 필요한 지침을 제공한다. 동시에 그는 이슬람주의가 서구 문명에 가하는 실존적 위협을 너무 과장하지 않도록 건전한 경계심을 가지라고 조언한다. 이처럼 신중하면서도 강인한 보수주의적 현실주의는 특히 이 시대에 매우 필요하다.

V

온건하고
인간적인
보수주의 모델

09

레이몽 아롱의
민주적 보수주의 모델

　여러 앞장에서 이미 레이몽 아롱(1905~1983)의 정치적 사상을 검토할 기회가 있었다. 보수주의적 자유주의자인 아롱은 정치철학자가 어떻게 시민교육가로서의 역할을 다할 수 있는지 그 모범을 제공했다. 이제 자유주의 질서의 보수주의적 기초에 대한 논의를, 아롱의 풍부하고도 침착하며 변증법적인 "민주주의적 보수주의"라는 개념으로 검토하는 것으로 마무리하려 한다. 그의 삶과 저작들은 계몽주의의 가장 훌륭한 유산을 대표함과 동시에 자유를 수호하는 데에는 용기와 절제, 그리고 사려 깊고 자기 비판적이면서 서구 문명의 유산에 대한 주저 없는 충실함이 필요하다는 것을 보여주었다.

「르 피가로」(1947~1977) 및 「렉스프레스 *L'Express*」(1977~1983)의 칼럼과 「영혼의 자유 *Liberté de l'Esprit*」, 「증거들 *Preuves*」, 「인카운터 *Encounter*」, 「꽁트르푸앙 *Contrepoints*」 및 「꼬망떼르 *Commentaire*」와 같은 잡지의 칼럼에서 아롱은 자신의 시대를 장식한 이슈들에 대해 눈부신 논평을 남겼다. 그러나 그는 자신의 정치적 논평을 자신의 "과학적" 저작과 구별하는 데 주의를 기울였다. 그는 철학자와 다른 지적 유형, 즉 당파성이 있는 지식인, 궤변가, 이데올로그를 구별하기를 잊지 않았다. 그가 소중히 여겼던 지적 이상은 무엇보다 "공정 equity," 즉 역사적이고 정치적인 이해를 도모함에 있어서 진정으로 균형 잡힌 접근이었다. 물론 그는 분명한 정치적인 관점을 가지고 있었고 당대의 위대한 논쟁에서 자신의 뚜렷한 정치적 입장을 취하기도 했다.

아롱은 혁명적 낭만주의와 반동적 향수 사이에서 중도를 모색했던 프랑스의 "중앙당" ─ 콩스탕과 토크빌과 엘리 알레비Élie Halévy의 당 ─ 에 속한 보수주의적 자유주의자였다. 따라서 그는 토크빌이 "문필정치"라고 일컬은 바, 결코 실현되지 않을 유토피아적 기준으로 따분하지만 괜찮은 민주적 사회를 판단하는 현대 지식인의 경향을 비판했다. 그는 제3세계의 급진주의에 대해 전혀 공감하지 않았지만, 1956년 초 알제리 독립에 대해서는 실용적인 이유를 들어 그 불가피성을 주장하기도 했다. 그는 너무 중앙 집권화된 프랑스 대학에 개혁이 절실히 필요하다고 여겼지만, 이미 살펴보았듯이

1968년 5월 자유 대학에 대한 공격을 가장 강력하게 비판한 바 있다. 피에르 마낭도 이야기했듯이 아롱은 드골주의를 변호하지는 않았지만 다니엘 콘-벤디트와 그 무리들의 혁명적 선동으로 인해 프랑스 제5공화국이 무너질 수 있다는 생각에 경악했다.

아롱은 최소 그의 공적 역할에 있어서는 시민교육가로서 가장 잘 정의된다. 그는 항상 책임 있는 시민과 정치인의 관점에서 정치적 문제를 다루었고, 동료 시민들에게 정치적 조언을 제공할 때 그는 언제나 "내가 장관이었다면 어떻게 할까"를 물었다. 그의 관점은 정치적 성향을 불문하고 많은 사람들이 존중할 수 있었던 포용력이 있었다(물론 일부 좌파 지식인들은 "아롱 편에서 옳은 것보다 사르트르 편에서 틀린 것이 낫다"라는 뒤틀린 생각을 너무 오랫동안 고집했다.). 오늘날 프랑스에서는 좌파들이 아롱의 논조를 부드럽게 해 그를 사회민주주의와 좌파자유주의 진영으로 데려가려는 경향이 커지고 있다. 이러한 노력에서 가장 큰 걸림돌이 되는 것은 아롱의 강력한 반공주의와 제2차 세계대전 이후 중도우파 정당에 대한 그의 일관된 지지, 그리고 무정부주의, 포스트모더니즘, 좌파자유지상주의 및 (그가 5월 사건에 결정적 영향력을 미쳤다고 여겼던) 도덕률 폐기론 등이 뒤죽박죽 섞인 "68 사상"에 대한 그의 비판적 입장이다.

50년에 걸친 아롱의 공적 활동은 "민주적 보수주의"라는 독특한 개념에 의해 주도되었다. 이는 그가 정치적 책임을 이해하는 핵심 개념이었다. 이데올로기 시대의 한복판에서 아롱은 민주주의 엘리트들의 안일함을 책망했고, 비교적 안정적인 앵글로색슨 민주주의보다 훨씬 더 이념적으로 분열된 프랑스 사회에서 시민교육가로서의 역할을 다했다. 이데올로기적 사고와 행동을 극복하려는 레이몽 아롱의 분투와 그의 정치적 책임의 실천, 그리고 그의 온건하고 인간적인 보수주의 모델은 영어권 민주주의 국가의 시민들에게 큰 귀감이 된다.

'안이한 진보주의'로부터의 탈출

아롱은 1930년대를 평화주의자이자 사회주의자로 시작했다. 그의 정치적 신념은 좌파자유주의적이고 세속적인 파리의 동료 대다수의 입장과 거의 구별할 수 없을 정도였다. 아롱이 전환점을 맞게 된―그래서 진정한 정치사상의 형성기를 이룬―것은 나락에 빠지기 직전의 독일에서 그가 보낸 3년이었다. 아롱은 쾰른 대학의 강사를 거쳐 베를린 메종 아카데미의 전임교수로 활동하면서 바이마르 공화국의 마지막 발악과 기괴한 자신감이 넘치는 민족사회주의(나치) 운동의 부상을 목격했다. 아롱이 1970년 콜레주 드 프랑스의 취임 연설 "사회학자의 역사적 조건에 관하여"에서 회고했듯이 그가 "역사는 자동적으로 이성의 명령에 복종할 것"이라는 "안이한 진보주의" 신념으로부터 탈출하고, 그럼에도 "희망에 대한 노력을 저버리지 않고 버티게" 된 것은 이 시기였다. 독일에서 나치의 부상을 직접 경험한 것(특히 베를린에서 금서들이 소각되는 것은 그에게 특별한 인상을 남겼다)은 그가 프랑스 대학에서 받았던 교육을 거부하도록 이끌었다.

아롱의 관점에서 프랑스 교육은 비극에 대한 감각을 결여한 채, 아리스토텔레스와 마키아벨리를 주의 깊게 읽음으로써 분별할 수 있는 정치적 현실을 망각하고, "실증적" 과학의 힘이 인간 세계에 "합리적인" 기초를 제공할 것이라는 지나친 확신에 가득 차 있었다. 과학과 사회주의에 대한 프랑스 대학의 이중적 자신감, 즉 사회적 결정론과 "장기적 결과에 대한 뿌리 깊은 낙관주의"는 뒤르켐 식의Durkheimian 비정치적 "사회 과학"에서 정점에 이르렀다. 사회과학이라기보다 '사회학주의sociologism＊'에 가까운 이 접근 방식은 전례 없는 "역사적 폭풍"에 직면한 세상에 대해 아무런 답이 없었고, 아롱은 이에 대한 비판을 멈추지 않았다.

아롱이 막스 베버 및 독일 사회학의 다른 대표자들의 사상을 발견한 것도 독일에 체류하는 동안이었다. 피에르 마낭이 말했듯이 베버는— 그의 존경할 만한 지적 성실성과 진실에 대한 사랑, 역사적 불확정성에 대한 그의 옹호, 그리고 과학과 인간 가치의 궁극적

＊　사회 현상은 개인적 현상과는 전혀 다른 독자적인 성질을 가진 "집합 표상"으로 연구해야 한다는 사상이다.

인 조화를 의심하는 비관론 때문에 — 젊은 시절 아롱의 "영웅"이었다. 훗날 성숙한 아롱은 베버의 엄격한 방법론적 성찰 이면에 있는 과도한 파토스pathos와 "니체 철학의 허무주의"에 대해 심각한 의혹을 품고 이를 지적한다. 아롱은 베버가 분명히 설파한 "과학의 한계, 즉 사고와 행동의 이율배반"이 "인간 조건의 현상학적 설명에 대한 진정한 기여"라고 여전히 믿었다. 그러나 그는 베버가 이것을 "불화不和의 철학"으로 표현하면서 "살아있는 가치와 합리적 성취를 구별하는" 이성의 능력을 부정했던 것은 받아들이지 않았다. 그러한 가설은 "정당 간 혹은 세계 분쟁에 대한 다양한 관점 간 선택의 총체적 비합리성을 간주하고, 또한 현자와 광인 혹은 광신과 온건함 등 다양한 태도·방식에 도덕적이고 영적인 등가성이 있음을 가정"하기 때문이다.

아롱이 얼마나 베버의 사회학적이고 철학적인 고찰에 빚을 지었고 그러면서도 어떤 차이가 있었는지는 여기서 논할 문제가 아니다. 아롱이 베버에게 진 빚은 크지만 서로 간의 차이도 크다. 단, 여기서는 아롱이 20세기 비극에 대한 그의 고찰을 명료화하면서 독일 사회학을 뛰어넘어 보다 폭넓은 서구 정치와 철학적 전통의 지적, 영적 자원을 활용했다는 점을 언급하고자 한다. 아롱이 1930년대에 얻은 가장 소중한 지적 자산인 그의 "베버주의"는 그 후 계속 다양한 사상가들을 접하면서 조정되고 보완되었다. 특히 아리스토텔레스와 토크빌, 몽테스키외와 같은 사상가들은 아롱에게 모든

형태의 광신보다 품위와 절제를 선택할 수 있도록 견고한 기초를
제공했다.

아롱의 목소리: 1939년 6월 17일 연설

아롱의 "보수자유주의" 또는 "민주적 보수주의"는 그가 일찍이
1939년 6월 17일 프랑스 철학 학회에서 발표한 "민주주의 국가와
전체주의 국가"라는 연설에서부터 분명히 드러났다. 이 연설과 그
근거가 되는 주장들은 이후 45년 동안 아롱의 프랑스 및 서구 정치
와 지적 논쟁으로의 개입을 주도한 그의 정치철학을 이해하는 데
필수적이다. 순진함과 좌익 교조주의, 그리고 자기 연출적 헌신이
혼합된 여타 다른 문필정치가들의 언동과 아롱의 입장을 구별했
던 것은 바로 그의 정치적 책임의식이다. 이러한 언동은 당시, 그리
고 오늘날 너무 많은 지식인의 전형이었지만 아롱은 그의 모든 글
과 행동에서 책임 있는 지식인의 모습을 잃지 않았다.

"민주주의 국가와 전체주의 국가"는 처음부터 끝까지, 특히 권
위 있는 어조 때문에, 주목받을 만하다. 아롱의 '목소리'는 그의 주
장과 떼려야 뗄 수 없다. 당시 34세였던 아롱은 가장 영향력 있는
프랑스 지식인들을 포함한 청중에게 자신의 주장을 권위와 합리적
인 자신감으로 전달했다. 당시 그는 아직 교수직도 없는 프랑스 지

식층 주변부의 인물이었다. 불과 1년 전에 논란을 불러일으킨 그의 박사 학위 논문 "역사철학개론"을 심사받은 참이었다. 이 논문에서 아롱은 비관주의와 절망, 그리고 철저한 역사 상대주의에 굴복했다는 열렬한 비난을 불러일으키면서도 실증주의와 역사적 진보주의의 지적 토대를 강력하게 비판했다. 사실 아롱의 재능은 널리 인정되고 있었으며, 프랑스 지식층 중심에 있거나 중심에 가까웠던 셀레스탱 부글레Célestin Bouglé나 엘리 알레비Élie Halévy와 같은 저명한 사회학자 및 철학자들과 가까웠다. 그럼에도 아롱이 내민 도전장은 프랑스 지식층에게 매우 과격한 위협으로 다가왔다. 그들은 진보주의적 환상에 안주하며 머지않아 자유주의 유럽에 남아 있는 것을 모조리 산산조각내게 될 다가오는 전쟁은 안중에도 없었다.

아롱은 연설에서 청중을 향해 새로운 "혁명적" 국가, 특히 민족사회주의 독일의 제국주의에 맞서, 타락하고 집단적 결의가 부족한 기존 유럽 민주주의 국가, 특히 프랑스의 실태가 보이고 있는 위험을 엄중히 경고한다. 그는 전쟁이 임박해 있는 와중에도 민주주의 국가들이 적의 실체를 파악하지도 못할 뿐만 아니라 민주적 정체성을 회복하기 위해 취해야 하는 긴급 조치에 대해 전혀 알아차리지 못한다고 확신했다. 아롱이 민족사회주의 독일을 지칭하기 위해 "혁명적"이라는 단어를 선택했지만 일부 청중은 여기에 반감을 샀다. 왜냐하면 그들은 혁명을 1789년 프랑스혁명의 신성불가침한 원칙으로 여겼던 반反파시스트 이데올로기에 흠뻑 젖어 좌파

전체주의자들에게는 관대했고, 새로운 독일과 이탈리아의 엘리트들을 군국화된 귀족과 자본주의 지배라고 잘못 인식했기 때문이다. 아롱은 이러한 "이데올로기적" 현실 왜곡을 경멸했다. 새로운 전체주의 엘리트들이 이탈리아와 독일의 옛 엘리트들을 성공적으로 흡수하여 자신들의 목적을 위해 사용한 것은 사실이었지만, 그들은 근본적으로 기독교 윤리와 부르주아 정신에 대한 혁명적 성격을 띠고 있었다. 그들은 "부르주아" 정신을 인간의 높은 이상 대신 쾌락주의와 공리주의를 선호했던 "부패한" 것으로 착각하고 있었다. 새로운 혁명적 엘리트들은 "가정생활 및 대학과 지식 사회의 옛 형태"를 무시할 뿐만 아니라 자유주의 문명의 핵심에 있었던 미덕 — "개인 인격체로서의 사람과 정신에 대한 존중, 그리고 개인적 자율에 대한 존중" — 을 거부했다. 전체주의자들이 그 자리에 대신 심어 놓은 "덕목"은 "행동과 금욕과 헌신의 미덕, 즉 본질적으로 군사적인 성격의 덕목들"이었다.

보수주의적 기초 위에 민주주의를 새롭게 하기

'좌파는 선하고 우파는 악하다'라는 거짓 공식에 사로잡혀 자기만족에 빠진 반파시스트 이데올로기에 맞서, 아롱은 청중들에게 새로운 국제적 맥락에서 민주주의는 본질적으로 "보수주의적"이며 기독교와 자유주의 문명의 성취를 전체주의자들의 군국수의와 허무주의로부터 방어한다는 점을 상기시켰다. 그는 전체주의적 위협에 대응하여 폭넓은 "민주적 보수주의"를 기반으로 자유주의를 쇄신할 것을 호소한다. 여느 어떤 생존력 있고 자존감이 강한 인간 체제와 마찬가지로, 자유주의 공동체 또한 그 시민들의 헌신과 미덕에 의존한다. 국가의 권위를 강화하려 할 때 혹은 "우리가 맞선 정권"이 썼던 수단을 똑같이 따르라고 제안할 때마다 "파시즘"을 외치는 것은 악하거나 최소한 매우 유치한 일이다.

아롱이 새로 제시한 보수주의는 학고한 자유주의적 성격을 띠고 있었다. 그는 "국가의 개입과 강압에는 한계가 있다"라는 것과 "자유의 정부에 특유한 사회적, 경제적 조건이 존재한다"라는 점을 충분히 인정했다. 유럽 지식인들 사이에서 고전적 자유주의가 철저히 불신을 받았을 때, 아롱은 "경제에서의 특정 자유"가 없이는 정치적 자유도 있을 수 없다고 주장했다. 따라서 자유주의 사회는 국가와 경제의 군국화를 마땅히 거부하지만, 자유주의 사회가 "냉소적이거나 비겁하지 않으면서 단순한 마키아벨리즘으로 빠지지 않을 정치적 용기"가 있는 "지배 엘리트"를 재건해야 한다고 말했다. 이 "지배 엘리트는 스스로 자신감을 가져야 하며 "민주주의 정부에서 필요로 하는 최소한의 신뢰와 공통의 의지를 회복"하기 위해 노력해야 한다고 덧붙인다.

아롱은 이어서 엘리트들이 민주적 관념에 내재한 거짓되고 자기

파멸적인 것들로부터 "본질적인" 것을 구별해 내는 민주적 권위를 가져야 한다고 분명히 말한다. 최상의 보수주의-자유주의 전통을 견지하면서 아롱은 "국민주권"은 "자유 만큼이나 쉽게 전제정치로 이어질 수 있기 때문에" 민주주의의 본질적인 것이 아니라고 말한다. 아롱에게 있어 민주주의의 본질은 곧 합법성 또는 법의 지배, 그리고 인간을 단순히 "생산의 수단이나 선전의 대상"을 위한 도구로서가 아니라 개인 인격으로서의 인간을 마땅히 존중하는 것이었다. "양심과 존엄을 지닌 인격체로서의 인간"이라는 이 개념은 칸트주의적이고 자유주의적이며 성서聖書적인 전통에서 비롯되며 아롱이 말하는 자유주의와 보수주의의 정치철학적 조화에 필수적인 요소다.

아롱이 말하는 민주적 권위의 개념은 "마법적인 것도 비합리적인 것도" 아니다. 그것은 "국민주권"이라는 추상적 이데올로기에 의해 저절로 입증되지 않는다. 아롱은 스스로에 대한 믿음과 복잡한 현대 사회를 관리하는 "최소한의 능력"이 없다면, 타락한 민주주의가 나치 독일과 같은 전체주의 국가를 지배하는 "선동, 기술, 비합리적인 신념 및 경찰력의 바로 그 기이한 혼합"에 너무 쉽게 무너지게 된다고 두려워했다.

아롱은 연설 말미에 "내가 옹호하고 싶은 보수주의의 형태"에 대해 공개적으로 당당히 말한다. 이러한 보수주의는 문명의 전체주의적 적들이 가져간 "규율과 권위에 대한 동의 및 기술적 능력의 기본 미덕"을 요구한다. 그것은 또한 "모든 것에 의문을 제기하고 프랑스와 같은 국가의 존재 자체가 의존하고 있는 핵심을 분명히 할 수 있는 지적 용기"를 필요로 한다.

비평가들에 대한 아롱의 응답

아롱의 1939년 6월 17일의 연설은 분노와 당혹감, 그리고 그보다는 드문 동의와 감탄을 불러일으켰다. 토마스하파 철학자이자 기독민주당 이론가인 자크 마리탱과 같이 아롱의 분석에 대체로 동의한 사람들조차도 현대 민주주의를 "보수주의적" 사회로 규정한 것에 놀라며 다소 당황해 했다. 아롱에 대한 답변에서 마리탱은 민주주의가 "영웅적 미덕"을 더 배양해야 한다는 데 동의했다. 하지만 그는 민주주의 국가들이 전체주의적 기술과 미덕을 빌린다면, 그들 또한 스스로 그들이 애초에 저항했던 그 정권들처럼 되는 것이 아니냐고 우려를 표했다.

이에 대한 아롱의 대답은 친절하면서도 강력했고 그의 입장을 드러내는 데 유익했다. 우선 그는 영웅심과 같은 미덕이 그가 선호하는 것과는 근본적으로 다른 공동선과 정치 질서를 위해 사용되었다는 데에 동의했다. 영웅적 미덕은 인간을 군국화된 전제군주제의 군인으로 격하시키는 전체주의적 선전 기계에 의해 조작되고 왜곡되었다. 그러나 아롱은 많은 평화주의 좌파들이 애호하는 그러한 "매우 어리석은 생각"을 할 시간이 없었다. 그런 주장은 영국과 같이 불가피하게 다가오는 전쟁에 대비하여 민주주의 국가를 방어하기 위해 실시하는 징병에 반대하는 데 사용되었다. 적의 공격을 막고자 하는 모든 사람들이 "최소한의 권력 의지와 폭력에 대한 동의가 있어야 한다"라고 아롱은 주장했다. 민주적 인도주의의 환상 중 하나는 바로 그 권력 의지를 정치적 본능의 필수 요소로 인식하는 대신 전체주의 자체로 단순히 동일시하는 것이었다.

아롱은 그의 연설 이후 이어진 토론에서 자신은 혁명적이라는 용어에 "가치"를 부여하고 보수주의적이라는 용어에 "부정적인 요소"를 부여하는 것을 거부한다고 재차 강조했다. 민주주의 국가는 완전히 군국화된 사회를 건설하려는 자들에 대항하여 "문명의 기초가 되는 전통적 가치를 보수한다는 의미에서" 본래 보수주의적이었다. 자유 사회를 보수하려는 사람들은 필연적으로 보수주의자이면서 동시에 자유주의자여야 했다. 이들은 아롱 본인이 그랬듯이 "개인을 위해 인격의 존엄성과 자율성을 보전하기 위해" 싸우면서 동시에 "현재 사회의 급진적인 파괴"를 거부해야 했던 것이다.

반파시스트 사상가 빅터 바쉬Victor Basch의 비방에 대한 대응으로, 아롱은 프랑스 여론을 양극화시키고 (그래서 온건한 좌우의 반전체주의 통일 전선을 더욱 어렵게 만들고), 전체주의 좌파에게는 무한한 관용을 보이는 프랑스 반파시스트 운동의 정치적 유아증을 비난했다.

그는 또한 프랑스 인민전선Popular Front 정부의 경제적 선동과 급여를 50%나 인상함에도 근무일을 20% 줄이는 "멍청한 조치들"에 대한 집착을 강하게 비난했다. 아롱은 이미 1936년 「형이상학과 도덕 리뷰」에 실린 글에서 이러한 비판을 보다 정제된 어조로 정리한 바 있다. 여기서 아롱은 1789년 프랑스 혁명을 추종하는 현대인들이 가지고 있던 "추상적 도덕주의"를 고발했다. 이것을 시작으로 훗날 그는 『지식인의 아편』에서 "추상적 도덕주의"를 "좌익의 신화"라고 부르면서 체계적인 공격을 하게 된다. "추상적 도덕주의와 신보주의"는 20세기 정치의 맥락에서 "인간과 정신에 대한 존중"이 보존될 수 있는 구체적인 방법을 모호하게 만드는 역할을 했다. 1939년 6월 17일 연설에서 민주주의에 대하여 분명하고도 직접적으로 언급한 아롱의 보수주의적 해석은, 마키아벨리의 냉소주의와 인도주의적 도덕주의 사이에서 제3의 원칙을 찾고자 하는 그의 의도를 나타낸다.

이러한 논쟁에서 가장 인상적인 인물은 에티엔 망투Étienne Mantoux였는데, 그는 보수주의적 자유주의 역사가이자 철학자인 엘리 알레비의 뛰어난 제자였다. 그는 케인즈John Maynard Keynes가 쓴 『평화의 경제적 결과』에 대해 결정적인 반박문을 쓰기도 했다. 인도주의적 감수성이라고는 없는 보수자유주의자였던 26세의 망투는 아롱이 "민주주의의 잘못을 인정하면서도 존경할 수 있고, 감상적으로 되지 않으면서도 자유를 사랑할 수 있으며, '사랑을 잘하는 사람이 처벌도 잘한다'라는 사실"을 보여준 것에 대해 감사를 표했다. 이어서 망투는 서구 문명의 가치를 보존하는 데 필수적인 역할을 하는 진정한 자유주의자와, "겁에 질려서 다리 사이에 꼬리가 보이는," 정치적, 경제적 자유를 수호할 의지가 없는 가짜 자유주의자를 구분했다. 망투의 권위 있는 (거의 키케로적인) 개입은 아롱의 이후 반세기 동안의 정치적, 지적 활동에 영향을 미칠 미덕에 대한 설명이다.

"민주주의 국가와 전체주의 국가"에 대한 아롱의 연설과 이어지는 토론은 전체주의 위협과 전쟁의 임박, 그리고 타락한 민주주의를 쇄신하기 위해 필요한 단계들을 명료하게 정리하였고 이에 안이했던 진보주의와 도덕주의를 고발한 것만으로 기억되는 것은 아니다. 이 연설에서 충분히 드러난 것은 이후 아롱의 자유주의와 동연同延개념이 된 민주적 보수주의다. 이 민주적 보수주의, 혹은 보수주의적 자유주의는 아롱이 제2차 세계대전 중 「자유 프랑스 *La France Libre*」라는 문화사상 잡지에 기고한 에세이에서 특별히 감명 깊은 표현력으로 구사되었다. 아롱은 드골과 드골주의자들이 후원한 이 저널의 편집자였지만 결코 드골주의의 선전 도구로서가 아닌 매우 중요한 역할을 했다. 아롱이 「자유 프랑스」에 쓴 에세이들은 그의 정치적이고 영적인 신조라고 할 수 있을 만한 것으로, 그가 겪은 전체주의 경험을 바탕으로 새롭게 된 자유주의의 도덕적 기초를 개괄한 공공철학 작품이다.

'인류의 영적 사명 재천명'

아롱은 스스로 무신론자 또는 불가지론자라고 했지만, 현대 허무주의가 나타내는 다양한 철학적, 정치적 발현을 거부했다. 일련의 명쾌한 에세이에서 아롱은 마키아벨리에서 니체에 이르기까지 인간의 의지를 집단적 삶의 토대이자 목적으로 추앙한 현대 사상 전체를 비판했다. 그는 파시스트 및 파시스트 초기 사상의 근원인 허무주의와 역사적 비관주의의 계보를 잇는 현대 극단주의를 고발히면서, 냉소주의도 아니고 안이한 진보주의도 아닌 제3의 길을 탐구했다. 1942년 2월호「자유 프랑스」에 처음 실리고 1946년 아롱의 편저에도 재출간된 에세이 "폭정과 인간에 대한 경멸"에서 아롱은 마키아벨리부터 니체, 그리고 오스왈드 스펭글러Oswald Spengler와 칼 슈미트 등의 "비관주의적" 우익에 대해 철저히 해부했다. 물론 민족사회주의(나치)가 출현한 것을 두고 난해하지만 진지한 이들 사상가의 탓으로 돌릴 수는 없다. 그러나 그들이 설파한 "인간에 대한 경멸"은 "유도된 부패" ─ 나치 폭정의 대표적 특징인 제도화되고 "유도된" 부패 ─ 에 강력한 이론적 뒷받침을 제공했던 것이 사실이다. 아롱의 이 1942년 에세이는 나치가 아무런 거리낌 없이 인간을 파괴할 수 있도록 허용한 과학만능주의와 노골적인 "사회 생물학주의"*에 대해 경고하는 진심 어린 호소였다.

아롱에게는 전쟁에서 나치 체제에 승리하고 히틀러의 악을 군사적으로 진압하는 것만으로는 충분하지 않았다. 허무주의(인간에 대한 혐오 혹은 경멸)를 확실히 극복하는 유일한 방법은 인간 신념과 이성의 힘, 그리고 그 둘의 협력으로 "인류의 영적 사명을 재천명"하는 것이었다. 이것은 "의지의 역행"을 통해 극복하려 했던 비관주의만큼이나 인간에 대한 진실과 동떨어진 역사적 낙관주의와도 아무런 관련이 없었다. 20세기 전반부에 일어난 사건들은 생각하는 사람이라면 이미 다 알고 있는 사실을 확인시켜 주었다. 인간은 선의 가능성에 열려 있지만 잔혹함과 악을 향한 확실한 경향성이 있다는 것이었다. 아롱은 양극단에 반대하여 인간 영혼에 대한 자신의 합리적 신념, 즉 "존엄과 존중받을 권리의 토대를 제공하는 존재"라고 선언했다. 아롱은 『폭군에 맞서는 인간』의 에세이들을 통해 인간 영혼의 실체와 형언할 수 없는 존엄성에 대한 자신의 믿음을 반복해서 표현한다. 그는 비록 신앙인으로서는 아니지만 철학자, 인간, 일반 시민으로서, 20세기의 세속 종교가 아닌 초월적 종교를 대단히 존중했다. 현대 전체주의는 사실상 서구 철학과 신학이 항상 확증해 왔던 사실, 바로 인간은 양심과 도덕적 책임을 지닌 존재가 아니고서는 그 존재를 알아볼 수 없다는 사실을 반증했다. 인간은 "문명의 임무를 더 잘 수행하기 위해 반드시 양심을 활용해야 하며 스스로 짐승으로 취급하거나 동물 수준으로 낮추지 않아

---

*   생물학의 원리로 모든 사회현상과 인간행동을 해석하려는 이론.

야 한다." 추상적 명령으로서나 신화 혹은 은유로서가 아니라, 인간의 영정 본성과 소명에 대한 실존적 확증으로서 양심에 대한 새로운 헌신은, 기술 관료적 폭정과 "경멸의 시대"를 극복하기 위한 전제 조건이었다. 아롱은 서구의 전근대적 종교 및 철학의 전통과 현대 철학의 주요 흐름이, 인간에 대한 전체주의적 공격을 상대로 인간 존엄성을 방어하고 설득력 있게 표현하는 데 있어서 공통분모를 찾을 수 있다고 인정했다.

다음으로 중요한 단계는 더 깊은 영적 기초 위에 자유주의적 합리주의를 쇄신하면서, 전체주의 경험을 통해 교훈을 얻은 "환상 없는 믿음"을 회복하는 것이었다. 세속종교에 대한 아롱의 유명한 해부 — 1944년 7월과 8월 「자유 프랑스」에 두 부분으로 실린 "세속종교의 미래" — 는 "양심의 반란"을 호소하며 끝난다. "선과 악을 정의"해보겠다는 좌우 전체주의 독재자들의 터무니없는 주장을 거부할 수 있는 것은, 진리에 대한 존중에서 비롯된 다름 아닌 양심이다. 아롱은 계속해서 "대중이 사상과 인간에 대한 믿음을 갖지 않는 한 역사의 위대한 것은 아무 것도 성취되지 않을 것"이라고 주장한다. 그러한 믿음을 통해서만이 사람들은 자유와 문명의 대의를 위해 기꺼이 희생할 것이기 때문이었다. 그러한 자기 초월의 전제 조건은 "인류의 영적 사명"에 대한 진정한 확신이다.

공산주의에 대한 아롱의 결사반대

제2차 세계대전 이후 아롱은 서구 자유와 인간 존엄에 대해 점점 더 조여오는 소련 공산주의의 위협에 관심을 돌렸다. 그는 공산 전체주의와 전체주의에 관대함을 보이는 동료 지식인들과 철학자들(그 중 특히 메를로 퐁티Merleau-Ponty와 사르트르)에 대해 프랑스에서 가장 총명하고 끈기 있는 비평가였다. 파리 일간지 「르 피가로」의 칼럼과 역사와 정치 및 철학적 분석이 풍부하게 결합된 『대분열』(1948) 및 『연쇄 전쟁』(1951)과 같은 인상적인 작품들, 그리고 『논쟁』(1955)에 수집된 에세이들을 통해서, 아롱은 "전체주의의 유혹"을 겨냥하며 그 "역사의 미신"을 해체시켰다. 아롱은 "역사철학"에 관한 자신의 저작들을 바탕으로, 20세기에 대한 해석을 통해, "역사적 필연성"이라는 거짓말을 폭로하고, 20세기의 위대한 드라마에서 필연과 우연, 그리고 자유로운 인간 행동의 역할을 다시금 상기시켰다. 그는 1955년 자신의 고전 『지식인의 아편』에서 이를 다음과 같이 우려하게 표현했다. "국제적 결정론과 같은 것은 없다. '시간' 속에 묶인 인간에게 있어 미래의 초월성은 스스로 운명을 결정하고자 하는 동기이자 어떤 일이 있어도 희망은 소멸하지 않을 것이라는 보장이다."

자칭 "인간 해방"과 사회 정의 및 연대의 옹호자들이 인간의 소명의식을 스탈린과 같은 이데올로기적 "피라미드 건설자"와 동일시했다는 사실은 아롱을 당혹스럽고 화나게 했다. 스탈린은 레닌과 함께 20세기의 공산주의 사회를 건설한 인물이었다. 그 잔인함이나 폭력보다도 훨씬 더 아롱을 경악시켰던 것은 아마도 공산주의의 이론과 실천을 정의하는 "강제된 거짓말"이었을 것이다. 아롱은 1962년 프랑스에서 처음 출간된『평화와 전쟁』의 말미에 "공산주의자들이 이전 그 어떤 역사적 운동보다도 거짓말에 능한 이유는 그들이 스스로 할 것이라고 믿었던 것과는 다른 일을 해냈고, 인간과 사회 본성에 반하는 불가능한 목표를 추구했기 때문"이라고 썼다. 이러한 "이데올로기적 거짓말"에 대한 아롱의 결정적인 안내서가 출간되기 10여 년 전, 솔제니친은 노벨상 수상 강연과『소련 지도자들에게 보내는 편지』, 그리고『수용소군도』를 통해 그 위대한 논조를 전한 바 있다. 아롱은 1976년 "솔제니친과 사르트르"라는 에세이에서 이 이데올로기를 "인간과 사회구성이 한 획에 변화될 수 있다는 환상"이라고 표현하기도 했다. 이데올로기의 악을 폭로했던 솔제니친의 노력에 대해 아롱이 존경과 찬사를 아끼지 않았던 것은 놀랄 일이 아니다.

역사철학자이기도 했던 아롱은 특히 역사주의적 가정에 집착하는 민주적 시대에 더 강하게 작용하는 회고적 숙명론의 유혹을 잘 알고 있었다. 현대인은 어떤 사건이 발생했을 때 그 사건은 애초부터 불가피했던 것이라고 가정하려는 유혹에 시달린다는 것을 그는 잘 알고 있었다. 이러한 유혹은 냉전 시대와 그 이후에도 존재한다. 서구에서 이런 전체주의적 유혹에 저항하며 지적인 반공주의적 합의를 이루기 위해 노력한 사상가들과 지식인들은 훗날 소련이 무너진 후에 어차피 붕괴될 운명이었던 운동에 맞서 시간을 허비했다고 비판을 받는다. 아롱은 『평화와 전쟁』에서 서구의 냉전 승리에 대한 이런 역사주의적 해석을 예상할 뿐만 아니라, 근본적으로 부패한 이 사고방식에 대해 강력한 비판을 던진다. 그는 역사적 초연超然함을 명분 삼아 비겁함과 기권을 정당화하는 사람들을 아래와 같이 질책한다.

전체주의적 신념이나 목적이 결국 시들게 될 것이라는 사실을 부인하는 것은 탐탁지 않은 일이다. 특히 전체주의가 인간 본성의 영구한 원천에 반한다고 느끼는 경우에는 더욱 그렇다. 그러나 그렇다고 해서 '내재성의 독단,' 즉 전인적 인간과 새 인간을 창조한다고 했던 전체주의의 주장이 단지 상부구조나 신화에 불과했다고 추론하는 것이 정당화되는 것은 아니다. 가령 '소비에트 사회'는 서로 떼어놓을 수 없는 '제도들의 집합체'임과 동시에 그것을 건설하는 사람들의 '형이상학적 의도'이기도 하다. 오늘날 이 제도 중 일부는 그것에 영감을 주거나 왜곡한 원래 의도가 없어도 유지될 수 있다. 하지만 오늘에 와서 이러한 분리가 이미 예전부터 그러했다고 간주할 수 없는 것이다. 우리의 의무는 우리가 정죄하는 그 대상과 싸우는 것이지, 마치 당장 우리 앞에 닥친 미래가 이미 먼 과거인 것처럼 선제적으로 순진한 관망자의 특권을 취할 수는 없는 것이다. 나는 바로 그 싸움에 침여한 입장이지 내 손주들의 입장이 아니다. 미래의 내 손주들이 만약 전체주의적 위협을 비극으로 여기지 않는다면, 내가 그 위험을 경고했다는 사실로 그 초연함을 가능하게 했을지도 모른다. 그러나 미래에 있을 초연함에 미리 기대는 것은 기권에 대한 변명을 찾는 매우 비겁한 일이다.

'모순된 신중함': 현대 사회에서 보수주의의 역할

좌파의 일부는 아롱이 『지식인의 아편』 서두에서 이야기한 "좌파," "프롤레타리아," "혁명"의 신화에 대해 비판한 것을 두고 아롱이 이에 필적할 만한 "우파의 신화"를 외면했다고 비판했다. 이에 대해 아롱은 1957년 그의 책 『세기의 희망과 공포』의 첫 장에 수록된 "우익에 대하여 ─ 산업 사회의 보수주의"라는 제목의 놀라운 110쪽짜리 에세이로 응수했다. 영어로 출간되지 않은 몇 안 되는 아롱의 작품 중 하나인 이 에세이와 책은 아롱이 1939년 6월 17일 프랑스 철학 학회의 연설에서 처음으로 분명히 밝힌 민주적 보수주의 및 보수자유주의의 독특한 성격을 충분히 이해하는 데 필수적이다. 아롱은 프랑스 우파의 흐름에 매우 비판적이었지만, 그가 『지식인의 아편』에서 언급한 "좌파의 신화"에 대한 비판에 필적할 만한 어떠한 우파에 대한 총체적 비판이나 "우파의 신화"에 대한 그 어떤 비판도 제시하지 않은 것이 사실이다. 그는 절반만 현대적인 악시옹 프랑세즈Action française°의 살롱 군주주의나 더 이상 존재하지 않는 프랑스에 대한 향수를 그리는 전통주의적 우파, 혹은 심지어 비시Vichy정부의 "민족혁명"과 연계된 파시즘에 대해서도 비판의 말을 아꼈다.

하지만 이러한 비대칭을 이중잣대라고 말할 수 없는 이유가 있다. 아롱이 1957년 에세이의 말미에 분명히 밝혔듯이 "보수주의는 합리적으로" 현대의 문제를 인식하고 "급박한 산업 문명의 도래를 단호히 수용한다." 그러한 보수주의는 이데올로기가 특정 종류의 전통주의처럼 "이론적"이라고 비난하는 것이 아니라 그 이론 자체가 "일방적"이거나 "잘못되었다"고 비판하는 것이다. 아롱은 당시 좌파("공산주의"라는 말도 "극단적인 표현"으로 취급받던 시기)의 이데올로기가 "현실을 왜곡"시켰다고 단호히 말한다. 아롱은 이 비판에서 사회민주주의 혹은 서구 사회의 쇄신을 위한 다양한 개혁주의 프로그램을 이야기하지 않는다. 그의 타겟은 앞서 1939년 6월에도 목표로 삼았던 "추상적 도덕주의"와 "진보주의"다. 이러한 도덕주의는 마르크스주의적인 "역사 숭배"에 의해 뒷받침될 때, (가령 자유주의적 현대 사회의 기능에 똑같이 중요한 자유와 "자유의 전통"과 같은 가치보다)

° '프랑스 행동'이라는 뜻으로 가톨릭교회 신도들을 주축으로 한 반공화주의 단체이다.

평등과 같은 일부 가치를 일방적으로 선호하기 위한 변명이 된다. 아롱의 민주적 보수주의는 "분석이나 추상화를 거부"하는 것이 아니며 자유와 평등이라는 자유주의 원칙을 비난하지도 않는다. 오히려 "우리가 지키고자 하는 다양한 가치들을 종합적으로 붙드는 것"을 목표로 삼고 있다.

  브라이언 앤더슨Brian C. Anderson은 필수불가결하지만 때로는 모순되는 가치를 보존하는 이 작업을 "모순된 신중함"이라고 적절히 불렀다.* 이 신중함은 민주적 조바심을 누그러뜨려, 자유롭고 품위 있는 인간 삶에 필수불가결한 다른 재화를 손상시키지 않으면서 특정 가치를 극대화할 수 있다는 환상을 불식시키는 것을 목표로 한다. 아롱이 1973년 「르 피가로」의 유명한 칼럼 "좌파의 공통된 프로그램: 혹은 사각형이 된 원圓"에서 "좌파연합"(프랑수아 미테랑이 이끈 공산당과 사회주의 정당의 연합)의 정치경제강령을 혹독하게 공격했을 때, 그는 시장경제의 교조주의자로서가 아니라 자유의 이름과 사회 현실의 신중한 감각으로 그렇게 한 것이었다. 소득의 재분배를 불행한 이들과 야심찬 산업 국유화 기획, 그리고 신용 및 은행 부문 전체(의 성장의 유지와 가속화)에 대한 국가의 통제와 결합하려는 것은 터무니없는 일이었기 때문이다.

---

*   "모순된 신중함"에 대해서는 그의 *Raymond Aron: The Recovery of the Political* (Lanham, MD: Rowman & Littlefield, 1998)에서 잘 다루었다.

아롱은 유사 스탈린주의 프랑스 공산당 지도자인 조르쥬 마르셰Georges Marchais와 달리 미테랑이 적어도 부분적으로나마 "선한 의도"를 가지고 있었다고 믿었다. 반면 프랑스 사회주의자들은 무지와 독단으로 프랑스 경제를 파괴하고 필수적인 자유를 위험에 빠뜨리는 위험을 감수했다. 자본 유출을 막기 위해 자유주의 정체政體 및 경제를 유지하는 것과 급진화하는 자본주의의 파탄 사이에서 선택의 기로에 직면했을 때, 미테랑 대통령은 1983년 3월 신중의 길을 선택함으로써 "좌파의 공통 프로그램"의 후기 정책을 사실상 종식시켰다. 당시 아롱이 지적했듯이, 미테랑은 그러면서도 프랑스 국민에게 자신의 선택을 충분히 설명하지 않음으로써, 시장경제에 대한 사회주의적 편견이 사회의 또 다른 "논리"를 창출하려는 사회주의의 실패보다 더 오래 지속되는 것을 허용했다. 아롱은 1973년 (또는 1981년)에 좌파의 "현실 왜곡"에 반대하여 우측으로 이동한 것이 아니라 단지 프랑스 역사에서 다소 덜 양극화된 시기에 그가 애초에 분명히 밝힌 '모순된 신중함'에 충실했던 것이다.

아롱은 1957년 "산업 사회의 보수주의"라는 에세이에서 보수주의적 지혜의 "일시적인 것"으로부터 "영구한 것"(위계, 전통, 권위의 필수적 수호)을 구별하는 법을 배우는 것이 바로 현대 세계에서 지적 보수주의가 지닌 임무라고 이야기한다. 우파는 그것이 좋든 나쁘든 "대중적이고 산업적이며 유물론적인" 현대 문명과 화해할 필요가 있었다. 여기에서 위험은 보수주의 사상이 20세기 좌파 사상처럼 이데올로기와 광신주의로 타락하는 것이 아니라 그 지지자의 상상 속에만 존재했던 좋은 사회에 대한 "회고적이고 비생산적인 신화"로 전락하는 것이었다. 현실 가능한 보수주의는 평등주의적 열망의 정당성을 정의의 문제로 인식할 뿐만 아니라 민주적 조바심을 완화하고 그 어느 사회 질서에도 필수적인 모든 가치들을 수호하기 위한 것으로 인식해야 한다는 것이다.

유럽의 우파에게는 현대의 조건에서 "생산성의 진보"가 시민적 평화와 국력, 그리고 기본적인 인간의 필요 요소를 충족시키는 데 필수적이라는 사실을 받아들이는 것이 중요했다. 존 아담스John Adams*와 같은 초기 보수주의 정치가는 "어떤 사회라도 그 모든 자녀를 가르칠 수 있는 자원과 배려를 가질 수 있을지 의심했다." 하지만 아롱은 아담스가 틀렸다고 말한다. 물론 현대 사회의 평등주의적이고 프로메테우스적인 야망은 물론 의심의 여지없이 생산성과 자유와 평등의 모든 이익을 극대화할 수 있는 그 능력을 과대평가할 위험이 있다. 하지만 적어도 토크빌이 말한 "민주혁명"이 귀족적 불평등의 이상을 사실과 가치의 차원에서 거부할 것을 요구한다는 의미에서 "모든 운동은 … 좌파를 지향"한다. 그렇지 않으면 현실에 뿌리가 없는 전통을 옹호하는 것이다. 그것은 한때 공동선에 기여했던 제도와 사회적 관행을 사회의 영구적인 본성 및 요

---

* 미국의 2대 대통령이자, "미국 보수주의의 창시자"(커크)로 평가받는 인물이다.

구와 혼동하는 것이다.

아롱의 보수자유주의는 신중한 개혁을 지지하며 권력에 대한 중대한 정치사회적 한계를 옹호하고 "자코뱅주의의 참상"을 고발하기 위해 "몽테스키외의 지혜"를 참고했다. 그는 "민주주의의 원칙과 기술의 정복을 받아들인" 보수주의적 자유주의자로서 그렇게 한 것이다. 그의 민주적 보수주의는 일부 좌파의 희망과 열망이 가진 부분적인 진실의 호소를 피할 수 없음을 인정하면서도 "좌파의 신화"는 거부했다. 아롱의 책과 저널리즘은 이념적 광신주의를 거부하고 "진짜"와 화해하려는 좌파에 손을 내밀면서도, 온건하고 보수주의적인 여론을 교육하는 데 현명하게 기여했다.

지혜 대 향수鄕愁: 오늘날 버크 읽기

이데올로기 시대 속에서 분투했던 아롱의 정치사상과 시민교육자로서의 역할을 단순히 보수주의적 특징으로만 과대평가하는 것은 부적절하다. 그는 "모순된 신중함"으로 판단을 내리는 것을 주저하지 않으면서 언제나 편협한 당파적 또는 이데올로기적 논쟁 너머를 보았다. 아롱의 사상과 업적은 그 어떤 보수주의로도 환원될 수 없다. 단지 아롱은 당대 누구보다도 더 지혜와 신중함에 의존했고, 이를 통해 진정한 자유주의자란 현대, 종교의 지지자들이 주창하는 "인권"이라는 "추상적 도덕주의"보다 더 넓고 깊은 문명을 보존하려는 사람임을 몸소 보여주었다. 아롱은 앞서 1장에서 이미 인용한 1957년의 에세이 "산업 사회의 보수주의"의 인상 깊은 구절에서 오늘날 『프랑스 혁명에 대한 에드먼드 버크의 성찰』을 읽는 두 가지 방식을 대조했다. 여기서 그 구절을 다시 기억할 필요가 있다. "버크는 정치적 합리주의에 대한 비판이거나 이데올로기적 광신에 대한 비판으로 읽힐 수 있다. 한편으로는 구체제 특유의 계급사회를 변호하는 것으로 읽을 수도 있고, 다른 한편으로는 모든 사회가 계층을 암시하고 각 계층에 대한 상호 권리와 의무에 대한 존중이 있어야만 사회가 번영한다는 의미로도 읽을 수 있다. 버크는 민주 사상의 반대편에서 변론했거나 지혜의 편에 서서 변론했다."

이 구절은 아롱의 성찰 속에서 작용하는 버크의 성찰을 훌륭하게 보여준다. 버크의 저작을 두 번째 방법으로 읽을 때, 우리는 러셀 커크(그는 1957년 아롱의 에세이에서 정중한 비판의 대상이었다)나 다른 전통주의자들이 그린 낭만적인 버크와는 거리를 두게 되고 대신 레이몽 아롱의 사상과 목소리에 매우 가까워진다.

아롱의 사상의 기저를 이루는 일관성

아롱을 존경하면서 동시에 1968년 5월의 영광도 찬양하고 싶어하는 세르주 오디에르Serge Audier와 같은 현대 좌파 비평가들은 아롱에 대한 왜곡으로 위안을 얻는다. 바로 중도주의자 혹은 심지어 온건한 좌파 성향이었던 아롱이 생애의 마지막 15년 동안 현대 유럽 사회의 "도덕적 진보"와 상반되는 "비관주의적" 보수주의자로 바뀌었다는 것이다. 하지만 진짜 아롱은 1968년 이후 유럽의 정치적 판단력을 대체했다고 믿었던 민주적 인도주의에 대해 심각한 의구심을 표명했지만, 그는 비관주의자도 낙관주의자도 아니었다. 『타락한 유럽의 변호』와 같은 그의 후기 저작 일부가 증언하듯이, 아롱은 교회와 군대 및 대학의 권위가 위기에 처한 것을 걱정했고, 유럽 엘리트들이 비르투virtù — 집단적 단결과 결의 — 가 자유주의 공동체의 생존과 안녕을 위해 필수불가결하다는 사실을 잊어버린 것을 우려했다. 그는 유럽 민주주의의 "비정치화"를 저격한 최초의 위대한 비평가였다. 여기서 "비정치화"란 권력 정치의 필요조건 — "피로 쓰는" 역사 — 을 추상화하고, 자유를 사회경제적 권리와 쾌락주의적 자기도취의 끝없는 확장과 동일시하려는 경향을 말한다. 아롱은 『헌신적 관찰자』(1981)에서 "민주주의의 개인은 사적 인격체인 동시에 시민임을 기억하라"라고 호소한다. 그는 자유주의 질서가 "단순히 소비자나 생산자의 것이 아닌 시민의 사회"라고 강조했다. 그렇지 않다면 그것은 "반전 마르크스주의reverse Marxism"에 굴복하는 것이었다.

아롱은 말년에 소비에트 공산주의의 취약성을 과소평가하면서 그 체제가 이끌어낼 수 있는 (왜곡된) 결의와 결단력을 과대평가했다. 그럼에도 아롱은 서구의 타락이 폭력과 거짓말이라는 두 기둥에 기초한 소련 폭정의 생명을 "인위적으로" 보존하게 될지 모른다고 우려했으며, 그 우려는 정당했다. 아롱의 경고는 소비에트식의 이데올로기적 전제정치가 사라진지 오랜 지금에도 여전히 유효하다.

아롱은 "덜 진보적으로 보일까 두려워" 민주주의에 대한 "헌신" 자체에 집착하는 비겁함을 훌륭하게 초월한 참 민주 지식인의 적절한 모범이다. 아롱의 마지막 교훈이 이것이다. 우리 모두는 민주적, 공적 활동에 대한 그의 책임 있는 참여를 통해 그의 시민적, 지적 용기를 배워야 한다. 그는 현대의 위대한 정치 이데올로기 드라마에서 활약한 현명하고 인간적인 "보수자유주의자"의 매우 교훈적인 표상이다.

미주

1   버크를 단지 동작이 느린(slow-motion) 진보주의자로 여기는 설득력이 부족한 관점은, Sam Tanenhaus, *The Death of Conservatism* (New York: Random House, 2009); 그리고 Jeffrey Hart, T*he Making of the American Conservative Mind:* National Review *and Its Times* (Wilmington, DE: ISI Books, 2005)의 마지막 몇 쪽을 참조하라.

2   마크 릴라, 마리오 역, 『사산된 신』 (바다출판사, 2009)

3   "분리의 체제"에 대한 시사적 논의를 위해서는 마낭의 *A World beyond Politics?: A Defense of the Nation-State,* translated by Marc LePain (Princeton University Press, 2006), 10-20를 참조하라.

4   Jean Bethke Elshtain, *Sovereignty: God, State, and Self* (New York: Basic Books, 2008)에서 특히 "Self-Sovereignty: Moralism, nihilism, and Existential Isolation"이라는 챕터를 참조하라.

5   이 섹션은 James W. Muller, ed., *Churchill's "Iron Curtain" Speech Fifty Years Later* (Columbia, MO: University of Missouri Press, 1999), 69-81에 실린 나의 원고 "Moral Principle and Realistic Judgment"에서 일부 발췌했다.

6   드골의 "1968년 5월 30일 입장문(Discour de 30 mai 1968)"은 인터넷에서 조회가 가능하다.

7   더 깊은 이해를 위해, 찬탈 델솔과의 2008년 5월 15일자 대화("Le père chasse de sa maison")를 참조하라. www.libertepolitique.fr.

8   Dominique Schnapper, "Relativisme," *Commentaire* 31, no. 121(2008), 126-30을 참조하라. 이 글의 영문본은 「Society」의 2009년 3/4월호에 소개되었다.

9   Charles Kesler, "Democracy and the Bush Doctrine," *Claremont Review of Books,* Vol.5, No.1 (Winter 2004), 18.

10   Pierre Manent, *A World beyond Politics?: A Defense of the Nation-State,* translated by Mac LePain (Princeton, NJ: Princeton University Press, 2006), viii. 인용구는 마낭의 "미국판 서문"에서 발췌한 것이다.

11 이 인용구는 솔제니친의 *Rebuilding Russia* (New York: Farrar, Straus, and Giroux, 1991), 그리고 그의 1993년 9월 14일 국제철학아카데미에서의 연설 "우리는 목적을 상실했다(We have ceased to see the Purpose)"에서 나왔다. 이 연설은 1994년 봄 그가 고향 러시아로 돌아가기 전 서구에 바치는 마지막 고별사가 되었다.

12 이러한 주장들과 그의 반유대주의적 성향에 대한 허구성에 대해서는 Daniel J. Mahoney, "Traducing Solzhenitsyn," *First Things*, August-September 2003, 14-17을 참고하라.

13 2000년 12월 13일 프랑스 도덕 정치과학 아카데미 (*Académie des sciences morales et politique*)에서 수여한 대상 수락 연설의 불문본과 영문본은 해당 아카데미 홈페이지(www.asmp.fr/prix_fondations/grand_prix_aca_2000.htm)에서 열람이 가능하다.

14 Michael Burleigh, *Blood and Rage: A Cultural HIstory of Terrorism* (New York: HarperCollins, 2008)

15 마이클 벌리의 저작에 관심 있는 독자들은 *The Third Reich: A New History* (New York: Hill and Wang, 2000)부터 시작할 것을 추천한다. 이 저작은 벌리의 현대 "정치 종교" 3부작인 *Earthly Powers: The Clash of Religion and Politics in Europe from the Freinch Revolution to the Great War* (New York: HarperCollins, 2005), *Sacred Causes: The Clash of Religion and Politics from the Great War to the War on Terror* (New York: HarperCollins, 2007), 그리고 *Blood and Rage*의 머리말 격이다. 나의 "Michael Burleigh as Historian of 'Political Religion,'" *Intercollegiate Review*, Spring 2008, 42-52도 참고하라.

16 이 논의는 나의 책 *The Liberal Political Science of Raymond Aron: A Critical Introduction* (Lanham, MD: Rowman & Littlefield, 1992)의 첫 장을 참고하라.

17 이 문단의 의의를 조명해준 아롱 학자 프란시스첵 드라우스(Franciszek Draus)에게 감사드린다.

18 Audier, "politically correct" polemic *La pensée anti-68*, Paris, 2008을 참고하라.

챕터별 추천도서

(국문 번역본이 있는 경우 괄호 안에 표기)

01_ 토크빌과 자유주의 질서의 보수주의적 기초

Aron, Raymond. *Essai sur les libertés*. Paris: Hachette Pluriel, 1965, 1998.

Bruckberger, R. L. I*mages of America: A Political, Industrial, and Social Portrait*. With a new introduction by Daniel J. Mahoney. New Brunswick, NJ: Transaction, 2009.

Burke, Edmund. *Further Reflections on the Revolution in France*. Edited by Daniel E. Ritchie. Indianapolis, IN: Liberty Fund, 1992.

Ceaser, James W. *Reconstructing America: The Symbol of America in Modern Thought*. New Haven, CT: Yale University Press, 1997. 이 책의 6장은 토크빌-고비노 논쟁에 대한 가장 유용한 논의를 담고 있다.

Epstein, Joseph. *Alexis de Tocqueville: Democracy's Guide*. New York: HarperCollins/Atlas Books, 2006.

Manent, Pierre. *Tocqueville and the Nature of Democracy*. Foreword by Harvey C. Mansfield, translated by John Waggoner. Lanham, MD: Rowman & Littlefield, 1996. 1982년 줄리아드(Julliard)가 처음 출간한 프랑스어판은 2006년 갈리마르(Gallimard)의 "Tel" 시리즈로 재발매되었다.

Rahe, Paul A. *Soft Despotism, Democracy's Drift: Montesquieu, Rousseau, Tocqueville, and the Modern Prospect*. New Haven, CT: Yale University Press, 2009. 라헤의 박식한 이 책은 토크빌에 대한 유익한 글과 함께, 현대 민주주의와 후견적 폭정의 어쩌면 과한 동일시를 제공한다.

Welsh, Cheryl B., editor. *The Cambridge Companion to Tocqueville*. New York: Cambridge University Press, 2006. 이 장의 도입부에서 이 책에 실린 피에르 마낭의 글("토크빌, 정치철학자")을 참고하였다.

토크빌의 저작들

Tocqueville, Alexis de. *Democracy in America*. Translated, edited, and with an introduction by Harvey C. Mansfield and Delba Winthrop. Chicago: University of Chicago Press, 2000. (은은기 역. 『미국의 민주주의』. 계명대학교출판부. 2013)

Tocqueville, Alexis de. *The European Revolution and Correspondence with Gobineau.* Edited and translated by John Lukacs. Garden City, NY: Doubleday Anchor, 1959.

Tocqueville, Alexis de. *The Old Regime and the Revolution,* Volume 1. Edited and with an introduction and critical apparatus by François Furet and Françoise Melonio, translated by Alan S. Kahan. Chicago: University of Chicago Press, 1988.
(이용재 역. 『앙시앵 레짐과 프랑스 혁명』. 지식을만드는지식. 2013)

Tocqueville, Alexis de. *Selected Letters on Politics and Society.* Edited by Roger Boesche, translated by James Toupin and Roger Boesche. Berkeley and Los Angeles, CA: University of California Press, 1985.

Tocqueville, Alexis de. *Tocqueville and Beaumont on Social Reform.* Edited and translated with an introduction by Seymour Drescher. New York: Harper Torchbooks, 1968. 이 우수한 책에 토크빌의 "빈곤 회고록"(1835)과 "일할 권리에 관한 연설"(1848)이 포함되어 있다.

02_ 허무주의를 넘어

Aron, Raymond. *The Opium of the Intellectuals.* With a new introduction by Harvey C. Mansfield. Foreword by Daniel J. Mahoney and Brian C. Anderson. New Brunswick, NJ: Transaction, 2003. 아롱의 1956년 에세이 "광신주의, 신중함, 그리고 신앙"도 여기 부록에 실려 있다.
(변광배 역. 『지식인의 아편』. 세창출판사. 2022)

Brownson, Orestes. *The American Republic: Its Constitution, Tendencies, and Destiny.* With a new introduction by Peter Augustine Lawler. Wilmington, DE: ISI Books, 2003. 미국 공화주의에 대한 브라운슨의 이 훌륭하고 독특한 성찰은 1865년에 처음 출판되었다.

Constant, Benjamin. *Principles of Politics Applicable to All Governments.* Translated by Dennis O'Keefe. Indianapolis, IN: Liberty Fund, 2003.

Hancock, Ralph. "Back to Where We Started or The New Hobbism Comes Out." *Perspectives on Political Science.* Winter 2009, Vol. 38. No. 1, 13–15.

Hobbes, Thomas. *Leviathan: On the Matter, Forme, and Power of a Commonwealth Ecclesiastical and Civil.* Selected and with an introduction by Richard S. Peters. Edited by Michael Oakeshott. New York: Collier, 1962.
(최공웅 역. 『리바이어던』. 동서문화사. 2021)

Jouvenel, Bertrand de. *Sovereignty: An Inquiry into the Political Good.* Translated by J. F. Huntington with a foreword by Daniel J. Mahoney and David M. DesRosiers. Indianapolis, IN: Liberty Fund, 1997.

Kolnai, Aurel. *Privilege and Liberty and Other Essays in Political Philosophy.* Edited and with an introduction by Daniel J. Mahoney. With a foreword by Pierre Manent. Lanham, MD: Lexington Books, 1999.

Lilla, Mark. *The Stillborn God: Religion, Politics, and the Modern West.* New York: Knopf, 2007.
(마리오 역. 『사산된 신』. 바다출판사. 2009.)

Manent, Pierre. *The City of Man.* Translated by Marc A. LePain. Princeton, NJ: Princeton University Press, 1998.

Manent, Pierre. *Enquête sur la démocratie.* With an Avant-propos by Jean-Vincent Holeindre. Paris: Gallimard, 2007.

Manent, Pierre. *Modern Liberty and Its Discontents.* Edited and translated by Daniel J. Mahoney and Paul Seaton. With an introduction by Daniel J. Mahoney. Lanham, MD: Rowman & Littlefield, 1998. 마낭의 1993년 에세이 "기독교와 민주주의"는 97-115쪽에서 찾을 수 있다.

Polanyi, Michael. *Knowing and Being.* Edited by Marjorie Grene. Chicago: University of Chicago Press, 1969. 1960년의 에딩턴(Eddington) 강연, "허무주의를 넘어"는 3-23쪽에서 찾을 수 있다.

03_ 위대함을 진지하게

Aron, Raymond. *The Dawn of Universal History: Selected Essays of a Witness of the Twentieth Century.* New York: Basic Books, 2002.

Churchill, Winston. *Thoughts and Adventures.* Edited with a new introduction by James W.

Muller. Wilmington, DE: ISI Books, 2009. 제임스 W. 뮬러의 서문은 현대 과학과 "군집효과"가 인간의 도덕적, 정치적 책임에 제기하는 문제를 처칠이 어떻게 성찰했는가에 대해 특별히 깊이 설명하고 있다.

Faulkner, Robert. *The Case for Greatness: Honorable Ambition and Its Critics.* New Haven: Yale University Press, 2008.

Gaulle, Charles de. *The Enemy's House Divided.* Translated, annotated, and with an introduction by Robert Eden. Chapel Hill, NC: University of North Carolina Press, 2002. 아마도 드골을 가장 잘 드러내는 "철학적" 저작인 이 책은 드골이 34세였을 때인 1924년에 처음 출판되었다.

Jaffa, Harry V. *Statesmanship: Essays in Honor of Winston Churchill.* Durham, NC: Carolina Academic Press, 1981. 처칠의 죽음 소식을 접한 스트라우스의 즉흥적인 언급이 이 책의 서문 역할을 한다.

Johnson, Paul. *Heroes: From Alexander the Great and Julius Caesar to Churchill and de Gaulle.* New York: Harper, 2007.
(왕수민 역. 『영웅들의 세계사』. 웅진지식하우스. 2009.)

Mahoney, Daniel J. *De Gaulle: Statesmanship, Grandeur, and Modern Democracy.* New Brunswick, NJ: Transaction, 2000.

Tocqueville. *Democracy in America.* "민주주의 시대 역사가들의 특별한 경향에 관하여"(2권, 1부, 20장)라는 장은 역사적 인과관계에 대해 순수 "민주적인" 이해가 갖는 한계에 대한 토크빌의 가장 예리한 성찰이다.

04_ 문명과 그 불만에 대한 처칠의 성찰

Berlin, Isaiah. *The Proper Study of Mankind: An Anthology of Essays.* Edited by Henry Hardy and Roger Hauscheer. New York: Farrar, Strauss, and Giroux, 1998. 1949년 「Atlantic Monthly」에 게재된 벌린의 에세이 "1940년의 윈스턴 처칠(Winston Churchill in 1940)"는 영국이 홀로 서 있던 중요한 해에 처칠의 "페리클레스적" 자질을 우아하게 표현한 것이다.

Kissinger, *Henry. Diplomacy.* New York: Simon & Schuster, 1994.

Lukacs, John. *Blood, Toil, Tears, and Sweat: The Dire Warning: Churchill's First Speech as*

Prime Minister. New York: Basic Books, 2008.

Morgenthau, Hans J. *Politics Among Nations: The Struggle for Power and Peace.* New York: Knopf, 1968.
(이호재, 엄태암 역. 『국가 간의 정치 1,2』. 김영사. 2014.)

Pangle, Thomas L. *The Ennobling of Democracy: The Challenge of the Postmodern Age.* Baltimore, MD: Johns Hopkins Press, 1992. 1938년 "Civilization(문명)" 연설에 대한 팽글의 에세이 "유럽으로부터, 그리고 유럽의 도전(The Challenge From and For Europe)"의 명쾌한 토론이 매우 유익했다.

Valiunas, Algis. *Churchill's Military Histories: A Rhetorical Study.* Lanham, MD: Rowman & Littlefield, 2002. 이 책은 처칠을 작가, 역사가, 정치 철학자로서 깊고 시사적으로 다룬다는 점에서 두드러진다.

처칠의 저작들

Churchill, Winston S. *Never Give In! The Best of Winston Churchill's Speeches.* Selected by his grandson Winston S. Churchill. New York: Hyperion, 2003.

Churchill, Winston. *Blood, Sweat, and Tears.* New York: G. P. Putnam's Sons, 1941. "문명"에 대한 1938년 연설은 45-46쪽에서 찾을 수 있다.

Churchill, Winston. *The Gathering Storm.* Vol. 1. of The Second World War. Boston: Houghton Mifflin Company, 1948.
(차병직 역. 『제2차 세계대전 상,하』. 까치. 2016.)

Churchill, Winston. *Blood, Toil, Tears, and Sweat: The Great Speeches.* Edited by David Cannadine. New York: Penguin, 2007.

05_ 1968년과 민주주의의 의미

Aron, Raymond. *The Elusive Revolution.* New York: Praeger, 1969. 프랑스 원문인 "La révolution introuvable(알 수 없는 혁명)"은 가장 구하기 쉬운 아롱 선집 *Penser la liberté, penser la démocratie.* Paris: Gallimard, 2005, 605-748쪽에 수록되어 있다.

Aron, Raymond. *Thinking Politically: A Liberal in the Age of Ideology.* With a new introduction by Daniel J. Mahoney and Brian C. Anderson. New Brunswick, NJ:

Transaction, 1997. 5월 사건의 의미에 대해 두 명의 68세대가 나눈 생생한 대화를 위해서는 207-11쪽을 참고하라. 나는 이 책에서 아롱이 제공한 연대기를 참고했다.

Audier, Serge. *La pensée anti-68: Essai sur les origines d'une restauration intellectuelle*. Paris: La Découverte, 2008. 오디에르의 이 책은 아롱을 좌파로 주장하고 1968년 5월에 대한 모든 비판과 그 해방주의/인도주의적 정신을 지우기 위한 끈질긴 노력이다.

Besançon, Alain. "Souvenirs et réflexions sur Mai 68." *Commentaire*. Été 2008, 31, no. 122, 507-20.

Ferry, Luc, and Renault, Alain. *La pensée 68*. Paris: Gallimard, 1988, 2008. 갈리마르 출판사가 1968년 5월의 40주년을 기념하여 이 책을 재발행했다.

Tocqueville, Alexis de. *Recollections: The French Revolution of 1848*. Edited by J. P. Mayer and A. P. Kerr. Introduction by J. P. Mayer. With a new introduction by Fernand Braudel. Translated by George Lawrence. New Brunswick, NJ: Transaction, 1987, 1970. 토크빌의 이 책은 1851년에 완성되었지만 1893년에 사후 출판되었다. 토크빌과 아롱은 혁명적 낭만주의에 대한 혐오와 모든 "눈빛정지"의 한계에 대해 예리한 인식을 공유한다.

06_ 보수주의, 민주주의, 그리고 외교정책

Fukuyama, Francis. *America at the Crossroads: Democracy, Power, and the Neoconservative Legacy*. New Haven, CT: Yale University Press, 2006.
(유강은 역. 『기로에 선 미국』. 랜덤하우스코리아. 2006.)

Kesler, Charles. "Democracy and the Bush Doctrine." *Claremont Review of Books*. Vol. 5, No. 1, Winter 2004, 18.

Kolnai, Aurel. *Privilege and Liberty and Other Essays in Political Philosophy*. Edited and with an introduction by Daniel J. Mahoney. With a foreword by Pierre Manent. Lanham, MD: Lexington Books, 1999. 콜나이의 1949년 에세이 "일반인의 의미(The Meaning of the Common Man)"는 63-104쪽에서 찾을 수 있다. 이 에세이의 도입 인용문(64쪽)은 이 책의 주제를 아름답게 표현한다.

Kristol, Irving. *Neoconservatism: The Autobiography of an Idea*. Chicago: Ivan R. Dee, 1999. 이 책의 에세이들은 순수한 형태의 "민주주의 사상"에 대한 크리스톨의 양면성을 포착한다.

Strauss, Leo. *On Tyranny*. Revised and Expanded Edition. Including the Strauss-Kojève Correspondence. Edited by Victor Gourevitch and Michael S. Roth. Chicago: University of Chicago Press, 1949, 2000.

Zakaria, Fareed. *The Future of Freedom: Illiberal Democracy at Home And Abroad*. New York: W. W. Norton and Company, 2003, 2007. (나상원 외 역. 『자유의 미래』. 민음사. 2004.)

07_ 현대의 전체주의적 전복

Mahoney, Daniel J. *Aleksandr Solzhenitsyn: The Ascent from Ideology*. Lanham, MD: Rowman & Littlefield, 2001.

Winthrop, Delba. "Solzhenitsyn: Emerging from Under the Rubble." *Independent Journal of Philosophy*. Issue 4 (1984), 91-101.

솔제니친의 저작들

Solzhenitsyn, Aleksandr. *East and West*. New York: Harper Perennial Library, 1980. 이 책은 "소련 지도자들에게 보내는 편지"(1973)와 재니스 새피에츠와의 1979년 BBC 인터뷰를 수록하고 있다.

Solzhenitsyn, Aleksandr. *From Under the Rubble*. Translated by A. M. Brock, Milada Haigh, Marita Sapiets, Hilary Sternberg, and Harry Willetts under the direction of Michael Scammell. With an introduction by Max Hayward. Washington, DC: Regnery Gateway, 1975, 1981.

Solzhenitsyn, Aleksandr. *Rebuilding Russia: Reflections and Tentative Proposals*. Translated and annotated by Alexis Klimoff. New York: Farrar, Straus, and Giroux, 1991.

Solzhenitsyn, Aleksandr. *The Solzhenitsyn Reader: New and Essential Writings, 1947–2005*. Edited by Edward E. Ericson Jr. and Daniel J. Mahoney. Wilmington, DE: ISI Books, 2006. 이 장에서 인용한 솔제니친의 1978년 하버드 연설과 1993년 리히텐슈타인의 국제 철학 아카데미 연설("우리는 더 이상 목적을 보기를 멈췄다"), 『붕괴 속의 러시아』의 발췌, 그리고 『1917년 4월 27일』의 27장을 이 선집에서 찾을 수 있다. 이 책에는 영어로는 최초로 소개된 솔제니친의 "초기" 및 "후기" 저작물과 그의 가장 중요한 에세이

및 연설이 포함되어 있다.

Solzhenitsyn, Aleksandr. *November 1916: The Red Wheel Knot II.* Translated by H. T. Willetts. New York: Farrar, Straus, and Giroux, 1999.

08_ "도덕적 정신병"과 "도덕적 불결"

Burleigh, Michael. *Blood and Rage: A Cultural History of Terrorism.* New York: HarperCollins, 2008.

Cooper, Barry. *New Political Religions, or An Analysis of Modern Terrorism.* Columbia, MO: University of Missouri Press, 2004.

Dostoevsky, Fyodor. Demons. Translated by Richard Pevear and Larissa Volokhonsky. New York: Vintage Books, 1994.

Laqueur, Walter, ed. *Voices of Terror: Manifestos, Writings, and Manuals of Al Qaeda, Hamas, and Other Terrorists From Around the World and Throughout the Ages.* New York: Reed Press, 2004.

09_ 레이몽 아롱의 민주적 보수주의 모델

Aron, Raymond. *Espoir et peur du siècle.* Paris: Plon, 1957.

Aron, Raymond. *Thinking Politically.* 이 책에는 「The Committed Observer」의 영문본, 1970년대에 있었던 아롱과의 여러 인터뷰, 그리고 1939년 6월 17일 프랑스 철학 협회에서의 연설 "민주주의 국가와 전체주의 국가"의 영문판이 포함되어 있다.

Aron, Raymond. *Peace and War: A Theory of International Relations.* With a new introduction by Daniel J. Mahoney and Brian C. Anderson. New Brunswick, NJ: Transaction, 2003. Originally published in English by Doubleday (1966).

Aron, Raymond. *Penser la liberté, penser la démocratie.* Paris: Gallimard, 2005. 이 1,814쪽 분량의 책은 아롱의 기초적인 텍스트 중 가장 포괄적이며, 『폭군에 맞서는 인간 (L'homme contre les tyrans)』와 1939년 6월 17일 프랑스 철학 학회에서의 연설을 포함한다.

Mahoney, Daniel J. *The Liberal Political Science of Raymond Aron: A Critical Introduction.* Lanham, MD: Rowman & Littlefield, 1992.

모든 사회의 기초는 보수다

현대의 적들과 과격한 친구들로부터 민주주의 지켜내기

초판 1쇄 발행 2023년 2월 20일

지은이 다니엘 마호니(Daniel J. Mahoney)
옮긴이 조평세
펴낸이 안병훈
펴낸곳 도서출판 기파랑
등 록 2004. 12. 27 제300-2004-204호
주 소 서울시 종로구 대학로8가길 56 동숭빌딩 301호   우편번호 03086
전 화 02-763-8996(편집부) 02-3288-0077(영업마케팅부)
팩 스 02-763-8936
이메일 info@guiparang.com
홈페이지 www.guiparang.com

ISBN 978-89-6523-527-9   03300